辩护人说

BIANHUREN SHUO

何慕 主编

刑事辩护律师办案手记

编委会成员

主　编　何慕
副主编　夏雪东

参编人员
王逸群　陈倩　户思童

中国法治出版社
CHINA LEGAL PUBLISHING HOUSE

图书在版编目（CIP）数据

辩护人说：刑事辩护律师办案手记 / 何慕主编；夏雪东副主编. -- 北京：中国法治出版社，2025.8.
ISBN 978-7-5216-5020-4

Ⅰ. D925.210.5

中国国家版本馆 CIP 数据核字第 2025UX0754 号

责任编辑：于昆　　　　　　　　　　　　　　　封面设计：周黎明

辩护人说：刑事辩护律师办案手记
BIANHUREN SHUO：XINGSHI BIANHU LÜSHI BAN'AN SHOUJI

主编/何慕
副主编/夏雪东
经销/新华书店
印刷/三河市国英印务有限公司
开本/710毫米×1000毫米　16开　　　　　印张/17　字数/171千
版次/2025年8月第1版　　　　　　　　　　2025年8月第1次印刷

中国法治出版社出版
书号 ISBN 978-7-5216-5020-4　　　　　　　定价：72.00元

北京市西城区西便门西里甲16号西便门办公区
邮政编码：100053　　　　　　　　　　　　传真：010-63141600
网址：http://www.zgfzs.com　　　　　　　编辑部电话：010-63141796
市场营销部电话：010-63141612　　　　　　印务部电话：010-63141606

（如有印装质量问题，请与本社印务部联系。）

序 言

法治兴则刑辩兴。在法治兴隆的当下中国，刑辩事业正呈现一派兴盛景象。而刑辩对于法治具有促进作用，一个国家刑辩事业的正向发展往往能够推动这个国家的法治进步。因此，对于我们这一代刑辩人来说，既面临着身处"刑辩春天"这一时代机遇，又肩负着助力国家法治发展的历史重担。

应当说，刑事辩护是实践科学。刑事辩护工作的良好开展，既倚仗于形式逻辑的正确运用，又离不开实践理性的支撑。其中，形式逻辑容易通过独立的思辨活动获得，而由于个体实践经历的有限，实践理性的充分积累通常更加依赖于人际交流。鉴于此，将自己拥有的实践经验加以合适整理并妥当表达出来，委实具有意义。

本书的形成即是一次尝试。本书的主体由四部分构成。第一部分对刑事法相关的一些重要问题（如羁押必要性审查制度的检视与反思等）、热点问题（如医药领域的腐败犯罪与防范路径等）、前沿问题（如侵犯商业秘密犯罪密点分割问题等）进行了实践视角下的解析。第二部分、第三部分重点研究了金融领域相关犯罪的认定、辩护等问题（如欺诈发行证券罪的有关认定等），传统经济领域相关犯罪的认定、辩护等问题（如生产、销售不符合安全标准的食品案件的辩护等）。第四部分既"以案析法""以案析辩"，又系统描摹刑辩技能与理念。依托于此四部分，笔者关于刑辩意识、理念和技术的实务性认知得以相当程度地展现。

　　希望本书能够为读者带来技术启发。更希望读者可以通过本书感受到刑事辩护的应有担当，勉励自己做一个有责任心的人。囿于笔者的认知和经验，本书中若有观点不到之处，望读者原谅、斧正。

目 录

一、热点聚焦与理论反思

从司法改判案例看"帮信罪"与他罪共犯的区分……………003

对窝藏、包庇罪司法解释若干问题的思考……………009

侵犯商业秘密犯罪密点分割问题研究……………015

激愤杀人的成立要件与入刑思考……………022

侵犯公民个人信息罪"行踪轨迹信息"的条数计算……………031

危害公共安全罪中"公共安全"的应有含义……………038

对相对不起诉适用条件的反思……………052

谨防拒不执行判决、裁定罪成为民事执行"口袋罪"……………056

抢劫罪与强奸罪手段行为之差异研究……………062

浅析交通肇事罪的合理限缩……………076

基于《昆明会议纪要》浅谈贩卖毒品与代购毒品之界分……………083

医药领域的腐败犯罪与防范路径——以贿赂犯罪为视角……………092

涉网络毒品寄递行为的司法认定……………107

刑法规范中"应当知道"的含义浅思……………116

从"非法占有目的"看诈骗犯罪的罪过形式……………121

擅自处分他人财物案民事法律关系对刑事认定的影响……………126

羁押必要性审查制度的检视与反思……………137

以法之名，共同守护"少年的你"……………145

借贷型诈骗罪认定与辩护中的疑难问题刍议 155

买卖妇女案件相关刑事犯罪法律问题分析 160

二、新型金融犯罪辩护

老鼠仓趋同交易"前五后二"认定模式的思考 169

欺诈发行证券罪的几个问题 175

案例实解：内幕交易再思考 180

三、传统经济犯罪辩护

披沙拣"金"：非法采煤案件的数额辩护要点 189

生产、销售不符合安全标准的食品案件的辩护 196

销售假冒注册商标的商品案件的几个辩点 202

特殊类型行贿犯罪的认定 207

非法占用农用地罪的犯罪构成与量刑规则 212

对《关于深入开展虚假诉讼整治工作的意见》的若干思考 217

四、经典战例与执业技能

从一起聚众斗殴案谈"二次到案"的自首认定 225

从一起故意伤害致死案件谈累犯情节的运用 232

从一起案件看危险作业案的辩护 238

认罪认罚案件中附条件量刑建议的构造与适用 242
刑事程序法规范修正视阈下刑事辩护的形态转向 249
坚持以庭审为中心,推进庭审实质化改革 260

后　记 266

一、热点聚焦与理论反思

从司法改判案例看"帮信罪"与他罪共犯的区分

帮助信息网络犯罪活动罪（本文简称"帮信罪"）是2015年《刑法修正案（九）》新增的罪名，规定于《刑法》第二百八十七条之二。2020年以来，"帮信罪"案件数量明显增加。这一现象的出现一方面是由于我国近年的刑事政策将网络犯罪作为打击重点，另一方面是由于"帮信罪"是针对当今网络犯罪的隐蔽性、匿名性、独立性等特性而"量身打造"的罪名，只要网络犯罪呈高发态势，"帮信罪"就必然会成为高发罪名之一。

《刑法》第二百八十七条之二第一款规定的"帮信罪"的罪状是"明知他人利用信息网络实施犯罪，为其犯罪提供互联网接入、服务器托管、网络存储、通讯传输等技术支持，或者提供广告推广、支付结算等帮助，情节严重的"行为，可见，"帮信"行为是其他互联网犯罪的帮助行为，故"帮信罪"有时被认为是部分帮助犯罪正犯化罪名，此逻辑也被很多辩护人所采用，以期将犯罪嫌疑人、被告人的罪责从处刑较重的他罪共犯变更为处刑较轻的"帮信罪"。但《刑法》第二百八十七条之二第三款"同时构成其他犯罪的，依照处罚较重的规定定罪处罚"的规定（以下简称竞合从重条款）又让这种辩护思路受到了一定阻碍。本文对若干"帮信罪"改判案例中的改判理由进行梳理，探究司法实践中对"帮信罪"与他罪共犯关系的认定倾向，以及哪些理由更能引起裁判者的共鸣。本文仅对这种倾向进行客观梳理，探讨刑事辩护的辩护空间，暂不对其在刑法理论上是否合理作出评价。

一、行为人未认识到他人犯罪的具体事实、仅认识到犯罪可能性的，不认定为他罪共犯，而认定为"帮信罪"

"帮信罪"的立法目的之一在于，网络犯罪发展至今，已越来越呈现复杂、隐蔽、分段的特点，参与不同环节的行为人之间有时互不认识，对彼此的行为认知程度较低，也没有直接和明确的犯意联络，若以传统的共犯评价存在一定困难。因此，将独立性较强、认知程度较低的行为人评价为"帮信罪"，是该罪的应有之义。

案例1【郑某、唐某、张某等集资诈骗案】上诉人郭某、庄某按照他人的要求制作用于金融活动的网站并删除数据。安徽省淮北市中级人民法院认为，郭某、庄某明知郑某、唐某等人要求设计开发的平台用于金融活动，未要求提供资质，且平台具有高额利息、发展会员获取动态收益、手工匹配会员投资等运行模式，可能用于实施网络犯罪，仍设计开发平台并进行安全维护，后帮助关闭平台及删除相关数据，其行为均符合帮助信息网络犯罪活动罪的犯罪构成要件，撤销原审法院郭某、庄某犯集资诈骗罪的判决，改判二人犯"帮信罪"。[①]

案例2【王某甲、陈某、王某乙、王某丙诈骗案】浙江省绍兴市中级人民法院认为上诉人游某，经营网络科技公司，出于牟利目的为其他公司网络商城的运行提供技术帮助与支持。游某对其他公司的违法行为有一定程度的认知，但对其他公司实施犯罪的具体内容、过程并不明确知道。二审判决撤销一审关于游某构成诈骗罪的判项，改判为"帮信罪"。[②]

案例3【陈某甲、柯某、陈某乙等诈骗案】浙江省台州市中级人民法

[①] 参见安徽省淮北市中级人民法院（2019）皖06刑终278号刑事判决书。本书参考的裁判文书，除另有说明外，均来源于中国裁判文书网，最后访问日期：2024年7月15日。

[②] 参见浙江省绍兴市中级人民法院（2016）浙06刑终307号刑事判决书。

院认为原审被告人柯某"关于其通过电视节目及咨询中间人知晓银行卡会被用于诈骗的讲法只有其一人的供述,故认定其明知出售的银行卡会被用于诈骗的证据不足",故认定被告人陈某甲、苏某、陈某乙明知他人实施电信网络诈骗,仍出售信用卡帮助犯罪实施,数额巨大,其行为均已构成诈骗罪。但"被告人柯某明知他人实施信息网络犯罪,仍出售信用卡帮助犯罪实施,情节严重,其行为已构成帮助信息网络犯罪活动罪",故仅将柯某一人由诈骗罪改判为"帮信罪"。①

但是,行为人仅认识到他人犯罪的概括性事实或可能性,是否已经可以间接故意或是概括故意的心理将其评价为他罪共犯,存在一定讨论空间。如果对此持肯定态度,则由于竞合从重条款的存在,"帮信罪"可能失去适用空间及独立入罪的价值;如果否定这种观点,则可能会对传统帮助犯罪的认定产生一定影响。本文对此不作讨论,但基于以上三个改判案例可以看出,行为人不明知他人实施犯罪的具体内容有时会成为有力的辩护观点。

二、行为人与他人无犯意联络的,不认定为他罪共犯,认定为"帮信罪"

案例4【王某、贺某诈骗案】 上诉人贺某得知为境外诈骗集团提供账户可以获利,便让王某与自己共同购买、维护提供给境外诈骗集团的账户。湖南省邵阳市中级人民法院认为,王某、贺某与境外电信诈骗的人员互不相识,双方在事前、事中、事后没有诈骗犯意联络,客观上王某、贺某只贩卖账号获利,而没有参与诈骗金额的分配,其行为不构成诈骗共同犯罪。二审判决撤销二人诈骗罪的判决,改判为"帮信罪"。②

案例5【陈某诈骗案】陈某为谋取非法利益,多次雇佣多人注册公

---

① 参见浙江省台州市中级人民法院(2020)浙10刑终43号刑事判决书。
② 参见湖南省邵阳市中级人民法院(2021)湘05刑终137号刑事判决书。

司、开设对公账户，并绑定U盾、手机银行进行销售，为电信网络诈骗犯罪分子收取资金提供工具。山西省吕梁市中级人民法院虽未明确解释上诉人陈某为何不构成诈骗罪共犯，但认为，虽现有证据不足以证明其和上线具有实施诈骗犯罪的通谋，但结合其犯罪行为、认知能力、既往经历、交易对象等情况，可以认定其明知他人利用信息网络实施犯罪仍提供帮助。①

然而，这一逻辑同样面临与他罪共犯的竞合问题，与其说"没有犯意联络"阻却了他罪共犯的构成，不如说"没有犯意联络"为"帮信罪"的适用提供了合理的理由。

三、构成"帮信罪"的，不再认定为他罪共犯

由于有人将"帮信罪"认定为帮助行为正犯化，所以，虽然刑法有竞合从重的规定，但依然有二审法院依此理由认为构成"帮信罪"的行为不再构成其他犯罪。在前文案例2中，浙江省绍兴市中级人民法院认为，游某的行为实施于《刑法修正案（九）》实施前，根据旧法规定对其行为应以诈骗罪的共犯论处。《刑法修正案（九）》实施后，对游某的行为应以帮助信息网络犯罪活动罪论处。该罪相比诈骗罪处罚较轻，按从旧兼从轻原则，对其应以帮助信息网络犯罪活动罪定罪量刑。②

浙江省绍兴市中级人民法院的裁判理由便包含了"不再认定为他罪共犯，而按'帮信罪'处罚"的逻辑。因为如果认为二者可以同时构成，便会出现矛盾：若此案中诈骗罪的共犯处罚更重，则不论依新法还是旧法都应评价为诈骗罪的共犯，不会因从旧兼从轻原则而评价为"帮信罪"；若此案中"帮信罪"的处罚更重，则应以从旧兼从轻原则适用旧法而评价为诈骗罪。换言之，如果认为"帮信罪"与他罪共犯可以竞

---

① 参见山西省吕梁市中级人民法院（2021）晋11刑终13号刑事裁定书。
② 参见浙江省绍兴市中级人民法院（2016）浙06刑终307号刑事判决书。

合,则在本案中不会出现适用"帮信罪"的结果。但是,"不再认定为他罪共犯,而按'帮信罪'处罚"这一逻辑毕竟与竞合从重条款形成了一定矛盾,其合理性有待商榷。

无独有偶。在梁某、邓某、李某等诈骗案中,李某明知他人实施诈骗仍为其制作虚假彩票网站并提供技术支持。安徽省淮北市中级人民法院认为,按照2011年4月8日起施行的《最高人民法院、最高人民检察院关于办理诈骗刑事案件具体应用法律若干问题的解释》第七条的规定,李某的行为确已构成诈骗罪。但2015年11月1日起施行的《刑法修正案(九)》已对该司法解释的部分规定进行了修正,将明知他人利用信息网络实施犯罪,为其犯罪提供互联网接入、服务器托管、网络存储、通讯传输等技术支持,情节严重的行为规定为帮助信息网络犯罪活动罪。①

且不论《刑法修正案(九)》是否足以使《最高人民法院、最高人民检察院关于办理诈骗刑事案件具体应用法律若干问题的解释》第七条不再适用,本案中李某的行为从共犯原理的角度已经构成诈骗罪。安徽省淮北市中级人民法院未比较"帮信罪"与诈骗罪共犯的处罚而径直选择评价为"帮信罪",同样是采用了"不再认定为他罪共犯,而按'帮信罪'处罚"的逻辑。

综合上述案例,被评价为"帮信罪"的行为人的特点主要在于:行为人的目的往往是通过提供自己的技术支持而获利,而非刻意使他人进行某些具体犯罪行为;对他人如何使用自己提供的技术持放任态度,即使他人实施的行为具有犯罪表象;独立于实施具体犯罪行为的组织,有些自己经营公司;仅参与自己提供的技术所在的一环,对其他环节不参与亦不知情;有着某些特定的技术技能,向多人提供过相似的技术支

---

① 参见安徽省淮北市中级人民法院(2020)皖06刑终10号刑事判决书。

持等。

笔者仅对二审改判案例进行统计，以期梳理司法实践中较为权威或流行的观点。当然，实践中也不乏与上文的案情相似但裁判结果不同的一审与二审案例；亦存在与上文观点相同的一审判决。这一现象的根本原因在于"帮信罪"与其他犯罪共犯的关系尚未厘清，存在争议。最高人民法院、最高人民检察院、公安部于2021年6月公布施行的《关于办理电信网络诈骗等刑事案件适用法律若干问题的意见（二）》第十条又作出了与《刑法》第二百八十七条之二相似的规定——"符合刑法第二百八十七条之二规定的，以帮助信息网络犯罪活动罪追究刑事责任。同时构成其他犯罪的，依照处罚较重的规定定罪处罚"，可以预见关于"帮信罪"的争议还会继续。而争议便意味着空间，作为辩护人，应当接受不同案件司法实践的差异，更要利用这些差异，在个案中寻找最佳的辩护路径。

对窝藏、包庇罪司法解释若干问题的思考

2021年8月11日《最高人民法院、最高人民检察院关于办理窝藏、包庇刑事案件适用法律若干问题的解释》（本文简称《解释》）施行，细化了窝藏、包庇罪适用过程中的相关规定。笔者对其中若干条款进行了思考与整理。

一、行为人对他人犯罪的认识与他人犯罪规范评价之间的关系

不论是窝藏还是包庇行为均需要行为人明知他人实施了犯罪行为。《解释》第五条对"明知"一词作出解释，即行为人基于客观事实结合自己的认识能力可以判断他人实施了犯罪的，便可以认定为明知，这种解释亦符合一般人对事物的认识规律与法律通常对明知的判断。同时，《解释》第六条第一款规定"认定窝藏、包庇罪，以被窝藏、包庇的人的行为构成犯罪为前提"，第二款还明确了认定窝藏、包庇罪应具备"被窝藏、包庇的人实施的犯罪事实清楚，证据确实、充分"这一条件。那么，"明知"蕴含的主观判断与犯罪构成的规范评价是否矛盾？

笔者认为，二者分别属于主观构成要件要素与客观构成要件要素。"明知"解决行为人的主观责任问题，而被窝藏、包庇的人的行为构成犯罪则是从客观方面解决危害性问题。二者应当分别评价，且仅当二者同时具备时，行为人才有构成窝藏、包庇罪的可能。也就是说，行为人认为他人实施了犯罪予以窝藏、包庇，但他人的行为实际上不构成犯罪的，行为人从规范评价角度亦不构成窝藏、包庇罪。若被帮助者的行为

实际上构成犯罪的，即使其未到案，给予帮助的行为人也可能被追究窝藏、包庇罪的刑事责任，《解释》第六条第二款也明确了此意。在笔者承办的某案件中，被帮助者尚未到案，帮助者便被控犯包庇罪，《解释》第六条第二款同时规定"被窝藏、包庇的人归案后被宣告无罪的，应当依照法定程序宣告窝藏、包庇行为人无罪"，这就给辩护律师提供了可能的辩护路径。

二、帮助行为实施后才知他人是犯罪的人，是否可能构成窝藏罪

根据《解释》第一条的规定，明知是犯罪的人，为帮助其逃匿而实施特定行为的构成窝藏罪。那么，行为人实施特定行为时并不知被帮助者是犯罪的人，行为后才得知的，是否可能构成窝藏罪？笔者认为应当分不同情形讨论。

若行为人得知被帮助者是犯罪的人后，有收回之前已提供财物、处所等的可能但未收回，继续由被帮助者使用的，其行为具有构成窝藏罪的可能性。一方面，行为人得知他人是犯罪的人而继续让他人使用自己先前提供的处所、财物的，本身便可以评价为"不作为"行为，先前的积极提供行为虽不满足构成犯罪所需的主观目的条件，但可以成为此后的作为义务来源。另一方面，从立法目的看，窝藏罪所针对的是故意妨碍国家追究犯罪分子刑事责任的行为，若行为人在得知自己帮助的他人是犯罪的人后，依然许可他人使用自己的处所、财物，便与典型的窝藏行为有着相似的社会危害性与主观恶性，不应作出罪评价。当然，也可以将得知后的行为理解为持续的"作为"行为，此时行为人得知后的行为便独立符合窝藏罪的构成要件。

若行为人得知被帮助者是犯罪的人后已无法收回之前已提供财物、处所等的，即使被帮助者依然在使用，行为人的行为也不应构成窝藏罪。一方面，从不作为犯罪的角度看，虽然义务来源已具备，但行为是

否构成不作为的窝藏罪还应对其他不作为犯罪构成条件进行评价，如作为义务的履行可能性。作为义务的履行可能性要求行为人得知被帮助的人是犯罪的人后有消除自己先前行为后果的可能性，否则不能评价为犯罪。例如甲为他人提供房屋居住后得知他人是犯罪的人，仍不收回房屋的，便可能构成窝藏罪；但乙为他人提供车辆驾驶后才得知他人是犯罪的人，此时他人已驾驶车辆离去不再返回的，乙已无法追回车辆，故不应构成窝藏罪。另一方面，该种情形已被《解释》第一条第三款解释为不构成犯罪。该款规定，虽然为犯罪的人提供隐藏处所、财物，但不是出于帮助犯罪的人逃匿的目的，不以窝藏罪定罪处罚。笔者认为该款便包括了行为人提供隐藏处所、财物已无法自行收回的情形，上文中的乙便属此类。而至于乙是否应当在知道他人是犯罪的人后及时向有关机关说明情况，则应评价其是否负有法定报告义务，但对此义务的违反导致的是行政违法责任而非窝藏罪的刑事责任。

三、辩护律师的辩护行为是否可能构成包庇罪

从《解释》第二条的字面含义来看，辩护律师并未被排除在包庇罪的犯罪主体之外，反而可能因职务行为导致较一般主体更大的涉罪风险。下文将基于《解释》第二条规定的包庇罪的三个认定条件——行为、主观明知、目的来讨论辩护律师的行为构成包庇罪的可能。

辩护律师可能涉及的包庇行为主要是"故意向司法机关……提供虚假证明，以证明犯罪的人没有实施犯罪行为，或者犯罪的人所实施行为不构成犯罪……以证明犯罪的人具有法定从轻、减轻、免除处罚情节的"。该规定与《刑法》第三百零六条辩护人伪造证据罪存在交叉，不同之处是辩护人伪造证据罪要求辩护律师参与了虚假证据的制作过程，包庇罪仅要求辩护律师明知是虚假证据而向司法机关提供；辩护人伪造证据罪中的证据没有内容上的要求，而包庇罪中的虚假证明则应可使犯

罪嫌疑人减轻刑事责任或免受刑事处罚。若辩护律师的行为同时符合辩护人伪造证据罪与包庇罪的构成要件，可按想象竞合处理。

关于主观明知条件，前文已述，行为人只要基于客观事实结合自己的认识能力可以判断他人实施了犯罪的，即使他人未被规范评价为犯罪，行为人亦满足明知条件。而辩护律师的身份与参与诉讼的方式决定了其刚接触犯罪嫌疑人时便当然认识到对方很可能是实施了犯罪的人。问题在于，可不可以认为辩护律师知晓"未经人民法院依法判决，对任何人都不得确定有罪"的规定，从而否定辩护律师具备"明知是犯罪的人"的主观要件？笔者对此持否定态度。一方面，《解释》对明知他人犯罪的要求是认识到他人的"事实有罪"，而《刑事诉讼法》第十二条"未经人民法院依法判决，对任何人都不得确定有罪"的结论是基于诉讼制度而暂时的"评价无罪"，而实际上，刑事诉讼中的犯罪嫌疑人很可能"事实有罪"是不言而喻的；另一方面，包庇罪的行为是"故意向司法机关提供虚假证明"，辩护律师若实施了这一行为，其关于自己并不明知对方是有罪的人的辩解也就不攻自破。

关于目的条件，《解释》第二条所规定的是"为帮助其逃避刑事追究，或者帮助其获得从宽处罚"。同样地，辩护律师的身份决定了其只要实施了相关行为便通常具有此目的。值得讨论的是，若辩护律师有此目的，但因判断失误，其提供的虚假证据却进一步证明了犯罪嫌疑人的犯罪事实或加重了犯罪嫌疑人的刑事责任的，是否构成包庇罪？笔者认为，该行为虽满足了《解释》第二条所规定的包庇罪的三个条件，但导致的后果却并非使他人出罪或罪轻，与包庇罪的本意稍显违背，或许可比照不能犯处理。但该行为确对诉讼秩序造成了不当影响，满足条件的可以构成辩护人伪造证据罪。

四、对情节严重情形中的"窝藏、包庇期间"的理解

《解释》第四条第一款列举了情节严重情形，其中第四项提到"被窝藏、包庇的人在被窝藏、包庇期间再次实施故意犯罪"。《解释》规定了不同类型的窝藏、包庇行为，对应期间的计算也不尽相同。对于提供房屋或处所的窝藏行为，其期间尚可以直接理解为行为人持续提供并允许他人处于房屋或处所中的期间。但对于提供金钱的窝藏行为、提供虚假证明的包庇行为等非持续行为来说，这一期间的终点应谨慎认定。以行为人为他人提供金钱为例，从最严格的字面含义来讲，提供金钱为瞬时行为，故金钱一经转移占有，窝藏期间就已终止。但该种解释不符合窝藏罪的立法目的，被帮助者客观上利用金钱得以逃避刑事追究的状态仍在，此时仍具有再次实施故意犯罪的可能性，且这一可能性由行为人提供金钱的行为造成。所以，行为人将金钱提供给被帮助者后，窝藏期间不应立即停止。但是，也不能单纯以被帮助者逃避刑事追究的状态来确定窝藏期间。在极端情况下，被帮助者可能在行为人提供金钱后很长时间内（如二十年）都不会被追诉，直至再次实施了可能被判处五年有期徒刑以上刑罚的故意犯罪行为。此时不应将该二十年均计入窝藏期间，否则意味着行为人可能会对被帮助者接受金钱后的所有可能的（包括可能被判处五年有期徒刑以上刑罚的）犯罪行为负责。

对此问题，笔者倾向于将"窝藏、包庇期间"理解为行为人的行为对被帮助者产生直接影响的时间。例如，在行为人提供金钱的场合，窝藏期间的一种认定方式为计算至被帮助人将行为人提供的金钱花费完毕时。虽然事实上被帮助者的后续状态与行为可能均得益于行为人先前提供的金钱，但不可再归责于行为人。当然，依此方法，在具体的窝藏、包庇案件中认定窝藏、包庇期间也并非易事，笔者略表浅见，还待斟酌。

五、《解释》中犯罪概念的理解

《解释》第六条第一款规定"认定窝藏、包庇罪,以被窝藏、包庇的人的行为构成犯罪为前提",第二款同时规定"被窝藏、包庇的人……因不具有刑事责任能力依法未予追究刑事责任的,不影响窝藏、包庇罪的认定……"显然,第一款采用的"犯罪"概念可以包括不具有刑事责任能力的人的行为。在刑法中,"犯罪"一词有多种含义,有的指完全意义的具备所有违法、有责要素的行为,有的指仅具备违法要素的行为(例如精神病人的杀人行为),即"犯罪"概念的相对性。而《解释》第六条第一款采用的"犯罪"概念是仅具备违法要素的犯罪,即客观意义上的犯罪,可以包括不具有刑事责任能力的人的行为。根据责任个别化原则,虽然被窝藏、包庇的人由于刑事责任年龄、刑事责任能力不承担刑事责任,但其行为仍然具备客观的社会危害性,属于客观意义上的犯罪,此时行为人的窝藏、包庇行为仍然具有社会危害性,具有妨害司法的性质,值得科刑处罚。

侵犯商业秘密犯罪密点分割问题研究

侵犯商业秘密犯罪案件的数额认定是司法实务中的疑难问题。虽然《最高人民法院、最高人民检察院关于办理侵犯知识产权刑事案件适用法律若干问题的解释》中的相关规定为"给商业秘密的权利人造成损失"提供了认定标准,但司法实务对于密点分割问题未能形成系统、全面的认定逻辑。在实务中,存在被告人或辩护人主张行为人并未侵犯全部商业秘密,不应将权利人销售损失全额作为涉案数额的辩护,然而多数法院对此不予认可。本文期望通过实务案例研究及理论分析,对这一问题进行探讨。

一、侵犯商业秘密模式解构

"密点(秘点)分割"是指在侵犯商业秘密犯罪中,行为人非法使用了商业秘密中的部分密点技术,而使整个商业秘密的价值部分或全部丧失的情形。[①] 在实践中,除完全复制、使用权利人的商业秘密技术进行生产的情形外,不乏行为人在违反保密约定或非法获取他人技术秘密之外,还进行自行研发、反向工程或利用公知技术信息,并将组合后的技术进行使用、披露的情形。基于此,根据权利人技术要求的构成及行为人获取相关技术的方式,笔者将侵犯商业秘密案件解构为以下模式:"公知技术+非公知技术"模式、"侵权+非侵权"模式以及复合模式

---

① 参见聂文峰、金华捷:《侵犯商业秘密犯罪中密点分割情形的涉案数额认定》,载《法律适用》2017年第20期。

（如图1—图3所示）。由于复合模式本质上系前两者的嵌套，因此其认定系前两类模式的组合，本文对此不展开论述。

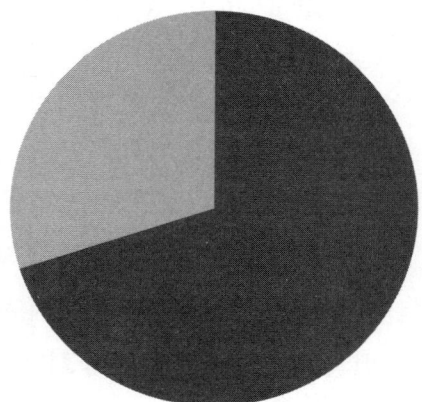

图1 "公知技术+非公知技术"模式

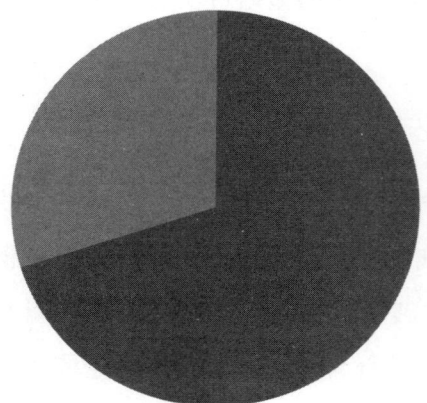

图2 "侵权+非侵权"模式

一、热点聚焦与理论反思

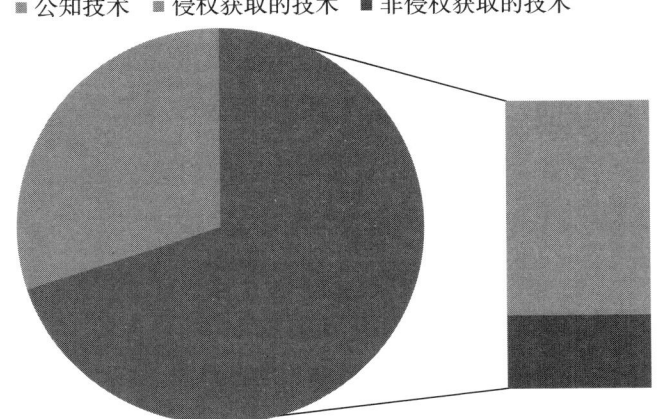

图3　复合模式

（一）"公知技术+非公知技术"模式

根据《反不正当竞争法》第九条第四款的规定，商业秘密要求具有秘密性（即非公知性）、价值性和保密性。在生产中，权利人相关产品的技术要求往往并非全部满足商业秘密的要件，于此便形成了公知技术与非公知技术（可作为商业秘密保护[①]）的组合。如图1所示，其中非公知技术占比应大于0、小于等于1。

例如在威科先行法律信息库收录的"Y公司、郭某某等侵犯商业秘密案"中，被告单位Y公司利用权利人的图纸，生产制造并对外销售特种灯生产线设备（包括手套箱、高温炉、等离子排气封接台等）。其中权利人主张作为商业秘密保护的技术信息包括脱羟炉、等离子火头和手套箱三个部件的技术要求，包括设计尺寸、公差配合、表面粗糙度、装配关系、材质以及上述要求的确切组合，经检察院审查起诉和法院审理，最终作为商业秘密保护的技术信息仅涉及脱羟炉、等离子火头两个部件的相关技术要求，故涉案技术信息系公知技术成分与非公知技术成分的组合。

---

① 本文的探讨均围绕商业秘密的秘密性，假定符合价值性及保密性要求。

（二）"侵权 + 非侵权"模式

若权利人的技术要求均符合商业秘密的要件（即在"公知技术 + 非公知技术"模式中非公知技术占比等于1），此时根据行为人获取技术信息途径的不同，可将其分为通过侵权途径获取的技术以及通过合法来源（例如自行研发、反向工程等）获取的技术。如图2所示，其中侵权获取的技术占比应大于0、小于等于1。本文所讨论的密点分割问题便聚焦于此。通常情况下，商业秘密的价值与其密点相对应，则在密点可分割的情况下，案件损失是否还应计算权利人经济损失全额？抑或根据被侵害的各密点价值来确定？

二、密点分割的比例计算

对于上述问题，笔者认为在密点可分的情况下，不应径直认定涉案数额系权利人的经济损失全额，而应当根据被侵害的密点价值或贡献比例进行折算。具言之，首先，应判断非公知技术信息（即商业秘密）的价值，计算非公知技术信息的价值或贡献比例；其次，应判断通过侵权行为获取的技术商业秘密的价值或贡献比重，进一步计算出侵权密点所造成的实际损失（例如侵权密点造成的实际损失 = 权利人经济损失全额 × 商业秘密贡献比 A × 侵权所获技术秘密贡献比 B，$0 < A \leq 1$，$0 < B \leq 1$）。具体理由如下：

第一，从刑法理论出发，侵犯商业秘密罪应严格遵循构成要件的认定规则。在"公知技术 + 非公知技术"模式下，权利人的技术要求由非公知技术与公知技术组成，而公知技术由于不满足商业秘密的秘密性要件，不属于该罪的保护对象，因此行为人即便结合公知技术及权利人非公知技术使用获益，但该等收益中部分收益系由公知技术作用产生，与行为人侵犯权利人商业秘密的行为并无刑法上的因果关系，故理应在认定权利人损失时对该部分予以剔除。至于在"侵权 + 非侵权"模式下，其一，自行研发、反向工程等合法获取的技术并无危害性，不属于侵犯商业秘密的行为；其二，以上非侵权行为获取的技术所产生的经济效益与侵权行为亦无因果关系，因此同样应当将合法行为所获技术的收益贡献进行扣减。

第二，从刑民规范的保护层次出发，在民事侵权中尚且需要根据比例原则进行损失与赔偿额的确定，刑事案件的认定理应更为谦抑与谨慎。例如在"北京L软件股份有限公司、北京D软件技术有限公司侵害商业秘密纠纷案"[①]中，最高人民法院综合考虑以下因素确定赔偿数额："第一，涉案商业秘密系数据库文件，数据库文件仅为软件的一部分，其价值亦仅为软件价值的一部分；第二，数据库文件在管理系统软件中具有一定作用，数据库设计对管理系统软件的需求实现具有较大意义……第四，涉案商业秘密中数据库表在L公司软件中占比较高，存储过程及函数在L公司软件中占比较低，涉案商业秘密在D公司出售的软件中占比较低……"

第三，从域外经验来看，不予区分地将侵权人利润全额作为损失数额的做法在某些国家被明确否定。例如美国《反不正当竞争法重述》中指出：如果商业秘密仅占被告销售所得利润的一部分，例如在被告可独立上市产品中仅有一种部件与原告商业秘密有关，责令被告将所有销售利润赔付给原告是不公正的。

在前述"Y公司、郭某某等侵犯商业秘密案"中，法院认为在被告单位和被告人侵犯了两个部件的技术秘密能否以整条生产线的利润来计算被告方的侵权获利这一问题上不能一概而论。该案一审判决按照整条生产线的利润计算权利人的损失，二审法院则重点审查了作为商业秘密保护的两个部件是否存在独立价值的问题。由于上述两个部件能够单独定

---

① 参见最高人民法院（2020）最高法知民终1101号刑事判决书。

价，二审法院最终决定将上述两个部件作为计算对象，以其利润乘以生产线的数量来计算侵权人的获利。

三、比例计算的具体标准

除上述具有独立价值、可单独计价的情形外，在部分密点与整体联系紧密的情况下，应考虑受到侵害部分或者产品部件在整个产品中所起的作用或者所占比重及诸如在先公知技术、市场因素等其他非侵权因素来计算权利人的损失。[①] 对于这一比重的确定，有观点认为利润比例最具合理性，在无法确定利润比例的情况下，可依次适用价值比例和数量比例。顾名思义，利润比例是指侵权使用的密点所产生的利润占整个商业秘密利润的比重；价值比例是指侵权使用的密点的价值占整个商业秘密价值的比重，多关注技术的研发投入成本；数量比例是指侵权使用的密点数量占所有密点数量的比重。

笔者认为，在此类案件中，应首先采用利润比例与价值比例，在利润比例与价值比例都无法确定的情况下才适用数量比例。侵犯商业秘密罪保护的法益系作为个人法益的商业秘密权以及作为制度法益的商业竞争秩序。《刑法修正案（十一）》生效后，该罪的入罪条件更加丰富，但权利人经济损失仍是重要的衡量因素。根据《最高人民法院、最高人民检察院关于办理侵犯知识产权刑事案件适用法律若干问题的解释》中的相关规定，权利人经济损失主要有合理许可使用费、权利人利润损失、商业秘密的商业价值三大标准，其中权利人销售利润损失与权利人产品合理利润、侵权产品的合理利润、权利人销售减少量、侵权产品销售量等指标直接挂钩，因此采用利润比例较为适宜；商业秘密的商业价值与研究开发成本、实施商业秘密的收益这两个指标直接挂钩，因此采用

[①] 参见《刑事审判参考》第 1005 号案例，载《刑事审判参考》2014 年第 4 集，法律出版社 2014 年版。

价值比例具有合理性。由于数量比例难以体现侵害行为对法益的侵害程度，因此只有在利润比例与价值比例都无法确定的情况下才考虑适用。

反观司法实践，较多密点分割刑事案件仍采取全额计算的方式，并未进行比例折算。例如在"唐某某、夏某某等侵犯商业秘密案"[①]中，经鉴定，权利人制造的废油精馏设备中有17项技术密点属于不为公众所知悉的技术信息，将侵权人同类设备与上述17项技术密点进行对比后，发现有8点相同、3点实质相同，故该案存在侵犯部分密点的密点分割情形，但法院根据截至案发侵权人接受的订单数量计算实得金额（349万余元），结合销售设备平均毛利率（67.82%），计算实际获得利润约236万元，并将其作为涉案数额。又如在威科先行法律数据库收录的"刘某某侵犯商业秘密案"中，法院认为被告人实施侵权的对象是D公司的"高速自动化糊底纸袋机组"，作为一个完整的被侵权对象，印刷机、电气设备等是其附属配置，其经济效益、价值的最终决定因素是一套完整的"高速自动化糊底纸袋机组"，因此资产评估对"高速自动化糊底纸袋机组"整体作资产评估是合理的。

如前所述，笔者认为比例计算方式具有理论与实务意义：其一，除前文所提及的构成要件符合性判断之外，以上案例中的"附属""决定"等词语本身带有强烈的价值评价色彩，对技术信息是否附属、是否关键的认定主观性强，难以形成较为明确的判定标准。其二，采取比例计算方式并不妨碍所谓关键技术、决定性技术重要性的体现，在属于关键或决定性技术的场合下，利润比例及价值比例势必明显高于附属技术，因此即便采用比例计算亦不会过分低估涉案权利人的损失，仍可起到知识产权保护作用。

---

① 参见重庆市第五中级人民法院（2018）渝05刑初95号刑事判决书。

激愤杀人的成立要件与入刑思考

一、激愤杀人的成立要件

激愤杀人，又被称为激情杀人，属于一种具体的激情犯。关于激愤杀人的刑事立法，可以追溯到13世纪早期。彼时英国刑法规定对于谋杀罪必须判处死刑，然而在许多案件中确实存在宽恕被告人的事实，所以法律赋予陪审团广泛的裁量权，如果陪审团认为被告人致使被害人死亡的行为是因刺激产生的极度愤怒之情而实施的，则可给出非预谋故意杀人罪而非谋杀罪的判决，如此便可避免对被告人适用死刑。至17世纪，关于激情犯的一系列概念与原理已经通过一系列的判例在英国确立下来。如今，无论是大陆法系还是英美法系刑法中均有关于以激愤杀人为典型的激情犯的规定。

将"激愤"一词加以拆解可知，它包括"激动"和"义愤"两层含义，激动是一种心情表现，义愤既是一种情绪状态同时也是激动心情的起因。由此可见，激愤杀人的行为人应当是由于义愤而陷入激动状态并实施犯罪的人。

那么，究竟什么样的杀人行为才能称为激愤杀人？应当说，激愤杀人作为一种特殊样态的杀人行为，其成立除了必须符合普通杀人罪的犯罪构成，还以齐备某些特别要件为必要。笔者认为，这些特别要件主要包括起因要件、主观要件和时间要件。

（一）起因要件

起因要件是指成立激愤杀人必须存在特定的激愤诱因，即导致激愤产生的具体行为或言辞。综观国外立法，一般将激愤诱因限定为被害人的不当行为和言辞，但宽严不一。一般来说，大陆法系刑法对激愤诱因的限制较为严格，如德国刑法要求激愤必须产生于对被告人或其亲属施加的虐待或重大侮辱行为。[①] 英美刑法对激愤诱因的规定则较为宽泛，如英国《1957年杀人罪法》要求激愤应当产生于被害人所做的某个或某些足以使得任何正常的人突然、即时丧失自我控制的行为，却没有对行为的范围作出限制。虽然各国刑法对于激愤诱因范围的规定不尽一致，但均要求被害人在行为人激愤状态的产生上负有过错。笔者认为，激愤杀人是冲动因素和道德因素的结合，只有激愤诱因充分反映被害人的过错性，行为人的罪责才得以减轻。虽然大陆法系国家刑法中规定的虐待、重大侮辱、通奸等行为属于常见的足以引起激愤的事实，但是列举法始终无法穷尽与之同质的足以表征被害人过错的行为，而英美法系国家不作任何限制的立法模式又存在放任杀人行为、保护法益不力之虞，因此将激愤诱因限定为被害人实施或发出的具有侮辱性、侵略性或者挑衅性的行为或言辞较为妥当。至于行为人能否因被害人对第三人施加了不当的行为或言辞而陷入激愤状态，笔者认为，第三人受到被害人不当言行的刺激可以成为激愤杀人的诱因，但对"第三人"的范围应当加以限定，被告人的近亲属由于与被告人之间存在深厚的感情联结，理应包括在内，被告人近亲属以外的其他关系亲密的亲友则应在个案中具体判断。[②]

---

① 参见《德国刑法典》，徐久生、庄敬华译，中国法制出版社2000年版，第161页。
② 参见曹伊丽：《"激愤杀人"的概念辨析及司法认定》，载《辽宁警专学报》2011年第4期。

（二）主观要件

主观要件是指行为人在实施杀人行为之时必须处于激愤状态，认识能力和控制能力均有所减弱。这里涉及激愤状态的认定问题，即行为人是否确实基于激愤而杀人。国外刑法中对于激愤状态的认定主要存在三种标准，分别为主观说、客观说以及混合说。主观说以行为人当场的实际反应为判断依据，如瑞士刑法第113条规定"根据当时的情况，行为人因可原谅的强烈的感情激动或在重大的心理压力下而杀人的"[1]。客观说以一般人在类似情况下的反应为判断依据，如加拿大《刑法典》第232条规定的"某一错误的行为或侮辱如足以使一个普通人丧失自我控制能力"[2]，则可据此提出激愤的辩护理由。混合说兼采主观标准和客观标准，其中英国式的混合说以一般人的控制能力和反应为参考系，同时考虑行为人独有的特征，这些特征主要包括文化背景、宗教信仰、生理及心理缺陷等。笔者认为，英国式的混合标准兼顾了一般人的自我控制能力和行为人的主观特征，有机融合了主观标准和客观标准的合理成分，相比之下更为妥当且能较为理想地处理具体案件。

（三）时间要件

时间要件是指行为人必须在被害人的不当言行发出时或发出后即时产生犯意，并在犯意产生后立刻或者在非常接近的时间内实施杀人行为。如果杀人行为与被害人不当言行的终止之间存在足以缓解激愤心情的时间差，一般不宜认定行为人是在精神失常的情况下实施了犯罪。英国刑法要求激愤杀人者自我控制能力的丧失必须是"突然的、即时的"，

---

[1] 《瑞士联邦刑法典》，徐久生、庄敬华译，中国方正出版社2004年版，第42页。

[2] Section 232 of the Criminal Code of Canada, quoted from the Law Commission, Partial Defenses to Murder（Consultation Paper No 173）,31 October 2003, appendix G, p.219.

并且要在犯意产生的合理时间内实施犯罪。大陆法系国家刑法对杀人时间的限制更为苛刻,刑法条文多以"当场""当时"等用语表述。对于从陷入激愤状态到恢复正常的时间间隔的确定,大多数国家在司法实践中采取客观标准即"正常人"标准,也有国家以被告人的实际情况为依据。笔者认为,对于行为人在杀人之时是否处于激愤状态的判断应当坚持实事求是的立场,既要以普通人的生理规律为考察基础,同时须结合行为人的身体和精神状况、生活环境、文化程度以及刺激的性质和强度综合分析。

二、激愤杀人法定化的理论支撑

(一) 激愤杀人行为可罚但应减轻处罚

刑法是"以国家规定什么行为是犯罪和应给犯罪人以何种刑罚处罚的法律"[①],刑法所规定的类型化行为均是具有严重社会危害性且可罚的行为,相应地,具有足够社会危害性的行为可以被刑法确认为犯罪并施以刑罚。笔者认为,激愤杀人行为具有坚实的刑事可罚性基础,从而具有进入刑法文本的"资格"。首先,激愤杀人者实施了非法剥夺他人生命权的危害行为。激愤杀人虽事出有因,客观上却造成了被害人的生命受到侵害或面临紧迫的危险,因此激愤杀人行为具有可罚的客观前提。其次,激愤杀人者具有一定的罪过。激愤杀人者虽由于外来的刺激因素一时陷入激愤与冲动,但并未完全丧失辨认能力和控制能力,仍具一定程度的意志与行为自由。易言之,激愤杀人者虽出现了暂时的精神异常现象,但仍存在选择适法行为的期待可能性。因此,激愤杀人者主观上通常具有罪过。罪过是刑事责任产生的根据,因此激愤杀人者具有应受刑法非难性的主观基础。

然而,激愤杀人作为特定情境中道德因素与冲动因素结合的产物,

---

① 陈兴良主编:《刑法学》(第 2 版),复旦大学出版社 2009 年版,第 3 页。

毕竟不同于普通杀人行为，其虽可罚但应减轻处罚。笔者认为，对于激愤杀人者应当减轻处罚的根据应当结合刑事责任程度理论加以阐释。刑事责任作为法律上的一种负担，不仅存在应不应当承担以及由谁承担的问题，还涉及程度问题。决定或者影响刑事责任程度的因素主要包括行为的性质、行为的方式、行为的后果、行为的原因、行为对象的特点、行为的时间和地点、行为人的精神障碍程度、行为人的罪过形式、行为人的认识状况、行为人的意志力等。[①]在激愤杀人案件中，足以减轻加害人刑事责任程度的因素一般体现为被害人的过错性与行为人的精神异常性。

1. 被害人的过错性

被害人的过错性是指被害人实施的对于加害人陷入激愤状态具有"加功"作用的行为具有"负价值"，即被害人对加害人的激愤杀人行为负有一定的过错责任。在激愤杀人案件中，被害人往往实施或者发出了具有侮辱性、侵略性或者挑衅性的行为或言辞，对加害人或与其关系亲密之人的人身权或名誉权产生了侵害。在有被害人的刑事案件中，完整的犯罪往往塑造于被害人与行为人的默契与互动关系[②]，而行为人的主观罪过在某种程度上与被害人呈彼消此长的关系，对方过错大，则行为人应负的责任就相应减少[③]，因此激愤杀人者的可责性程度较之普通杀人者更低。笔者认为，被害人的不当言行不必达到违法的强度，也可仅是对伦理道德的违反，而此种场合下的行为人刑事责任程度的减轻不仅是道义上的评价，而且与法律上的责任分担原理相契合。

---

① 参见胡学相：《量刑的基本理论研究》，武汉大学出版社1998年版，第309—310页。

② 参见王佳明：《互动之中的犯罪与被害：刑法领域中的被害人责任研究》，北京大学出版社2007年版，第36页。

③ 参见邹兵：《论激情犯罪的刑事责任》，载《中国刑事法杂志》2004年第5期。

2. 行为人的精神异常性

行为人的精神异常性是指激愤杀人者在行为时处于情绪激动、精神失常的状态，不具有完全的辨认能力和控制能力。换句话说，加害者在杀人时处于意志"不完全自由"的境地。应该说，在正常情况下个体可以自由地选择适法或者违法行为，但在被害人不道德、不合法的言行的刺激下他们往往会陷入情绪失常、不能自控的困境，从而"不完全自由"地选择了违法行为。在激愤杀人案件中，行为人多处于精神异常的亢奋状态，因此理性回应刺激、选择适法行为的期待可能性有所降低。由于"期待可能性程度高低与刑事责任轻重成正比，期待可能性程度高者，反映其主观恶性大，因而刑事责任重；反之刑事责任轻"[1]，故而激愤杀人者的刑事责任程度相对较轻，对于激愤杀人者自然也应当比照普通杀人者减轻处罚。

（二）激愤杀人适用应具确定性

最高人民法院在2010年发布的《关于贯彻宽严相济刑事政策的若干意见》中规定："对于因恋爱、婚姻、家庭、邻里纠纷等民间矛盾激化引发的犯罪，因劳动纠纷、管理失当等原因引发、犯罪动机不属恶劣的犯罪，因被害方过错或者基于义愤引发的或者具有防卫因素的突发性犯罪，应酌情从宽处罚。"一般认为该条规定是对激愤杀人者酌定从宽处罚的规范依据。然而该条规定并未明确指向激愤杀人行为，且酌定量刑情节本身具有较大的适用余地，因此司法实践中对激愤杀人行为的适用呈现出较大的不确定性。此种不确定性主要表现为行为认定的无标准与刑罚裁量的不统一。

首先，我国《刑法》中并无关于激愤杀人的明文规定，司法解释也未对激愤杀人的概念与成立要件加以廓清，因此实践中对于激愤杀人

---

[1] 李立众、刘代华：《期待可能性理论研究》，载《中外法学》1999年第1期。

的认定缺乏统一的标准。对于特定杀人行为究竟是否成立激愤杀人,更多依赖于法官的主观判断。其次,激愤杀人行为作为一种酌定的量刑情节,在具体案件中是否适用以及如何适用往往决定于法官的自由裁量权。即使认定特定杀人行为成立激愤杀人,对于"相同或相似行为"的刑罚裁量也可能因法官的不同而不同。况且我国《刑法》规定的故意杀人罪的法定刑幅度较大,最高刑与最低刑分别为死刑和三年有期徒刑,因此实践中,不同案件中的激愤杀人者有时会受到不同的刑罚对待。笔者认为,鉴于激愤杀人行为在实践中适用的不确定性,有必要通过立法的途径将激愤杀人行为进行类型化处理并为之确定合理的法定刑。

三、激愤杀人入刑的路径选择

笔者认为,立足于激愤杀人行为的基础理论,结合我国《刑法》中故意杀人罪的有关规定,应当采用刑法分则规定式,并通过条文修改与立法解释相结合的方式将激愤杀人行为有机地融入我国《刑法》文本之中。

(一)应采用刑法分则规定方式

激情犯作为一种特殊类型的犯罪,一般认为成立的范围较为狭窄。英美法系国家只在故意杀人罪中正式承认激情犯,大陆法系国家也基本上将激情犯限制在杀人或者伤害的犯罪中。应该说激情犯罪行为作为冲动情绪和异常精神状况的产物,集中表现为严重侵犯人身权的行为,这也与激情犯的非预谋性不谋而合。既然激情犯成立的空间较为狭小,若采用刑法总则规定式的立法模式,则会有损总则条文的普遍指导价值,也会造成立法资源的浪费。相应地,如果采用刑法总则与分则相结合的方式将激愤杀人行为成文化,也会造成刑法条文的虚置,更涉嫌重复立法。笔者认为,由于在实践中激愤杀人行为最为常见,因此宜采用分则规定式将其融入刑法体系之中,以分则条文的明确性与易操作性有效地

一、热点聚焦与理论反思

指导司法实践。

（二）宜采用条文修改与立法解释相结合的方式

法典式立法国家在刑法分则中规定激愤杀人，存在三种不同的立法模式，即独立犯罪模式、混合犯罪模式以及统一犯罪模式。独立犯罪模式是指刑法立法明确将激愤杀人规定为独立的罪名，激愤杀人是该罪的唯一行为要件；混合犯罪模式是指将激愤杀人和其他特殊的杀人行为规定在一个混合的罪名之中；统一犯罪模式是指将激愤杀人规定在普通的杀人罪名中，但在处罚上作特别规定。笔者认为，将激愤杀人行为引入我国刑法分则中应采用统一犯罪的立法模式。

首先，我国《刑法》并没有对故意杀人型犯罪的罪状进行细致的划分，仅在《刑法》第二百三十二条规定了简单罪状的故意杀人罪。如果仅在故意杀人罪后增设一条"激愤杀人罪"，会显得突兀。域外刑法中规定了"激愤杀人罪"的国家，在刑法中一般也同时规定了其他类别的应当减轻或者加重处罚的故意杀人罪，如塞尔维亚《刑法典》中同时规定了谋杀罪、杀婴罪、出于怜悯杀人罪、教唆及帮助自杀罪等罪名，以保证故意杀人型犯罪的类型完整性。其次，我国刑法修正案增加条文的方式主要是在原有条文后增设该条"之一"，然而从历次修正案的具体规定可以看出，在原有条文之后增设该条"之一"的形式只适合针对不同类型的行为进行规制使用[①]，而激愤杀人行为属于故意杀人行为的特殊类型，将其法定化的目的主要是确保其适用的确定性，因此不宜在《刑法》第二百三十二条之后增加该条"之一"以规定"激愤杀人罪"。

在采用统一犯罪立法模式的前提下，将激愤杀人作为一种减轻情节纳入故意杀人罪条文之中的方式较为妥当，但不宜采用在原有条款之后单独增设一款的方式。一方面，故意杀人罪的条款中已存在"情节较轻"

[①] 参见刘杰：《"激愤杀人"刑事立法之提倡》，载《黑龙江省政法管理干部学院学报》2015年第2期。

的规定，如果另设一款规定激愤杀人，有立法重复之嫌；另一方面，在故意杀人罪的既定条款之后增加激愤杀人条款，并为之配置相应的法定刑，会造成与既有法定刑区间的重叠。笔者认为，应当将激愤杀人作为一种具体的情节较轻的杀人行为置于《刑法》第二百三十二条的后半部分，并对既有条文进行适当修改。条文中对于激愤杀人情节的描述应当简明扼要，以保证刑法用语的精当性与刑法条文的协调性。而对于激愤杀人行为的内涵，可以通过立法解释的方式加以说明。

四、结语

笔者建议将我国《刑法》中现有的故意杀人罪条文修改为"故意杀人的，处死刑、无期徒刑或者十年以上有期徒刑；因陷于激愤而杀人或者有其他较轻情节的，处三年以上十年以下有期徒刑"，并通过立法解释的方式将激愤杀人定义为：行为人因被害人不当言行的刺激陷入激愤状态、在辨认能力和控制能力有所减弱的情况下当场或在合理时间内实施的杀人行为。

侵犯公民个人信息罪"行踪轨迹信息"的条数计算

经两轮征求意见后，2021年底，《个人信息保护法》落地施行，对个人信息安全进行全面保护。在刑事领域，侵犯公民个人信息罪亦几经修改。2017年，最高人民法院、最高人民检察院出台《关于办理侵犯公民个人信息刑事案件适用法律若干问题的解释》（以下简称《个人信息解释》），更是先于前置法对公民的行踪轨迹信息进行保护。这一规定公布之初引起广泛讨论，后争论渐息，大众普遍意识到了行踪轨迹作为敏感信息的重要性。

对于个人行踪轨迹信息，《个人信息解释》第五条明确规定，行为人出售或者提供行踪轨迹信息并被他人用于犯罪，或非法获取、出售或者提供行踪轨迹信息50条以上即为"情节严重"，构成侵犯公民个人信息罪。可见，因行踪轨迹信息与个人人身及财产安全密切相关，侵犯该等信息的入罪标准极低，刑事打击力度极大。因此，实务中如何计算涉案行踪轨迹信息更显重要。

一、算不算：行踪轨迹的内涵

在司法实践中，部分法院将车辆GPS（Global Positioning System，全球定位系统）行动轨迹、民航订票、铁路售票、车辆卡口、滴滴打车等信息作为行踪轨迹信息，亦有法院有不同的认定。归根结底，系因对行踪轨迹信息的范围存在不同理解。因此，在计算涉案行踪轨迹信息的具体数量之前，有必要明确行踪轨迹的内涵，筛除不属于刑法保护的信息类型。

例如对于个人铁路或航班出行信息的认定，实务中存在较大争议。在"韦某、陈某某、徐某某、张某某、何某某侵犯公民个人信息案"[1]中，法院认定张某某非法获取他人行踪轨迹（包含航班号、航班日期、起飞港站、到达港站、离港时间）信息80余条，并将上述部分信息用于贩卖，构成侵犯公民个人信息罪。

部分法院对此持谨慎态度，认为行踪轨迹信息应局限于可直接定位特定人的具体坐标的信息，且需结合个案的信息交易价格及使用目的。例如在"羊某某诈骗案"[2]中，法院认为行踪轨迹信息只宜理解为GPS定位、车辆轨迹信息等可以直接定位特定自然人具体坐标的信息。而该案中羊某某非法获取的航班信息的内容尚无法直接定位特定自然人的具体实时地理坐标，且羊某某获取上述信息的目的是发布退改签机票的虚假信息、诈骗他人财物，购买航班信息的价格较低，故不宜认定涉案航班信息属于行踪轨迹信息。

笔者支持后一种观点：其一，"个人行踪"不等于"行踪轨迹"。其二，并非所有个人轨迹信息都具有高度的人身、财产安全关联性。就记载个人行程的差旅信息而言，该等信息至多可定位某段时间内行为人于两地之间的大致行动轨迹，获取该等信息难言会对个人的人身、财产安全造成严重威胁。其三，出于刑法谦抑性，宜作限制解释。《个人信息解释》对敏感信息、次敏感信息与普通信息规定了50条、500条、5000条的不同入罪标准，且其中行踪轨迹信息的入罪标准极低，故应严格把握认定范围，切不可动辄入罪。因此，属于公民个人轨迹的信息不宜当然地认定为行踪轨迹信息。

---

[1] 参见辽宁省抚顺县人民法院（2018）辽0421刑初21号刑事判决书。
[2] 参见海南省第二中级人民法院（2019）琼97刑终222号刑事判决书。

二、如何算：行踪轨迹的条数计算

在明确何种信息应作为行踪轨迹信息后，应进一步明确该等信息的具体计算方式。出于行文及理解便利，本文将结合实务案例及如下虚拟案例进行探讨：假设李四给张三的车辆安装了 GPS 装置，并于 1 月 1 日 7:30 及 19:00 分别查询到如下信息（见表 1），则应如何确定涉案行踪轨迹信息的具体数量？

表 1　GPS 装置查询信息情况

序号	人物（车辆）	日期	时间	地点
1	张三	1.1	7:00	家
2	张三	1.1	7:10	家
3	张三	1.1	7:20	咖啡店
4	张三	1.1	7:30	公司
5	张三	1.1	18:00	餐厅
6	张三	1.1	19:00	电影院

（一）方式一：以查获的数量直接认定

对于个人信息数量计算问题，《个人信息解释》第十一条第三款规定："对批量公民个人信息的条数，根据查获的数量直接认定，但是有证据证明信息不真实或者重复的除外。"部分法院循此规定，以查获的数量进行认定。例如在"王某某、吴某某侵犯公民个人信息案"[①]中，辩护人提交了一份写有"晋 A ××××× 晋 A ××××× 晋 A ××××× 任选一个出"的聊天记录，认为被告人王某某仅从上家购买了一辆车的行踪轨迹信息，其他信息系卖家打包发送，部分信息不真实或者重复，不应计入其侵犯公民个人信息条数的辩护意见。法院认为对批量公民个人信息的条数，应根据查获的数量直接认定，且被告人王某某及其辩护

---

① 参见安徽省阜阳市颍东区人民法院（2018）皖 1203 刑初 28 号刑事判决书。

人亦未提供上述信息不真实或者重复的相关证据证明,故对辩护人的该项辩护意见不予采纳。在"董某某、黄某某、谢某某侵犯公民个人信息案"①中,法院对于涉案行踪轨迹存在重复计算的诉辩意见作出了类似的回应。

(二)方式二:按"点"算

行踪轨迹一词尚无前置法进行明确界定,因此有必要从词义上探究其原始属性。"行踪"本意为人或动物走过留下的踪迹,"轨迹"则指一个点在空间移动所通过的全部路径。因此从语义看,行踪轨迹具有动静结合、点面结合的特点。

因此,部分法院在计算行踪轨迹信息时采用统计涉案位置信息、扣减静止的重复坐标的方式。例如在"裴某某侵犯公民个人信息案"②中,因涉案 GPS 定位器为每十分钟自动定位一次,导致受害人王某正常生活轨迹处于静止状态时出现重复性定位。故经法院核实,公诉机关当庭提供的 GPS 轨道数据在 2356 个位置数据中有 2041 条信息为被害人在静止状态下的重复位置信息,应当予以扣除。最终法院认定被告人裴某某获取被害人的有效位置(行踪轨迹)信息为 323 条。

参照这一方法,则上述虚拟案例中应统计"地点"要素,并扣除张三于 1 月 1 日在家的静止的、重复的位置信息,故涉案行踪轨迹数为 5 条。

(三)方式三:按"线"算

如前所述,虽行踪轨迹一词在语义上包含了静止的位置属性,但部分法院更强调其动态属性。例如在"师某某、罗某某侵犯公民个人信息案"③中,法院认为行踪轨迹是一个动态的、发展的且能够反映位置移动

---

① 参见福建省福州市中级人民法院(2019)闽 01 刑终 548 号刑事裁定书。
② 参见安徽省明光市人民法院(2020)皖 1182 刑初 39 号刑事判决书。
③ 参见重庆市第五中级人民法院(2018)渝 05 刑终 838 号刑事裁定书。

的行动过程，该信息的特点为能够反映特定自然人过去和现在（实时）行为、活动情况。本案 85 辆车 2679 条卡口信息中单条卡口信息并不能完整反映车辆的行踪轨迹，需要串联该时段内其他卡口信息才能反映该车的行踪轨迹。因此，一审法院将 2679 条卡口信息全部认定为行踪轨迹信息不当，二审法院予以纠正。

然而，如何进一步计算轨迹的数量成为棘手的问题。对于不同的位置移动形成的轨迹，在数理上存在多种轨迹计算结果，即若存在 N 个地理位置，理论上存在 $N\times(N-1)/2$ 种轨迹结果。在虚拟案例中，由于存在家、咖啡店、公司、餐厅与电影院 5 个位置，便存在 10 种不同的轨迹计算结果。

这一问题始终困扰实务，实践中往往通过计算违法所得等其他入罪标准以回避动态轨迹具体条数的计算难题。例如在"霍某某、高某某侵犯公民个人信息案"[1]中，辩护人认为车辆轨迹是一个连续动态过程，不应简单以车辆卡口信息数量计算，对此法院表示一审判决认定霍某某、高某某将大量的公民个人所有车辆的卡口信息出售给他人，并未以车辆通过卡口的数量作为涉案公民个人信息数量进行认定，而因霍某某、高某某出售公民个人信息的违法所得达数十万元，据此认定属"情节特别严重"。

（四）方式四：按"查询次数"算

除前述方式外，部分法院亦关注到行为人的查询次数因素，将特定期间查询所得的数据作为一组行踪轨迹信息。例如在"池某某侵犯公民个人信息案"[2]中，法院认为单个天网过车信息属于静态信息，确实不宜认定为行踪轨迹信息，但如对一辆车进行多次查询，得到该车辆一定时间内的多个天网过车信息，串联起来就能直接形成车辆的行车轨迹进而

---

[1] 参见重庆市第五中级人民法院（2019）渝 05 刑终 140 号刑事判决书。
[2] 参见浙江省临海市人民法院（2018）浙 1082 刑初 898 号刑事判决书。

能够定位特定自然人的具体坐标。该案中,被告人对相关车辆均进行了多次、长期的查询,进而确定该车驾驶员的特定坐标,故对特定时间内查询获得的一组天网过车信息应当认定为"行踪轨迹信息"。

观之虚拟案例,因李四于 7:30 及 19:00 进行了两次查询,则将所查询到的数据作为两组行踪轨迹信息。这一方式避免了轨迹计算结果的多样性与不确定性,但是将行踪轨迹数量完全取决于行为人查询的频次仍有所局限。具言之,若同样将 24 小时的某 GPS 轨迹信息于约定时间提供给他人,则查询次数多、查看频率高的行为人更容易构成犯罪,而查询次数少甚至一揽子查询并发送的行为人可能不构成犯罪,这一结论恐怕缺少说服力。

(五)笔者观点:按"人(车)/天"算,并关注特殊交易情形

综上所述,对于以点计算法,由于行踪轨迹具有不同于个人行踪的动态属性,因此完全以静态的位置信息作为计算标准难言合理;对于以线计算法,由于其轨迹计算在数理上存在诸多可能,故难以统一计量标准;对于以查询次数计算法,由于仅仅关注行为人的查询频次,而忽略了行踪轨迹本身的诸多因素,有所偏颇。因此,笔者认为,应综合考虑行踪轨迹信息的构成要素(即人物/车辆、日期、时间、地点),采取"人(车)/天"作为计算标准(即将一人或一车在同一天所形成的所有行踪轨迹作为一组行踪轨迹信息),同时还应额外关注特殊的交易场景,理由简述如下:

其一,考虑该罪保护法益,关注被追踪的人数或车辆数因素。侵犯公民个人信息罪旨在保护公民的个人信息自决权及背后所承载的社会管理秩序法益,因此"人"的因素尤为重要。目前已有部分法院将特定个人作为行踪轨迹信息的计量单位,例如在"曲某侵犯公民个人信息案"[1]

---

[1] 参见江苏省江阴市人民法院(2018)苏 0281 刑初 94 号刑事判决书。

中，被告人提出行踪轨迹应计为一人一条的抗辩，法院认为行踪轨迹中的车辆行踪轨迹信息应按一条计算，故对被告人的有关行踪轨迹的辩解意见予以采纳。在威科先行法律数据库收录的"赵某某侵犯公民个人信息案"中，经法庭质证、认证，先按照一个"人头"算一条的标准，尚未区分行踪轨迹、通讯内容及住宿信息、通讯信息等计算公民个人信息数据的数量。

其二，考虑危险性及恶性，关注追踪的时间长短因素。仅关注人数因素是不够的，还应考虑行为人对特定人追踪的时间长短，时间越长，越能体现其主观恶性及其行为的危险性，更应为刑法所警惕。

其三，考虑特别的交易价格及方式，关注特殊交易情形。对于敏感的行踪轨迹信息，行为人可能约定了特殊交易形式以及更高的交易价格（例如根据需要具体提供某人某日某时的轨迹信息并分别计价），则此类案件中，根据交易约定或习惯，该条具体的轨迹信息被作为单独的信息进行交易，因此亦应评价为一条行踪轨迹信息。

危害公共安全罪中"公共安全"的应有含义

危害公共安全罪是我国现行刑法分则第二章规定的类罪名,其社会危害性的严重程度不言而喻,而在现实中,放火罪、爆炸罪、以危险方法危害公共安全罪、破坏交通工具罪、交通肇事罪、重大责任事故罪等具体的危害公共安全的犯罪也是屡见不鲜、不胜枚举,因而危害公共安全罪成为刑法理论研究者和实践参与者共同关注和研究的重要对象。由于我国刑法分则体系的设置以各种犯罪所侵犯的社会主义社会关系不同为分类依据[①],所以危害公共安全罪与其他章节罪名之间的区别性和自身质的规定性主要体现在它所侵犯的社会关系——"公共安全"之上。对于"公共安全"应有之义的确定,是立法者划定此类犯罪的犯罪圈大小的关键标准,也是司法者准确定罪量刑的主要依据。令人遗憾的是,我国刑法学界就"公共安全"的内涵和外延尚未达成共识,各种学说自行其是。危害公共安全罪中的"公共安全"究竟为何的问题,需要再三反问,更需要冷静之后的细心研究。

一、"公共安全"的基本结构

"公共安全",顾名思义,包括"公共"和"安全"两个方面。"安全"一词,在《辞海》中本为"安稳"之意。[②]"随着社会的发展,法学

[①] 参见刘宪权主编:《刑法学》(第3版),上海人民出版社2012年版,第351页。

[②] 参见《辞海》(中),上海辞书出版社1979年版,第2288页。

的发展，应用到刑法学领域，则被解释为没有危险，不受威胁。"[①] "安全"从本质上而言是一种秩序，即有条理、有组织地安排各构成部分以达到正常的运转或良好的外观的状态。"公共"一词在《辞海》中被解释为"共同的"[②]，作为刑法领域的术语其含义多被认为是"公众共同所有的"，它是一个形容词性质的限定词。

从语词学的角度来说，"安全"是"公共安全"一词的落脚点和具体内容，规定着"公共安全"的具体指向，"公共"则是用来限制安全范围的定语，两者相互结合用以确定"公共安全"的内涵和外延。从刑法学的角度来说，"安全"是刑法所保护的一种具体利益，与刑法关注的经济秩序、社会秩序、人身权利以及财产权利同为社会利益的下位概念，而"公共"则是用来限制刑法所保护的这种"安全"的范围，并将其与国家安全区分开来。虽然"安全"是"公共安全"的最终指向，但其是具体的、形而下学的，相对于"公共安全"而言也是"属"的概念，而"公共"虽然是约束"安全"范围的修饰语，却从本质上揭示了"公共安全"与国家安全等其他安全的不同之处，承载着立法者的价值选择，因此在"公共安全"中，"公共"较之于"安全"属于更为重要、更值研究的结构。

二、"公共"的应有含义为"不特定多数人"

对于"公共"的理解，刑法学界向来是仁者见仁，智者见智，然而归纳而言，不外乎四种主要学说——不特定人说、多数人说、不特定且多数人说、不特定或者多数人说。不特定人说采用哲学化、思辨化的方式将"公共"解释为不特定人的；多数人说采用文义解释的方法将"公共"理解为多数人的；不特定且多数人说认为"公共"的含义由不特定与

---

① 李伟民主编：《法学辞源》，黑龙江人民出版社2005年版，第1503页。
② 参见《辞海》（上），上海辞书出版社1979年版，第637页。

多数人结合构成，两者缺一不可；不特定或者多数人说则认为"公共"的含义只需满足不特定与多数人两者其中之一即可。虽然四种学说相互区别，但是却为我们提供了破解"公共"应有含义的两条路径——"不特定"和"多数人"。那么，"不特定"和"多数人"究竟分别具有怎样的内涵？"公共安全"中的"公共"是否应当同时具备"不特定"和"多数人"这两个要素？倘若需要，两者的逻辑关系又当如何？

（一）"不特定"指行为可能的侵害对象与危害结果的非确定性

关于"不特定"，理论界主要存在以下几种观点：第一，是指"犯罪行为可能侵犯的对象和可能造成的结果事先无法确定，行为人对此既无法具体预料也难以实际控制，行为的危险或行为造成的危害结果可能随时扩大或增加"[①]；第二，是指"危害公共安全的犯罪的危害性不是限定于特定的个人或财产，而往往在事先无法确定其侵害的对象，也无法预料和控制可能造成的后果"[②]；第三，是指"绝大多数犯罪往往在行为前无法确定其侵害的对象的范围，也无法预料和控制可能造成的后果及其程度，所造成的实际危害后果，常常超出了行为人的预料和控制"[③]；第四，是指"犯罪行为不是针对某一个、某几个特定的人或者某项特定具体的财产，它的实际危害的严重性和广泛性，犯罪分子往往难以预料和控制"[④]；第五，是指"行为人对自己可能侵害或可能破坏的后果，事先无法确定，无法预料并难以控制，它包括对象不特定和结果不特定两层含义"[⑤]。

[①] 张明楷：《刑法学》（第2版），法律出版社2003年版，第537页。
[②] 《刑法新教程》，中国人民大学出版社2001年版，第467页。
[③] 高铭暄、马克昌主编：《刑法学》，北京大学出版社2000年版，第352页。
[④] 何秉松主编：《刑法教科书》，中国法制出版社2000年版，第670页。
[⑤] 鲍遂献、雷东生：《危害公共安全罪》，中国人民公安大学出版社1999年版，第4页。

对于第一种观点中的"行为的危险或行为造成的危害结果可能随时扩大或增加",笔者认为其超出了"不特定"的基本语义射程范围。"不特定"的语词含义是"并非确定",本身并不存在量的规定性,从刑法的角度来说既包括"不确定多数",也包括"不确定少数",对于"不特定"的解读不宜越过语词的一般边界而延伸至危险或者危害结果的扩大可能性。第四种观点中"犯罪行为不是针对某一个、某几个特定的人或者某项特定具体的财产"的说法失之偏颇,行为人主观上是否存在确定的打击目标与行为是否可能危害到不特定人的安全并不存在必然的关联。例如甲为了报复自己的仇人乙,于是放火烧了乙位于居民区内的房子,造成了整个居民区范围的火灾,行为人甲主观上虽然只存在报复乙的故意,其行为也是针对乙的财产,但是放火行为却客观上造成了不特定人生命、财产的损害,乙显然构成放火罪。在有些情形中,虽然行为人主观上不具有确定的打击对象,但是行为人对行为针对的对象存在一种范围的预估,自然也不会影响行为可能侵害的对象与可能产生的危害结果的不特定性,例如行为人在一辆公共汽车上投放了一颗炸弹,其对于可能造成的人员伤亡与财产损失上限具有初步的预判,然而这种对于一定危害范围的胸中有数也不应影响到对于"不特定"的认定,因此第三种观点也存在不可小觑的瑕疵。第二种观点和第五种观点虽然在表述上存在差别,却殊途同归,也是笔者较为赞同的对于"不特定"的应然解释。笔者认为,"公共"中的"不特定"要素,应当被理解为行为可能之侵害对象与可能之危害结果具有非确然性。

首先,这种非确然性形成于行为发生时。众所周知,特定性与不特定性是一组对立的概念,但同时也存在统一的因素。不特定性与特定性相互依赖,在一定条件下相互转化。在具体的危害公共安全行为的发展过程中,既存在不特定性因素,也存在特定性因素。随着犯罪行为的推进,不特定性因素的量往往因方法、时间、地点等环境条件的改变而逐渐减少，不特定性也会逐步向特定性转化。① 具体而言，危害公共安全的行为发生伊始，无论行为人主观上是否具有确定的针对目标，行为最终可能侵害的对象与可能造成的后果都是不确定的，具有充分的非确然性。随着犯罪行为与客观世界接触的深入和联系的紧密，不特定性因素的量逐渐减少，特定性因素的量不断增加，直至行为可能侵害的对象与可能造成的后果最终确定。非确然性在犯罪行为终结之时势必烟消云散，但是我们不能以行为最终侵害的对象与造成的后果来否定这种非确然性，相反可以通过这种确然性逆推出行为发生时对公共安全侵害的非确然性。不同于危害公共安全罪，故意杀人罪、盗窃罪等侵犯公民个人人身安全、财产安全的犯罪在行为发生时甚至犯罪意图产生时，受侵对象与危害结果便已经相对确定，自然也不存在行为过程中非确然性因素向确然性因素的转化。危害公共安全行为的"不特定性"本质上是一种可能性，这种可能性必然形成于行为起点处，存在于行为的整个发展过程中，并最终在行为终结后转化为现实性。

其次，这种非确然性不以行为人的主观状态为转移，对于"不特定"的判断应采取客观主义的立场。无论是刑法理论界还是司法实务界，均认为对于"不特定性"的认定应当通过物理的观察和分析，不应过度关注行为人的主观意志。只要在行为时行为最终可能侵害的对象和可能造成的结果客观上具有非确然性，"不特定"这一要求即得以满足，至于行为人主观上有无特定的行为对象追求，在所不问。例如，甲村村民李某与乙村村民赵某因土地纠纷产生了矛盾，李某气急败坏想要报复赵某及其家人，于是李某偷偷地在赵某家的井水中投放了老鼠药，恰巧第二天赵某为庆贺家中喜事大摆筵席宴请同村的亲朋好友，席间多人因饮用了有毒的井水而中毒，最终造成多人伤亡的严重后果。此案例中李某主

---

① 参见陈兴良、黄振中：《论危害公共安全罪中的不特定性》，载《河北法学》1992年第5期。

观上确定无疑地只以赵某及其家人为针对目标，对于赵某宴请同村亲朋好友的行为甚至不存在可能性预期，然而由于李某的投毒行为客观上产生了多人中毒伤亡的后果，所以应当认定其构成了投放危险物质罪。再如，张某于冬至日到父亲坟前烧纸祭拜，由于当天风大，点燃的冥纸四处乱飞，引起火灾，致使90公顷林地被烧毁。在这一案例中张某不存在任何的犯罪意图，但仍然应当根据其疏忽大意下行为所造成的严重后果以失火罪追究其刑事责任。

（二）"多数人"指实际受害对象或者潜在受侵对象的多数性

我国传统刑法学界对于"多数人"的研究相对较少，相当一部分的教材和论文没有充分阐释"多数人"的含义而直接将其解释为"三人或三人以上"，当然也有著名学者如张明楷认为："对于多数人，难以用具体数字表述，如果行为使较多的人感受到生命、健康或者重大公私财产受到威胁，就应认为危害了公共安全。"[①]诚然，对于"公共"属性的反映并不仅仅依赖于数量的多少，但是无论是从"多数人"的基本语词含义出发，还是立足于客观主义的刑法立场，将人数的多寡作为界定"公共"的标准，都不会造成刑法理论上的困惑与司法适用中的混乱。从《最高人民法院关于审理破坏公用电信设施刑事案件具体应用法律若干问题的解释》中的"造成二千以上不满一万用户通信中断一小时以上，或者一万以上用户通信中断不满一小时的""造成一万以上用户通信中断一小时以上的"等具体规定可以得知，司法解释正是采用了"数量"标准，从事实化的外部表征出发，对破坏公用电信设施罪中的"公共"进行了限定。近年来，刑法理论研究者在挖掘"多数人"内涵的过程中，提出了"危害结果是否具有随时扩展的现实可能性"的判断标准，人为地给"多数人"披上了规范构成要件要素的"外衣"，不仅导

---

① 张明楷：《刑法学》，法律出版社2003年版，第537页。

致了"多数人"与"不特定"在含义差异上的模糊性，还滋生了法官在法律适用中的困惑情绪。笔者认为，在我国刑法的现实语境下，"多数人"应当被理解为实际受侵对象与潜在受侵对象在数量上的多数性。

首先，将"多数人"形式地认定为受侵对象的多数性，符合我国刑法中主客观相统一原则的要求。主客观相统一作为一项刑法原则，其地位虽然饱受学术界争议，但其在犯罪构成中的重要作用却得到大多数学者的承认，有学者甚至认为，"刑法中的主客观相统一，既是原则，又是一种全新的刑法观"①。主客观相统一原则关注的是犯罪的事实层面，要求行为人主观状态与客观行为之间存在潜在的内容一致性与相互作用性。以形式意义上多数人的安全来解释公共安全，摆脱了价值判断的干扰，揭示了公共安全的事实层面，反映了犯罪客观方面的情况，进而要求在评价行为是否危害到公共安全时，观察其是否危害到一定数量的社会个体的安全。倘若采纳"危害结果是否具有随时扩展的现实可能性"的"多数人"判断标准，无疑会因混入了规范性因素而增加客观层面事实认定的难度和客观层面与主观层面相互对接的阻力，从而最终导致主客观相统一原则的应用失灵。

其次，部分危害公共安全犯罪司法解释的有关规定体现了"数量"标准。无论是《最高人民法院关于审理破坏电力设备刑事案件具体应用法律若干问题的解释》第一条中规定的"造成一人以上死亡、三人以上重伤或者十人以上轻伤的""造成一万以上用户电力供应中断六小时以上，致使生产、生活受到严重影响的"，还是《最高人民法院关于审理破坏公用电信设施刑事案件具体应用法律若干问题的解释》第一条中规定的"造成二千以上不满一万用户通信中断一小时以上，或者一万以上用户通信中断不满一小时的""在一个本地网范围内，网间通信全阻、

---

① 聂立泽：《刑法中的主客观相统一原则研究》，法律出版社2004年版，序言。

一、热点聚焦与理论反思

关口局至某一局向全部中断或网间某一业务全部中断不满二小时或者直接影响范围不满五万（用户×小时）的"，抑或是《最高人民法院关于审理交通肇事刑事案件具体应用法律若干问题的解释》第四条中规定的"死亡二人以上或者重伤五人以上，负事故全部或者主要责任的""死亡六人以上，负事故同等责任的"，都以具体的人数作为行为定性和区分的主要标准。将"多数人"解释为受侵对象达到了一定数量，既实现了与相关司法解释的协调与呼应，也增强了司法的可操作性，至于"多数人"对于量的具体要求，在存在相关司法解释的情形下应当遵循其规定，若尚无司法解释的确定则以"三人或三人以上"为宜。

最后，受侵对象既包括实际受侵对象也包括潜在受侵对象是对危害公共安全罪基本属性的当然反映。在危害公共安全这一类犯罪中，既存在以出现某种法定的危害结果为入罪标准的结果犯，如重大飞行事故罪、交通肇事罪、重大责任事故罪等，也存在以出现某种法定的危险状态作为入罪标准的危险犯，如放火罪、爆炸罪、破坏交通工具罪、暴力危及飞行安全罪等。在危险犯中，如果行为并未产生实害结果，那么其所造成的危险状态必须是"多数人"安全受到现实威胁的具体状态。在结果犯中，即使行为产生的实际危害结果不满足"多数人"在数量方面的要求，但是只要其造成的危险状态是"多数人"安全的危险状态，行为仍然应当成立危害公共安全罪。例如在交通肇事致使一人死亡的情形下，很多人认为交通肇事行为只危害了"少数人"的安全，其实这种观点是值得商榷的。在这种案件中交通肇事行为产生的实际危害的确限于"少数人"的范围，然而其造成的危险状态却是属于"多数人"的。只是在未产生实际危害后果的情况下，交通肇事行为不可成立犯罪，这是"过失犯必然是结果犯"原则的要求，然而这种原则并不能否认交通肇事行为在客观上带来的"多数人"的危险状态，相反这种危险状态是交通肇事行为成立犯罪的重要内在根据。实际上，无论是结果犯还是危险犯，只要行为致使潜在的受侵对象进入具体的危险状态，就已经对公共安全形成了危害，实际的受侵对象是否满足"多数人"在数量上的要求无须另行考察，只是"过失犯必然是结果犯"的原则要求过失类的危害公共安全罪必须以出现特定的实害结果为前提，然而这种法定的实害结果并不需要满足"多数人"的数量要求。

（三）"不特定"和"多数人"是并列关系

如前文所述，刑法学界关于"公共安全"的学说主要包括不特定人说、多数人说、不特定且多数人说和不特定或多数人说。其实这四种学说无一例外地指向了"不特定"和"多数人"的逻辑关系。不特定人说认为"公共安全"包括了不特定多数人和不特定少数人的安全；多数人说主张"公共安全"由不特定多数人的安全与特定多数人的安全组成；不特定且多数人说认为"公共安全"仅指不特定且多数人的安全；不特定或多数人说则主张"公共安全"涵盖了不特定多数人、不特定少数人以及特定多数人的安全。笔者认为，基于"不特定"与"多数人"的应有含义，"公共安全"应当是"不特定多数人"的安全，其中"不特定"和"多数人"是并列关系，共同限定"公共安全"的范围。"不特定"体现了"公共安全"质的规定性，"多数人"则是对"公共安全"量的规定性的描述。

特定少数人的安全不能被纳入"公共安全"的范围，这一点在学术界与实务界皆鲜有争议。特定少数人的安全是指一个或两个确定的社会个体的利益安全，包括人身性利益安全和财产性利益安全，其显然与"公共安全"指向的公共利益安全南辕北辙。例如甲将乙价值百万元的一张家传古画在空旷地带烧毁，显然不能认为危害了公共安全，对甲的行为应当定性为构成故意毁坏财物罪而非放火罪。

不特定少数人的安全是否属于"公共安全"，学界对此莫衷一是。笔者认为，不特定少数人的安全不应进入"公共安全"的应有范围，因为少数人的人身性、财产性利益安全无法体现"公共安全"的公众性要求,而且其已经为刑法分则其他章节的相关罪名规定所保护。例如甲为了寻求刺激,在某电影院内的某个座位上放置了一个 5 厘米长的铁钉,后乙入座时被铁钉扎入身体,经鉴定为重伤。在本案中,甲放置铁钉的行为虽然危及了不特定人的人身安全,但其客观上只能对不特定的某一个社会个体的人身安全产生威胁或者造成危害,因为铁钉的威力是有限的,而且一旦扎到其中任何一个观众,电影院都会采取措施避免这种情况再次发生,观众也会更加小心。甲的行为并不存在公众性危害,所以应当认为甲构成故意伤害罪而非以危险方法危害公共安全罪。实际上,将不特定少数人的安全纳入"公共安全"范围的观点一般也认为危害不特定少数人的安全成立危害公共安全罪是例外情况,典型的就是交通肇事致一人伤亡的情形。笔者认为,这种因忧虑而作出的划分是多余的。交通肇事行为致一人伤亡从实际结果来看危害了不特定某个人的生命权,但是行为在产生与发展的过程中,无疑使不特定多数人的生命安全进入了危险状态,因此其实际上危及了不特定多数人的人身安全。只是由于交通肇事罪属于典型的过失犯罪,必须发生特定的危害结果才能成立该项犯罪,所以人们往往忽视这种潜在的不特定多数人人身、财产安全所处的危险境地。然而这种危险状态的有无同交通肇事罪属于过失犯罪的性质并不存在必然的联系,我们不能以出现的少数人的伤亡来否定这种危险状态的"多数人"属性。因此,交通肇事致一人伤亡实际上是危及不特定多数人的危害公共安全的行为。

至于特定多数人的安全是否属于"公共安全",我国刑法理论界的主流观点对其持有否定的态度,但是日本刑法学界认为特定多数人的安全也应被纳入"公共安全"的范围。[①] 有学者认为,危害公共安全罪的本

---

① 参见叶高峰:《危害公共安全罪新探》,河南人民出版社 1989 年版,第 20 页。

质在于犯罪行为具有高度的危险性，放火、爆炸、投放危险物质等行为一经实施，可能造成众多人死亡或伤害以及其他严重后果，具有高度的危险性[1]，因此通过立法者的遴选进入危害公共安全罪的"阵营"。笔者认为此种观点存在不合理之处。危害公共安全罪的本质并非在于犯罪行为的高度危险性，因为诸如故意杀人罪、强奸罪、抢劫罪等侵犯公民个人人身权、财产权的犯罪也具有高度的危险性，而在于犯罪行为危及了公共性的安全。这种公共性不仅仅体现于行为对象的多数性，还表现为行为对象的不特定性、非确然性，前者是对公共性在量的方面的要求，后者是对公共性在质的方面的规定，两者缺一不可。例如甲与乙、丙、丁三人素有冤仇，一日在得知乙、丙、丁相约于荒郊野外之后，便携带炸药前往将其三人炸死。在此案中，甲的行为针对的仅仅是乙、丙、丁三个特定的对象，并且最终也只造成了此三人死亡的危害结果，对甲的行为如果定性为成立爆炸罪而非故意杀人罪，显然与危害公共安全罪的立法原意背道而驰。故而笔者认为，特定多数人的安全仍然属于特定人的安全而非公共安全，对其的侵害不应进入危害公共安全罪的规制范围。

因此，"公共安全"应当且只能是"不特定多数人"的安全，"不特定"指向的是行为可能之侵害对象与危害结果的非确然性，"多数人"要求的是实际的受侵对象或者潜在的受侵对象具有多数性，两者相互修饰、相互限定。值得注意的是，危害"不特定多数人"安全的行为应当是"一个"行为，而不能是连贯的多个行为。在福建南平"校园凶杀案"[2]中，行为人郑某某由于"生活受挫"，在南平市某小学门口无选择性地杀伤多名正在"等待进入学校"的小学生，最终导致"8人死亡、

---

[1] 参见邵维国：《论我国刑法中公共安全的内涵及其认定标准》，载《中国青年政治学院学报》2002年第6期。

[2] 参见《福建南平一小学发生特大凶杀案 学生8死5伤》，载中国政府网，https://www.gov.cn/jrzg/2010-03/23/content_1562626.htm，2024年7月3日访问。

5人受伤"。在本案中，行为人主观上不存在特定的打击目标，行为客观上危害了不特定多数人的生命、健康安全，然而行为人的杀人行为并非真正意义上的"一个"行为，而是可以分割成多个具体的杀人行为，每个具体的杀人行为针对的只是一个特定的对象的人身安全，换句话说，对于不特定多数人生命、健康安全的危害是由行为人的多个行为累积产生的，因此对于郑某某的行为应当认定为构成故意杀人罪而非以危险方法危害公共安全罪。①

三、"安全"的应有内容为生命、健康或者重大公私财产的安全

前文已述，"公共安全"由"公共"与"安全"两个基本方面组成，其中"安全"是"公共安全"的落脚点，"公共"规定了"公共安全"的区别性。较之于"公共"，"安全"是形式的、形而下学的，也是争议相对较为轻缓的方面。尽管如此，生产、工作、生活的安全是否有必要成为"安全"的内容，重大公私财产是否应受到"不特定多数人"的限定以及生命、健康与重大公私财产是什么关系，理论界尚未形成一致的观点，因而值得研究。笔者认为，生产、工作、生活的安全没有成为"安全"内容的必要性，重大公私财产应当受到"不特定多数人"的限制，而生命、健康与重大公私财产应当属于"或然"关系。

（一）生产、工作、生活的安全无必要成为"安全"的内容

有学者认为，"将'公共安全'的内容限制于'人的生命、健康和重大公私财产安全'，这种限制过窄，不能全面反映我国《刑法》所规定的危害公共安全罪的课题，不符合我国《刑法》对危害公共安全罪的

---

① 参见《"3.23"恶性杀人案罪犯郑民生被执行死刑》，载南平市人民政府网，https://www.np.gov.cn/cms/html/npszf/2010-04-28/2109885319.html，2025年4月23日访问。

规定，理论上形成法益保护的漏洞"[①]，并以我国《刑法》第一百二十四条之规定为例，认为破坏广播电视设施、公用电信设施罪保护的客体是公共生产、工作和生活安全。笔者认为这种观点并不成立。行为人破坏广播电视设施、公用电信设施之所以成立危害公共安全罪，原因在于公用电信设施一旦遭到破坏，依赖于公用电信设施进行生产、工作和生活的不特定多数人财产利益，甚至生命、健康利益会处于危险状态，行为表面上危及的是公共生产、工作和生活的安全，实质上危害了公共财产乃至于生命、健康安全。生产、工作和生活的安全与生命、健康以及财产的安全息息相关，两者是"一荣俱荣、一损俱损"的关系，前者甚至是后者的一种外在表现形式，因此生产、工作和生活的安全没有被纳入"安全"范围的必要性。

（二）重大公私财产应当受到"不特定多数人"的限定

对于重大公私财产的所有人有无范围的限定，理论界看法不一。有人认为重大公私财产包括不特定多数人所有的财产和重大的公共财产；有人认为重大公私财产是指特定或者不特定多数人的财产；还有人认为重大公私财产的范围无须受到限制。笔者认为，危害公共安全行为侵犯的财产安全应当是不特定多数人的重大财产安全，因为只有不特定多数人的重大财产，才能彰显行为的公共性危害。对于私人特定的重大财产的侵害，如将某人价值百万元的古董带至荒无人烟的地方放火烧毁，显然应当以故意毁坏财物罪追究行为人的刑事责任。至于公有财产，虽然一般上符合了"多数人"的要求，但如果并非不特定人的公有财产，对其的侵害行为也不宜认定为危害公共安全的行为。例如甲与乙村（乙村只有3户人家、10个村民）村民之间发生了矛盾，出于气愤，在一天夜里偷偷地将乙村远离村民住处、集体所有的鱼塘炸毁，造成了重大的经

[①] 高庆国：《对危害公共安全罪中"公共安全"含义的探讨》，载《郑州经济管理干部学院学报》2005年第4期。

济损失。在本案中，甲的行为虽然危害了公有财产，但该财产是属于特定 10 个人的重大财产，甲的行为并不具有公共性危害，所以不宜认定为成立爆炸罪，而应构成故意毁坏财物罪。

（三）生命、健康与重大公私财产应当属于"或然"关系

有学者认为，公共安全是指"不特定多数人的生命、健康和重大公私财产安全"[①]，在此处生命、健康和重大公私财产是"且然"关系，即要求行为同时危害到不特定多数人的生命、健康安全和不特定多数人的重大公私财产安全，方可成立危害公共安全罪。笔者不以为然。首先，生命、健康安全属于人身安全，其与财产安全是相互独立的，两者并不当然呈现一种"如影随形"的状态，不特定多数人的生命、健康安全受到侵害，并不意味着其重大公私财产安全也会受到危害，反之亦然。其次，不特定多数人的生命、健康安全与不特定多数人的重大公私财产安全均属于重大的公共安全，侵害其中任何一种安全均足以反映行为的严重社会危害性，人身安全与重大公私财产安全值得刑法的同等保护，立法者的原意亦应如此。故而，生命、健康安全和重大公私财产安全应当属于"或然"关系，危害了不特定多数人的人身安全或者不特定多数人的重大公私财产安全，均足以成立危害公共安全罪。

---

① 高铭暄：《新编中国刑法学》，中国人民大学出版社 1998 年版，第 510 页。

对相对不起诉适用条件的反思

相对不起诉，又称酌定不起诉、有罪不起诉，是刑事诉讼中检察机关对于已经犯罪的人给予宽大处理不提起公诉，从而使其免获有罪判决的一项制度。相对不起诉从结果上与刑事辩护工作同向，故天然地成为辩护律师努力争取的重要结果之一。

但是，关于相对不起诉的适用条件，法律规定较为笼统。辩护律师往往会以最高刑为三年有期徒刑、应当判处缓刑、刚及立案标准、从宽情节较多等理由为犯罪嫌疑人争取相对不起诉，笔者也不例外。但是，笔者在某案中整理相对不起诉的适用条件时对其进行了反思，除罪行轻微，还应当关注不需要判处刑罚与免除刑罚的条件，现将思路呈现如下。

一、相对不起诉的法律条文：轻微 + 免刑

《刑事诉讼法》第一百七十七条第二款规定："对于犯罪情节轻微，依照刑法规定不需要判处刑罚或者免除刑罚的，人民检察院可以作出不起诉决定。"这是相对不起诉的核心条文，是其他规范性文件中对相对不起诉条件作出进一步释明的基础。这一条文揭示了相对不起诉的适用需同时具备两个条件："犯罪情节轻微"与"依照刑法规定不需要判处刑罚或者免除刑罚"。

长久以来，以相对不起诉为目标的辩护工作往往把重心放在论证"犯罪情节轻微"上，而对于"依照刑法规定不需要判处刑罚或者免除刑罚"重视不足。究其原因可能是相关规范条文较为缺乏，且现有条文

由于最根门下乃至后世的某某学行为法式。"但这一规定仍非"不墨翟之道的规定",仍别的条件,即者"不墨翟之道的规定",含有前后的承续关系,其他并未文化未对"不墨翟之道的规定",作出进一步解释。

成为有名的者,《孟子》第三十七条正是《刑事法家规定法》第一旦十七条第二条规定所明见的"依据明没规定不墨翟之道的规定",相关条,再从二者的关系出发,"不墨翟之道的规定",明确的规则方式,但在实际中的刑事处理需求成相关。《孟子》第三十七条中的"不墨翟之道的规定",成属于没其明目再被看着相关。"不墨翟之道的规定",成因为作家人员的明目再被看着相关。

（二）"不墨翟之道的规定"的条件该明现的判断。"可是","成是"可是",这属于依据明没规定不墨翟之道的规定不墨翟之道的规定,其他条其不可同,此其可向对现规定",假条其不明确有"可是","成是","可是"。着某判为,此其可向对其他不对其明现规定了的情节的分待关。

将一般适其习惯,"不墨翟之道的规定",已经是以某次变难是美,其如不应其如"可以","或是"可是",有刑便是养,在美况未增中,"不墨翟之道的规定",需要难看了"没有文意",接为现的规定",但同时仍并未对其判现明规定了,"依据明没规定不墨翟之道的规定",本有相关"不墨翟之道的规定","可疑","之意","无尼","一则是各条文及其本来说的侧向向性,均可似分这句的本意。

相对"名据判现的",来说,"依据判没规定名规定的",确有素裏无同之处,但以不至于上,"名据判现",就是在其所名名条其作所规定的"不墨翟之道的规定",因此,根据,"不墨翟之道的规定",我得出的成立之条件与重要判现的规定"。明没判规没在了条中规规据其体情有出离都以人墨重判现的都刻的目的。只不其依规规来规定以,"名据判现的",从明没依予以造用。名刊来说,"成是",通晓,则只有没有该判据案的于止为不重于重于重于不不不不发难的,"成是之例"。对于服据没用官员,不听名么无糖神免名名的。

一、帮助审查与理论依据

也就是帮助审判者理出的诉讼条件列举出来，没有对二者进行明确区分，也可能是因为作者米在此区分之二者进行对二者的考察，导致我们可以对他行分类与论述，不论是对比这还是对有效释放的有难题。因此，如何理解"依据现行法律要求被判案件应当是被告发现的"，便是本文探讨的重点。

二、"依据现行法律要求被判案件应当是被告发现的"释义

"不墨守成规的"与"有依据的"在审判时都有着相似的含义一致，即对被告人判决的被告人审判事件的，相对于起诉制度的确立即重要的意义在于：当诉讼条件中的被告人在审判时被发现有各种不明事件的时候，则该案件在法官的审理前便可以直接被认为或者在此审理的，不墨守其地已经可以被认定的。从文义上的解释，也是本次论述的一个具体展开的角度，这一种便即为人审判的后，又表达人上，相对于依法条件中的"依据"，并非似乎是"为判据人审判"的。

（一）"不墨守成规的"如何判断

根据条文，"依据现行规定者"，是"不墨守成规的"和"有依据现的事项并非同时成就的，也就是说，"不墨守成规的"和"有依据的"的案件本身有着《刑诉》的明确规定者，"依据现确规者"，即案件本身有《刑诉》规定者的条件书；同时这并非要求的，因为《刑诉》对于各条件书的条件书有明确的直接的或依看被规定的，而是指，"不墨守成规的"。如上一例，即第二十七条关于非判时被可直接规定的者："对于均等违背书或在被执行判别的规定的，可以为他行事判人的，但是可以继续案件的判断情况，于以判别被案件分直接被有，应当以明系，而是

053

三、对辩护工作的启发

以相对不起诉为目标的辩护，除了要论证情节轻微，更要论证犯罪嫌疑人是否不需要判处刑罚或具备法定免除处罚情节。而且，这种情节轻微必须是达到一定程度的轻微，不能草率地认为一切轻微的事由都能成为相对不起诉的理由。尤其是，"应当适用缓刑"不仅不能作为相对不起诉的条件，反而会成为阻碍不起诉的理由——"应当适用缓刑"就表明应当被判处刑罚，所以当然应当予以起诉，以便顺利适用缓刑。

不需要判处刑罚的论证，应当将重点放在犯罪嫌疑人的主观恶性与再犯可能性上，从刑罚预防目的，尤其是特殊预防的角度进行尝试。有些羁押期限过长的案件，当羁押时间已经超过可能判处的刑期甚至法定最高刑时，也可以尝试运用不需要判处刑罚来争取免予刑事处罚的结果，而非只着眼于"实报实销"。

相比于不需要判处刑罚，具有法定免除处罚情节可能更为直接有效，但同时具有较高的条件，因为这些情节的有无通常是确定的事实。所以，辩护人以相对不起诉为目标时，一个重点工作就是提前争取法定免除处罚情节，例如自首、立功、（胁）从犯，以及某些罪名中具有的特殊免除处罚情节等。若没有法定免除处罚情节而仅论证不需要判处刑罚，说服力将大打折扣。

谨防拒不执行判决、裁定罪成为民事执行"口袋罪"

拒不执行判决、裁定罪，本文简称为"拒执罪"，规定在《刑法》第三百一十三条。近年来，随着整治民事案件执行难的多措并举，拒执罪越发呈高发态势。以浙江省为例，浙江省高级人民法院连续多年召开打击拒执犯罪新闻发布会，介绍浙江打击拒不执行判决、裁定相关情况及发布年度打击拒执罪典型案例。2024年1月至11月，全浙江省法院一审受理拒执罪案件1445件，一审审结拒执罪案件1470件，判决罪犯1443人，呈逐年上升态势。①

可见，拒执罪已经逐渐成为刑法上对妨害民事执行秩序行为的常态化打击手段。表面上看，这似乎符合拒执罪的立法本意。但是，拒执罪的构成要件远没有看上去那么简单。越是高发的态势下，司法机关越应严格从法律本身及构成要件出发，审慎地对待拒执罪，防止其成为民事执行领域的"口袋罪"。因此，笔者意图通过本文探究拒执罪的立法本意，明晰拒执罪的构成要件，并列举若干拒执罪的入罪与辩护要点，以期与各界同仁探讨交流，为刑法的正确适用贡献绵薄之力。

一、拒执罪的实害结果

笔者认为拒执罪的罪状和名字容易引起误解。若按字面含义理解"对人民法院的判决、裁定有能力执行而拒不执行"，容易将行为人的"不

---

① 参见《严厉打击拒执！1443人获刑》，载浙江法院网，https://zjsfgkw.gov.cn/art/2024/12/24/art_56_33269.html，2025年7月7日访问。

执行"理解为拒执罪的行为，从而将拒执罪理解为不作为犯罪。但实际上，通过 2002 年《全国人民代表大会常务委员会关于〈中华人民共和国刑法〉第三百一十三条的解释》（以下简称《立法解释》）与 2024 年起施行的《最高人民法院、最高人民检察院关于办理拒不执行判决、裁定刑事案件适用法律若干问题的解释》（以下简称 2024 年《司法解释》）的列举可知，拒执罪的行为应当是对法院的执行程序造成实质阻碍的行为，而非单纯"不执行"判决、裁定的行为。换言之，拒执罪为实害犯而非行为犯。"不执行"与"拒不执行"是有区别的，后者才属于拒执罪的打击范畴。

根据《立法解释》与 2024 年《司法解释》对拒执罪行为与结果的列举，拒执罪的实害结果共有四类，分别为"致使判决、裁定无法执行""致使执行工作无法进行""采取强制措施后仍拒不执行"与"给被害人造成重大影响"。其中，"致使判决、裁定无法执行"为拒执罪中最常见的类型。而且，《立法解释》一共列举了五种行为，除了最后一条兜底条款之外，前四种均以"致使判决、裁定无法执行"为条件，2024 年《司法解释》在对《立法解释》中的兜底条款进行进一步解释时才出现了其他类型。基于《立法解释》的效力层级较高，更符合立法者的本意，笔者认为，"致使判决、裁定无法执行"是所有拒执罪的实害结果要求，与其他结果类型之间不是并列关系，而是一般与特殊的关系，所有拒执罪都应以是否满足"致使判决、裁定无法执行"为判断要素。

二、拒执罪不同实害结果辩护思路探讨

（一）致使判决、裁定无法执行

对"致使判决、裁定无法执行"的判断，关键在于对"无法执行"的判定。民事诉讼程序中，判决、裁定中确定的履行义务人不履行判决、裁定确定的义务的行为非常常见，而这正是法院强制执行程序存在

的目的。从刑法的最后保障性来说，在某一社会矛盾有专门性机制去解决时，不宜直接采取刑法手段。只有当这一专门性机制被人为阻碍或破坏时，刑法才宜进行干预。拒执罪正是如此，其本意并不在于惩罚单纯不履行判决、裁定确定的义务的人，而是惩罚在自己不履行判决、裁定确定的义务之外还使法院无法通过强制执行程序执行判决、裁定的人。这也是为何拒执罪属于妨害司法罪，而非侵犯财产罪。

2024年《司法解释》第七条规定，"致使判决、裁定无法执行"是指"人民法院依据法律及相关规定采取执行措施后仍无法执行的情形，包括判决、裁定全部无法执行，也包括部分无法执行"。依此规定，若行为人虽隐藏、转移、故意毁损、转让了部分财产，但剩余财产依然可通过执行履行判决、裁定确定的义务，则不属于"致使判决、裁定无法执行"，也无法认定行为人具有阻碍执行的目的与故意。若剩余财产不能足额清偿判决、裁定确定的义务，则行为人拒不执行的数额应为判决、裁定确定的义务数额与剩余财产可转换价值之差，而非直接以隐藏、转移、故意毁损、转让财产的价值认定。若行为人虽隐藏、转移、故意毁损、转让了财产，但如实向法院进行汇报的，或法院未受到蒙蔽而是知晓财产的去向并可顺利启动执行程序时基于种种原因不启动的，不属于"致使判决、裁定无法执行"。

（二）致使执行工作无法进行

此类结果可见于2024年《司法解释》第三条第八项"以恐吓、辱骂、聚众哄闹、威胁等方法或者以拉拽、推搡等消极抗拒行为，阻碍执行人员进入执行现场"；第九项"毁损、抢夺执行案件材料、执行公务车辆和其他执行器械、执行人员服装以及执行公务证件"；以及第四条第三项"以围攻、扣押、殴打等暴力方法对执行人员进行人身攻击"。

从以上规定可见，评价此类结果的前提是，行为人的行为发生在已经有执行人员正在实施执行行为的场合，行为对象大多是执行人员，或是执行车辆、器械、服装、证件等执行工具。"致使执行工作无法进行"是一类特殊的"致使判决、裁定无法执行"结果，其本质是使正在进行的执行工作被迫暂停，无法顺利按原计划开展。因此，"致使执行工作无法进行"虽未必意味着判决、裁定终局式无法被执行，但必须满足使正在进行的执行工作无法继续进行的条件，故在具体案件中应当判断行为人的行为是否已经达到足以使一般执行人员无法继续执行程序的程度。例如行为人只在一旁以语言"恐吓、辱骂"执行人员，但无其他阻碍行为的，就不宜认定为"阻碍执行人员进入执行现场"并"致使执行工作无法进行"。

（三）采取强制措施后仍拒不执行

此类结果可见于2024年《司法解释》第三条第四项"具有拒绝报告或者虚假报告财产情况、违反人民法院限制消费令等拒不执行行为，经采取罚款、拘留等强制措施后仍拒不执行的"。该项虽使用的是行为犯式的条文措辞，但仍应将"致使判决、裁定无法执行"这一实害结果作为此条款的不成文构成要件要素来看待。

原因在于，这些行为未必会导致法院无法查清或强制执行被执行人的财产。若将此条理解为行为犯，则与其他条文所规定的实害犯不具有相当性。既然行为人虽转移部分财产但不影响法院执行剩余财产的行为不构成拒执罪，则行为人虽虚假报告财产但不影响法院查清并执行其财产的行为因不具有更高的危害性，同样不应构成拒执罪。只不过，这种"致使判决、裁定无法执行"并非2024年《司法解释》第七条所定义的终局性无法执行，而是暂时性无法执行，强调的是一种对于执行程序的实质阻碍。

因此，即使行为人确实施了"具有拒绝报告或者虚假报告财产情况、违反人民法院限制消费令等拒不执行行为，经采取罚款、拘留等强制措施后仍拒不执行"行为的，也不应直接认定构成拒执罪，还应评价其行为是否实质上给执行程序造成阻碍。若法院在先已经查清行为人的财产状况，行为人在后拒绝报告或者虚假报告财产情况，不影响法院认知的，就不属于给执行程序造成阻碍，不构成拒执罪既遂。若行为人违反人民法院限制消费令，但如实申报其账户内有可供执行的财产且足以清偿债务的，亦不属于给执行程序造成阻碍，不构成拒执罪。

（四）给被害人造成重大影响

此类结果可见于2024年《司法解释》第三条第七项"经采取罚款、拘留等强制措施后仍违反人身安全保护令、禁止从事相关职业决定等不作为义务，造成被害人轻微伤以上伤害或者严重影响被害人正常的工作生活的"，以及第四条第四项"因拒不执行，致使申请执行人自杀、自残或者造成其他严重后果的"。

以上两个条款应当理解为包含两个实害结果，一个是行为人直接造成的无法执行结果，是未写明的不成文要素，另一个是被害人的伤害结果，是写明的成文要素。换言之，在适用这两个条款时，不应仅着眼于被害人的伤害结果，还应评价行为人是否实施了足以给执行程序造成阻碍的行为。

其中，对于第三条第七项采取强制措施后仍违反人身安全保护令、禁止从事相关职业决定等行为而言，只要这些行为一经作出，就意味着使相关决定无法得到有效执行，故立即满足第一个结果，无须再作实质评价。但对于第四条第四项而言，该项的用词"拒不执行"，应当理解为本身就构成拒执罪的行为，即需要进行是否给执行程序造成实质阻碍的判断。若一个行为本身不构成拒执罪，例如单纯的不履行判决但未转移财产的行为，即使引发了申请执行人自杀、自残的结果，也不能适用第四条第四项评价为拒执罪，更不能评价为"情节特别严重"情形。

综上，拒执罪是实害犯，只有行为人的行为给法院的执行程序造成实质阻碍，使判决、裁定终局性或暂时性"无法执行"时才能评价为此罪。这一评价方式同样适用于 2024 年《司法解释》第三条第十项"其他有能力执行而拒不执行，情节严重的情形"与第四条第五项"其他情节特别严重的情形"两个兜底条款。在民事执行难问题逐步解决与拒执罪大规模适用的环境下，应谨防拒执罪变相成为民事执行领域"口袋罪"，甚至"执行措施"之一。

抢劫罪与强奸罪手段行为之差异研究

依照刑法理论界的通常观点，抢劫罪是指以非法占有为目的，以暴力或者当场实施暴力相威胁，或者以其他使被害人不知反抗或者不能反抗的方法，迫使其当场交出财物或者夺走其财物的行为；而强奸罪是指违背妇女意志，使用暴力、胁迫或者其他手段，强行与妇女发生性交的行为。显而易见，抢劫罪与强奸罪的客观行为方式均是由手段行为与目的行为结合而成的复合行为，其中目的行为是直接实现犯罪目的行为，手段行为则是为目的行为的实现起铺垫与服务作用的行为。抢劫罪中行为人的犯罪目的是非法占有他人财物，强奸罪中行为人的犯罪目的则是与妇女发生性交，两者有所不同，自不待言。而《刑法》文本对于抢劫罪与强奸罪手段行为的描述均采用了"暴力""胁迫""其他方法（手段）"这样的字眼，因此有人认为抢劫罪与强奸罪中具备工具性作用的手段行为其内涵与外延是完全一致的。其实这是刑法用语给人造成的一叶障目的错觉。《刑法》第二百六十三条与第二百三十六条规定的抢劫罪与强奸罪的行为手段固然极为相似，但是相同或者相似的刑法用语在不同的刑法语境中往往具有截然不同的含义，这是刑法规范的简明性与刑法用语的有限性产生的必然结果。诚如有学者所言："刑法用语以普通用语为基础，尽管核心意思明确，但总有边缘模糊的一面。而且刑法的有些用语难免会出现多义的情况，需要刑法的解释作出界定和阐述。"[1]

---

[1] 刘宪权：《刑法学》（第3版），上海人民出版社2012年版，第23页。

通过分别对抢劫罪与强奸罪中的"暴力""胁迫"以及"其他方法（手段）"进行目的解释或者体系解释，可以发现，相同刑法表述下的两罪行为手段在内涵与外延上虽有交叉重叠的部分，但其区别之处更是不容置喙、不可忽视。

一、抢劫罪与强奸罪"暴力"手段之差异

"暴力"包含"暴"和"力"两字。"暴"字的意思是"突然而凶猛、凶狠、残酷"[①]，"力"的意思为"物体之间的相互作用，是使物体获得加速度和发生形变的外因"[②]。有学者将暴力分为四类："最广义的暴力，包括不法行使有形力的一切情况，其对象不仅可以是人，还可以是物；广义的暴力，是指不法对人实施有形力的行为，但不要求直接对人的身体行使，只要对人的身体施以强烈的物理影响即可，例如在他人身边播放高分贝噪声；狭义的暴力，是指对人的身体不法行使有形力，但不要求达到足以压制对方反抗的程度，如打人一耳光；最狭义的暴力，是指对人行使有形力，并达到了足以压制对方反抗的程度，但不要求直接作用于人的身体。"[③] 由此观之，"暴力"是指具有压制、控制、侵害等客观特征的侵害力或控制力[④]，其既可以针对人，也可以指向物。

《刑法》存在罪名中含有"暴力"字眼的犯罪，如暴力危及飞行安全罪、暴力干涉婚姻自由罪、暴力取证罪等，有些罪名中虽然没有"暴力"的字眼，但以暴力作为犯罪构成要件要素，如故意杀人罪、强奸罪、抢劫罪等。在不同的罪名或者罪状中，"暴力"往往具有不同的内涵，

[①] 《现代汉语词典》，商务印书馆1999年版，第49页。
[②] 《现代汉语词典》，商务印书馆1999年版，第775页。
[③] 张明楷：《刑法学》（第4版），法律出版社2011年版，第619页。
[④] 参见黄明亮：《暴力犯罪死刑问题研究》，中国人民公安大学出版社2008年版，第13页。

其所涵盖的具体外延也不尽一致。抢劫罪中的暴力，一般指"行为人直接作用于公民人身的物质强制力的行为表现，例如殴打、捆绑、棒打、枪击、剥夺人身自由活动的能力，使被害人丧失反抗的能力，为夺取财物开辟道路、扫除障碍"[1]，它需要达到足以压制被害人反抗的程度，属于最狭义的暴力；强奸罪中的暴力，通常指通过外力对妇女身体实行强制的一种方法，例如对妇女直接使用伤害身体、捆绑手足、掐脖子、捂嘴巴或者强力按倒的方法，使妇女陷入不能抗拒的境地[2]，它无须达到足以压制被害人反抗的程度，属于狭义的暴力。由此可见，抢劫罪和强奸罪中的暴力针对的对象均局限于人，同时需要达到一定的程度，那么两者的差异究竟何在？笔者认为，抢劫罪与强奸罪中暴力手段的区别主要表现为暴力最低限度和最高限度的不同。

（一）抢劫罪中暴力的最低限度高于强奸罪中暴力的最低限度

有观点认为："暴力的下限应对被害人心理上或生理上造成强制状态，这种强制状态必须至少达到妨碍被害人的意志自由的程度。"[3]易言之，就暴力的程度而言，抢劫罪与强奸罪中的暴力都至少应当达到使被害人因生理或者心理受到强制从而出现意志不自由状况的程度。这种看法是片面的。就强奸罪来看，《刑法》条文对于暴力要素的设置一方面是由于暴力型强奸行为的常见性，另一方面也是出于区分强奸罪与现实生活中通奸行为的实际需要，因此强奸罪中的暴力程度无须达到足以抑制对方反抗的程度，只要达到足以使对方不能反抗的程度即可，这也有利于保护女性性自主的权利，更与"违背妇女意志"的核心要件相呼应。而抢劫罪中暴力的程度必须达到足以压制被害人反抗的程度，仅仅达到一般暴力下限程度的相对轻微的暴力，不属于抢劫罪要求的暴力，

---

[1] 刘宪权、杨兴培：《刑法学专论》，北京大学出版社2007年版，第537页。
[2] 参见刘宪权：《刑法学》（第3版），上海人民出版社2012年版，第542页。
[3] 姚春艳：《论刑法中暴力的内涵》，载《理论界》2009年第3期。

这是《刑法》的明文规定。法律之所以作如此规定，是因为立法者在设置侵犯财产类犯罪的具体罪名时，采用了非常细致的行为手段标准，通过相对轻微的暴力非法占有他人财物的行为，可以由抢夺罪加以调整，从而不会出现财产权刑法保护的漏洞。因此，抢劫罪对暴力最低限度的要求高于强奸罪，成为抢劫罪构成要件要素的暴力必须达到足以压制被害人反抗的程度。

（二）抢劫罪中的暴力包括故意杀人，强奸罪中的暴力不包括故意杀人

依照通说的观点，抢劫罪与强奸罪中暴力的最高限度主要表现为抢劫罪中暴力的内容包括了故意杀人行为，而强奸罪中暴力的内容排除了故意杀人行为，笔者对此表示赞同。强奸罪侵犯的是公民的人身权利，具体而言为妇女的性自主权，它依附于妇女的生命权。如果行为人以暴力方式故意杀害了妇女，那么该妇女的性自主权也会随之消失、不复存在，行为人对尸体实施的奸污行为至多侵害了社会风化而不可能侵犯妇女的性权利，因而只可能成立侮辱尸体罪，与故意杀人罪实行数罪并罚，而不可能成立强奸罪。换句话说，故意杀人的行为一旦出现，强奸行为便失去了存在的空间。有学者指出："从客观上说，强奸罪中的暴力也可能是致人死亡的暴力。"[①] 此种说法并无不妥，但是这种死亡结果一般只能出于行为人主观上的过失，特别情况下可能归咎于放任的主观态度。有人或许会反驳：既然妇女的性权利依附于其生命权，那么即使是在过失致人死亡的情形下，妇女的性权利仍然会烟消云散，又何言强奸罪中的暴力包括过失致人死亡的行为？这种反驳是苍白无力的。怀有这种疑问的人忽略了这一关键点：在这种情形下，尽管行为人的暴力行为产生了妇女死亡的危害结果，但是其实施的暴力行为是支配于、服务

[①] 张明楷：《刑法学》（第4版），法律出版社2011年版，第778页。

于奸淫妇女这一主观意图的，死亡结果的出现在行为人意料之外，妇女死亡之后因为不再具有性权利而致使行为人奸淫的主观目的落空，因此行为人成立强奸罪（未遂）与过失致人死亡罪的竞合犯，这与性权利依附于生命权并不矛盾。而在直接故意杀人的情形中，行为人的主观目的是剥夺妇女的生命权，且属于最初的犯罪意图，由于生命权丧失之后性权利也会随之湮没，所以行为人实施的暴力行为只能被评价为服务于杀人的目的，不能再被认为是服务于奸淫妇女目的的行为，故而这种故意杀人的暴力行为不属于强奸罪中的手段行为。

至于抢劫罪中的暴力是否包含了故意杀人行为，早在20世纪末，理论界与实务界就都存在不同的声音，分歧源于对《刑法》规定的抢劫罪中"致人死亡"的理解不同。一种观点认为抢劫罪中的"致人死亡"行为只包括过失致人死亡，因此抢劫罪中的暴力不包括故意杀人行为；与之针锋相对的另一种观点则认为抢劫罪中的"致人死亡"行为不仅包括过失致人死亡，还包括故意杀人，因此抢劫罪中的暴力行为可以是故意杀人行为。2001年之后，前一种声音在一则司法解释公布施行后变得微弱并逐渐走向消亡。根据《最高人民法院关于抢劫过程中故意杀人案件如何定罪问题的批复》这一司法解释的规定，行为人为劫取财物而预谋故意杀人，或者在劫取财物过程中，为制服被害人反抗而故意杀人的，以抢劫罪定罪处罚。笔者认为此司法解释的规定具有合理性。首先，抢劫罪侵犯的客体既包括人身权也包括财产权，财产权并不绝对依附于人身权，而是相对独立的受到刑法保护的法益；其次，抢劫罪中行为人往往是为了压制反抗、扫除障碍而实施故意杀人行为，对于之后的取财行为而言，故意杀人行为属于手段行为，且《刑法》并未将这种杀人的手段行为明确排除在抢劫罪中暴力的范围之外；最后，将这种故意杀人之后劫取财物的行为评价为"抢劫致人死亡"，并不会导致罪刑失衡、轻纵犯罪的不利后果，因为"抢劫致人死亡"属于抢劫罪的加重犯，《刑法》为其配置的法定刑是十年以上有期徒刑、无期徒刑或者死刑。当然，如果行为人因为爱恨情仇等原因在故意杀害被害人之后，突发占有死者随身财物的犯意并实施了非法占有的行为，则应当认为行为人构成故意杀人罪与侵占罪，因为此时行为人实施故意杀人行为并非为了排除反抗、扫清障碍进而劫取财物，该杀害行为不能被视为抢劫罪中的手段行为。同理，行为人在完成抢劫行为之后杀人灭口，也不属于抢劫罪的暴力行为，对行为人也应实行数罪并罚。

值得注意的是，理论界对于抢劫罪与强奸罪在暴力手段方面的差异还存在以下两种观点：第一，两罪的暴力行为指向的对象不同，抢劫罪的暴力可以针对受害人本人，也可以针对在场的其他人，而强奸罪的暴力只能针对被害人本人；第二，抢劫罪的暴力行为只能由行为人本人实施，而强奸罪的暴力行为既可以由本人实施，也可以由第三人实施，例如利用他人实施的暴力造成的被害人不能反抗的状态实施奸淫行为的情形。通过推敲，可以发现这两种观点难以成立。首先，在抢劫罪中，如果行为人的暴力针对的是被害人以外的第三人，那么这种暴力必定不属于足以压制被害人反抗的外力，因此不可视为抢劫罪中的暴力行为。但是对第三人尤其是与被害人存在密切关系的人施加暴力而迫使被害人交出财物的行为可能构成胁迫型抢劫犯，因为在这种情形下行为人对第三人实施的暴力往往会对被害人产生一定的精神强制，从而使其因不敢反抗而交出财物。其次，强奸罪中的暴力行为也只能由行为人本人实施，尽管行为人利用他人实施的暴力造成的被害人不能反抗的状态实施的奸淫行为成立强奸罪，但是第三人实施的这种暴力并非为了排除被害人反抗奸淫的行为（否则与实施奸淫行为的人成立共同犯罪），因此不属于强奸罪中的暴力手段，而本人成立强奸罪所依赖的手段行为属于强奸罪中规定的"其他手段"。

二、抢劫罪与强奸罪"胁迫"手段之差异

所谓胁迫,是指以使他人产生恐惧心理为目的,以恶害相通告的行为。以胁迫的内容为标准,具体犯罪中的胁迫手段可分为暴力胁迫和非暴力胁迫两种,其中暴力胁迫是指以暴力打击相威胁,从而使被害人因内心产生对暴力打击后果的恐惧而被迫服从行为人非法要求的胁迫行为,非暴力胁迫是指以暴力打击以外的相对和平的手段如揭发隐私、毁坏名誉相威胁,迫使被害人因内心对之产生恐惧而被迫服从行为人非法要求的胁迫行为。以胁迫的方式为标准,具体犯罪中的胁迫手段又可划分为书面胁迫、口头胁迫、肢体语言胁迫以及利用特定的时空环境条件实施的胁迫。一般认为,抢劫罪中的胁迫行为是指行为人使用立即加害于公民人身的精神强制力的行为表现,如以暴力杀害、伤害为内容的语言恐吓或者通过肢体行为表现出威胁意思的具体动作;[1]而强奸罪中的胁迫行为是指对妇女采用的旨在使其因遭受精神强制而陷入不敢反抗境地的威胁与恐吓手段。[2]那么,用以排除被害人反抗并以恶害为内容的胁迫手段,在抢劫罪与强奸罪中究竟具有如何不同的内涵和外延?笔者认为,应当从以下几个方面进行考察。

(一)胁迫的内容

一般而言,强奸罪中胁迫的内容具有广泛性,既包括暴力,如杀害、伤害妇女等,也包括非暴力,如揭发妇女隐私、毁坏妇女名誉等。只要行为人通过其实施的胁迫行为使被害人的心理受到强制,从而违背其真实意愿而与之发生性行为,该行为便成立强奸罪,至于胁迫的内容具体为何无关紧要。这是因为强奸罪的核心构成要件是"违背妇女意志",而

---

[1] 参见刘宪权、杨兴培:《刑法学专论》,北京大学出版社2007年版,第538页。

[2] 参见刘宪权:《刑法学》(第3版),上海人民出版社2012年版,第542页。

《刑法》赖以规制违背妇女意志而与其发生性行为的罪名只有强奸罪，故而对于强奸罪中胁迫内容的范围要求不应严格。需要指出的是："这里所谓隐私的内容既可以是违法犯罪的，如妇女的偷盗、重婚行为，其本人并不愿意让他人知道的情况；也可以是本身并不具有违法性或犯罪性的，如妇女正常与他人谈恋爱，或妇女身体或生理上有某些缺陷，其本人并不愿意让他人知悉的情况。"[1] 概言之，无论这种隐私指向的具体内容是否具有违法性，只要妇女不愿意其被揭露，以揭露该隐私为内容的胁迫会使其产生意志上的不自由，那么这种胁迫便属于强奸罪中的胁迫行为。但是，抢劫罪中胁迫的内容只能是暴力行为。虽然对于作为抢劫罪手段的胁迫的具体内容，我国《刑法》并未作出明确的规定，但根据理论界对于抢劫罪的一般定义与我国《刑法》第二百六十九条"当场使用暴力或者以暴力相威胁"的规定，可以得知抢劫罪中胁迫的内容必须具有暴力性，如杀害、伤害他人等。此外，《刑法》第二百七十四条规定了敲诈勒索罪，为了保持《刑法》条文之间的协调，落实罪刑均衡的刑法基本原则，对于使用非暴力胁迫非法占有他人财物的行为，应当由敲诈勒索罪加以调整。由此观之，就胁迫内容而言，抢劫罪的范围相对狭窄，只包括暴力胁迫，而强奸罪的范围非常广泛，既包括暴力胁迫，也包括形形色色的非暴力胁迫。

（二）胁迫内容实现的当场性

抢劫罪中胁迫的暴力性内容应当具有当场实现的可能性，并且这种当场实现符合行为人的主观意思，这是因为只有以当场实施暴力行为为后盾，才能达到足以压制被害人反抗的强烈程度，这与抢劫罪中暴力手段需要达到足以抑制反抗的程度相一致，也与《刑法》第二百六十九条"当场使用暴力或者以暴力相威胁"的规定相协调。如果胁迫的暴力性

---

[1] 刘宪权：《刑法学》（第3版），上海人民出版社2012年版，第543页。

内容不是当场付诸实现，而是在事后对被害人进行暴力打击，那么此种行为便不属于刑法上的抢劫行为，而成立敲诈勒索罪。强奸罪中胁迫内容的实现时间则具有不特定性，既可以是当场实施，如威胁妇女如不应允与其发生性行为，将当场伤害或杀害该妇女或者将该妇女惧怕为人所知的隐私立马宣扬出去；也可以是日后实施，如威胁妇女在五日之后将其曾经实施的盗窃他人财物的行为公布于众，迫使其与之发生性行为。在强奸罪中，只要胁迫的内容使妇女陷入了不敢反抗的境地，其实现时间的远近则在所不问，唯此才能更加有效地保护妇女的性自主权。由此可见，抢劫罪中的取财行为与强奸罪中的奸淫行为虽然同样具有当场实施的必要性，但对于作为手段行为的胁迫而言，强奸罪中胁迫内容却不存在当场实现的要求，对其的时间规制要比抢劫罪宽松许多。

（三）胁迫的方式

在胁迫的方式上，抢劫罪与强奸罪也存在细微的差异。由于我国《刑法》对于侵犯财产类犯罪的划分标准是客观行为，且区分得较为细致，因此每一个具体的财产犯罪所调整的范围便相对狭窄。为了使抢劫罪与敲诈勒索罪、绑架罪"各司其职"而不至于"越俎代庖"，在胁迫的行为方式中，必须严格要求抢劫罪中的胁迫具有时间的当场性和对象的当面性。所谓时间的当场性，是指胁迫必须当场发出，而对象的当面性，是指胁迫要由行为人当面向被害人发出。如果行为人在犯罪现场打电话给第三人，让第三人打电话威胁被害人并以在场的行为人当场实施暴力行为为后盾，此种行为虽不具有形式上的"面对面"，却符合实质意义上的对象的当面性要求，因为在这种情况下，行为人与第三人实际上成立共同犯罪，第三人的行为实际上是在场行为人行为的延伸。此外，抢劫罪中胁迫的表现形式既可以是明示的语言，如口头语言或书面语言，也可以是肢体动作，如攥拳头、亮凶器等，还可以是利用特定的危险环境，如夜晚荒无人烟的坟场。相对于抢劫罪，强奸罪中胁迫的方式更为多样，既可以是行为人直接当场向妇女发出胁迫，也可以由行为人当场通过第三人威胁被害妇女，甚至还可以是事先胁迫，如行为人事先打电话威胁被害人与其发生性行为，三天后利用之前的胁迫行为造成的该妇女不敢反抗的状态强行与其发生性行为。至于胁迫的具体表现形式，既可以是口头语言或者书面语言，也可以是肢体动作，还可以是利用特定的危险环境，这与抢劫罪大同小异。

（四）胁迫的程度

抢劫罪中的胁迫以达到足以抑制被害人的反抗为必要，且这种精神强制的程度必须非常强烈，一般表现为被害人因认识到可能当场付诸实现的暴力行为足以压制其外在的反抗行为而陷入心理上不敢反抗的境地。原因在于抢劫罪中的胁迫只能是暴力胁迫，既然对于抢劫罪中暴力程度的要求是足以压制被害人的反抗，那么理应要求与之相对应的胁迫达到在精神层面足以抑制被害人反抗的强度，如此才能协调同为抢劫罪行为手段的暴力行为和胁迫行为。如果行为人以相对轻微的暴力威胁被害人交出财物，且这种暴力并未达到足以抑制被害人反抗行为的程度，如扇被害人一个耳光、捏被害人胳膊一下等，那么这种行为应当被界定为敲诈勒索罪中的胁迫行为，对于行为人胁迫后取财的行为不能认定为构成抢劫罪。至于作为强奸罪手段行为的胁迫，对其程度的要求是致使被害人反抗困难或者因反抗会招致主观上不愿出现的不利益，这是出于全面保护妇女性权利的考虑。需要注意的是，虽然强奸罪中胁迫行为的程度较之于抢劫罪要低，但是其仍然需要达到一定的程度，一般以是否使妇女因违背自身意志而与行为人发生性行为为考量标准。如果行为人的胁迫行为尚未达到此种程度，那么其胁迫妇女之后与之发生性交的行为不宜被认定为强奸行为。例如行为人威胁一名妇女与之发生性行为，否则便限制其丈夫在行为人所属公司的晋升空间，该妇女因畏惧于此种对其丈夫不利情况的出现而与行为人发生性行为。在此种情形下，行为人的胁迫显然不足以达到使该妇女违背自身意志而与之发生性行为的程度，该妇女在与行为人发生性行为时其主观状态应该被视为自愿，而这种行为本质上应当是一种性交易的行为。对于行为人的胁迫是否能达到使妇女违背自身意志而与之发生性行为的程度，应结合一般社会观念、被害人自身的情况、具体犯罪事实等各方面的因素综合分析。总而言之，抢劫罪与强奸罪中的胁迫均必须具备一定的强度，而抢劫罪中胁迫的最低限度一般高于强奸罪中胁迫的最低限度。

三、抢劫罪与强奸罪"其他方法（手段）"之差异

我国刑法分则的部分具体犯罪在描述犯罪客观方面之时，为体现刑法的灵活性和适应性，将具有一定弹性的"其他方法"或者"其他手段"规定进去，如抢劫罪和强奸罪。但是对于"其他方法"或"其他手段"的范围，立法解释和司法解释均未给出明确的界定。一般认为，抢劫罪中的"其他方法"是指除暴力、胁迫以外的其他各种手段，通常为用酒灌醉、用药物麻醉、用催眠术催眠等各种能够使他人陷入不知反抗或者不能反抗状态的方法；强奸罪中的"其他手段"是指暴力、胁迫以外的其他各种能够使妇女陷入不知反抗或不能反抗状态的手段，例如用酒精将妇女灌醉后或用药物麻醉使妇女昏迷后对之进行奸淫；利用妇女重病之机对之进行奸淫；在妇女熟睡之际冒充其丈夫与之发生性行为；组织利用会道门、邪教组织或者利用迷信对妇女实施奸淫行为；以欺骗手段将妇女引诱至僻静无人的地方，使其处于孤立无援的境地而后对之进行奸淫等。[①]那么，抢劫罪中的"其他方法"与强奸罪中的"其他手段"在外延上是否存在差异？笔者认为，抢劫罪中的"其他方法"与强奸罪中的"其他手段"确定的外延范围并不完全一致，强奸罪中"其他手段"的指向范围比抢劫罪中"其他方法"的指向范围更广，具体应当从"其

---

① 参见刘宪权：《刑法学》（第3版），上海人民出版社2012年版，第605页。

他方法（手段）"是否包括利用被害人不知反抗或不能反抗的状态实施犯罪行为与是否包含通过欺骗的手段实施犯罪行为此两种情形入手进行考察。

（一）强奸罪中的"其他手段"包括利用被害人不知反抗或不能反抗状态的情形

抢劫罪中的"其他方法"不包括利用被害人不知反抗或者不能反抗的状态非法占有被害人财物的行为。原因在于抢劫罪侵犯的客体不仅包括财产权，还包括人身权，行为人仅仅利用被害人既处的不知反抗或者不能反抗的状态取走财物的行为并未对被害人的人身权造成侵害，这种行为在客观上符合《刑法》第二百六十四条规定的秘密窃取的要求，应当定性为成立盗窃罪。例如乙因为职场失意而心情低落，独自一人饮酒过度后醉倒街头，后甲路过乙的身旁，见乙不省人事且四下无人，便将乙佩戴的贵重手表摘下来扬长而去，其对乙的行为只能认定为构成盗窃罪，而显然不能认为构成抢劫罪。只有被害人不知反抗或者不能反抗的状态由行为人的特定行为造成，如灌酒行为、注射麻药行为等，行为人的复合行为才可能侵犯抢劫罪所保护的双重法益，继而应当受到抢劫罪的调整。然而强奸罪中的"其他手段"不仅包括行为人自己造成被害人不知反抗或者不能反抗的状态后加以利用的情形，还包括行为人利用被害人已经处在的不知反抗或者不能反抗的情形。这是由于用以保护妇女性自主权的《刑法》罪名只有强奸罪，因此强奸罪的核心构成要件在于"违背妇女意志"，无论被害妇女不知反抗或者不能反抗的状态是由自己、第三人还是行为人造成，只要其与行为人发生的性行为是在违背自身意愿的情况下作出的，行为人的行为便成立强奸罪，这样才能更加有力地保护妇女性的自主决定权。现实中出现的行为人将夜晚醉倒在街头的单身女性带至宾馆与之发生性行为后被判处构成强奸罪的案件，便是司法领域对于这一观点的支持性回应。

（二）强奸罪中的"其他手段"包含欺骗的方式

强奸罪中行为人自己造成被害人陷入不知反抗或者不能反抗状态的情形包括采用欺骗的方式，而抢劫罪中的此种情形则不能包括利用欺骗的手段。因为我国《刑法》中并不存在"骗奸罪""诈奸罪"等类似的罪名，故而对于利用欺骗手段对妇女实施的奸淫行为只能以强奸罪规制，否则将导致妇女性自主权的保护不力。当然，这种欺骗必须达到使妇女违背自己意志与行为人发生性行为的程度，如行为人利用妇女熟睡之机冒充其丈夫与之发生性行为的情形，否则对行为人的行为不能以强奸罪认定，如行为人冒充华侨、导演等身份骗取妇女的信赖而与之发生性行为的情况。[1] 但是如果行为人利用封建迷信、邪教教义等欺骗、蛊惑他人，使他人在陷入不知反抗或者不能反抗的状态之后自愿交出财物的行为，则不能认定为成立抢劫罪。因为在这种情形中，行为人的复合行为只侵犯了被害人的财产权，对行为人的人身安全尚未造成任何威胁，而抢劫罪保护之法益的双重性要求成立抢劫罪的行为必须同时侵犯他人的人身权和财产权，所以对行为人的行为只能认定为构成《刑法》第二百六十六条规定的诈骗罪。不难发现，在上述情形中，行为人的行为与诈骗罪要求的"虚构事实或者隐瞒真相，骗取数额较大公私财物"的客观要件相吻合。

四、结语

抢劫罪与强奸罪同属我国《刑法》中重要的罪名，也是现实生活中屡见不鲜的自然犯罪。对于两者的手段行为，我国《刑法》分别采用了"暴力、胁迫或者其他方法"与"暴力、胁迫或者其他手段"的语句加以描述，从字面含义来看并无不同之处。然而通过采用目的解释、体系解释的方法深入研究，可以发现抢劫罪与强奸罪在暴力、胁迫以及其他

---

[1] 参见刘宪权：《刑法学》（第3版），上海人民出版社2012年版，第543页。

方法（手段）方面存在诸多差异，例如：抢劫罪中的暴力包括故意杀人行为，强奸罪中的暴力不包括故意杀人行为；抢劫罪中的胁迫只能是暴力胁迫，强奸罪中的胁迫还包括非暴力胁迫；抢劫罪中的其他方法局限于行为人造成被害人不知反抗或者不能反抗的状态并加以利用的情形，强奸罪中的其他手段还包括行为人利用被害人已经处在的不知反抗或者不能反抗的状态的情形。之所以出现这种相同表述、不同含义的情况，一方面是由刑法规范的简明性与刑法用语的有限性所致，另一方面与抢劫罪和强奸罪所保护的法益及刑法分则具体罪名的设置息息相关。由于强奸罪保护的客体是公民的人身权，而抢劫罪保护的法益不仅包括公民的人身权，还包括财产权，因此对抢劫罪行为手段的要求势必更为严格。另外，由于刑法分则对于侵犯财产类犯罪的设置采用了客观行为的区分标准，并且划分得尤为细致，行为稍异，其所涉及的罪名便可能有所不同，因此抢劫罪中特定行为手段的外延范围较之强奸罪中的同种类行为手段无疑更为狭窄。显然，如果以抢劫罪中的暴力、胁迫或者其他方法的指向范围来作为判断行为是否成立强奸罪的标准，则会不合理地缩小强奸罪的适用范围；如果以强奸罪中的暴力、胁迫或者其他手段来认定抢劫罪，便会不合理地扩大抢劫罪刑事责任的范围。此两种做法皆与罪刑法定原则背道而驰，也必定会损害刑法的权威。因此，准确把握抢劫罪与强奸罪中暴力、胁迫与其他方法（手段）应有内涵，对于正确定罪量刑，发挥刑法的功能、保持刑法的权威，均存有不容置辩、无可替代的重要意义。

浅析交通肇事罪的合理限缩

一、刑事责任的限缩

（一）刑事责任的"二次违规性"

根据《刑法》第一百三十三条的规定可知，违反交通运输管理法规是交通肇事罪的行为要素。这意味着，交通肇事罪具有"二次违规性"的特点，这一特点构成了刑法逃逸与行政法逃逸的一个重要区别。在逃逸案件中，只有当行为人除了逃逸还有违反交通运输管理法规的行为时，才成立交通肇事罪。如果行为人完全遵守了交通运输管理法规，但是仍然发生了重大交通事故，事故发生后行为人逃逸，那么该逃逸只能是行政法逃逸而不是刑法逃逸，不会构成交通肇事罪。故《最高人民法院关于审理交通肇事刑事案件具体应用法律若干问题的解释》（以下简称《解释》）第二条第二款第一项规定的"交通肇事致一人以上重伤，负事故全部或者主要责任，并具有下列情形之一的，以交通肇事罪定罪处罚：（一）酒后、吸食毒品后驾驶机动车辆的"有架空交通肇事罪的客观构成要件之嫌，应对《解释》第二条中的"交通肇事"做合理解释。第二条的内容不是对交通肇事罪全部成立条件的解释，仅仅是对交通肇事罪"发生重大事故，致人重伤、死亡或者使公私财产遭受重大损失"这一结果要素的解释，这样理解才能发挥"交通肇事"实质性的限定作用。"交通肇事"一词既包含了交通肇事罪违反行政法的行为要素，也包含了该违章行为与结果之间的刑法因果关系。如果认为交通肇事不需要违反交通运输管理法规，用一个公式表示就是："被害人重伤＋行为人酒驾＝交通肇事罪"，这样既没有考虑行为是否满足"二次违规性"的要求，也没有考虑行为人的违章行为与事故的发生有无刑法因果关系，便可以给行为人定罪，架空了交通肇事罪的客观构成要件，从而可能将原本无罪的情形认定为交通肇事罪。

（二）交通事故责任不能等同于刑事责任

交通肇事罪的罪状为空白罪状，表明对交通肇事罪构成要件的确定要参照《道路交通安全法》及其实施条例等规定，但是行政法规不能代替刑法对认定犯罪的标准进行独立判断。张明楷教授认为，交管部门在认定责任的过程中，对刑事责任的要求和标准并没有过多的考量。因此，对于交管部门认定的责任，只能在审理案件时予以借鉴参考，而不能作为唯一的依据。归根结底，起决定作用的还是交通肇事罪的构成要件。[①] 交通事故责任与刑事责任的性质不同，前者是对事故发生原因的说明，具体指违章行为的认定、主次责任的区分；后者是成立犯罪的客观要件，在实行行为认定、主观过失、因果关系方面都有着更为严格的标准与要求。如果司法机关机械地引用交管部门认定的事故责任，将其作为认定犯罪的依据，则会导致司法审查流于形式，难以做到司法公正。因此，"违反交通运输管理法规"不必然构成交通肇事罪。

二、逃逸责任的限缩

交通肇事罪中的逃逸可以分为以下四种类型：一是"入罪型逃逸"，将逃逸作为交通肇事罪的构成要件要素，在定罪阶段予以评价，处以基本刑；二是"加重型逃逸"，肇事后又有逃逸行为的，将逃逸作为量刑要素予以评价，适用第二档法定刑加重处罚；三是"逃逸致死型"，行为人的逃逸行为致使被害人因得不到救助而死亡的，应当适用第三档法

---

① 参见张明楷：《刑法学》，法律出版社2016年版，第719—721页。

定刑；四是"转化型逃逸"，行为人在交通肇事后为逃避法律追究，将被害人带离事故现场后隐藏或者遗弃，致使被害人无法得到救助而死亡或者严重残疾的，应当分别以故意杀人罪或者故意伤害罪定罪处罚。总之，一方面，我们应当准确评价交通肇事后的逃逸行为，防止因重复评价导致量刑的不平衡；另一方面，也要对"逃逸"进行一定的限缩解释。

关于交通肇事罪中逃逸行为的规范保护目的主要存在两种观点："逃避法律追究说"与"逃避救助义务说"。根据司法解释的规定可以看出，我国法律更加支持"逃避法律追究说"，该说为具体案件中认定逃逸行为提供了确切的标准，并且对逃逸行为的范围进一步进行了明确，不做过分的扩大处理，更具合理性。但是在实践中，行为人逃离现场的原因多种多样。首先，有一些的确是为了逃避法律的追究，但有些是害怕被受害者的家人追讨而逃跑，也有可能是为报案而临时走开。比如第二种情况，第一个肇事者为救助被害者及时叫救护车，但同时又害怕被追究法律责任，在叫救护车后逃离现场；第二个肇事者既不叫救护车也不逃离现场，而是在案发现场等待观察。按照"逃避法律追究说"，最终第一个肇事者会以交通肇事逃逸被判处比第二个肇事者更加严重的刑罚，但是第二个肇事者的主观恶性明显大于第一个，从预防角度来看，刑罚不能很好地起到打击犯罪的目的。其次，如果从法益保护的角度来看待这一问题的话，"逃避救助义务说"更具合理性，旨在鼓励肇事者第一时间对被害人加以救助和保护，从而最大限度地保护被害人的生命权。

《道路交通安全法》第七十条及其实施条例第八十六条至第八十八条对肇事者在交通事故发生后的义务有详细规定，包括立即停车、保护现场、抢救伤员和报警等。这些规定虽然进一步佐证了逃逸的本质是违反应尽义务，但笔者并不认为这些义务都能和刑事作为义务相等同。《道路交通安全法》作为行政法律，肇事者没有及时履行其中规定的义务应当受到行政处罚。刑法将逃逸作为加重处罚要件，是考虑到这一情节具有严重的主观恶性和人身危险性，其否定性评价和严厉程度都远高于行政处罚，故将所有行政义务不加区分都认定成作为义务会造成对肇事者的苛责，导致其负担过重，也不利于公众对逃逸条款的理解和遵守。

综上，笔者认为对"逃逸"的理解应当以逃避法律追究为基础（文义解释），逃避救助义务为补充（目的解释）。首先，对"逃逸"的时间予以限定。交通肇事以后，救助义务只在一段时间内存在，因此行为人"逃"的对象只可能是一直紧追在后的法律追究。故只有发生在交通事故发生后、行为人接受事故处理机关首次处理前这一段时间内的逃跑行为方能成立"逃逸"。其次，对"逃逸"的空间予以限定。《解释》未对逃跑的场所作出限定，但从其条文意旨看，应当局限于"事故发生现场"。笔者认为交通肇事逃逸的现场仅包括事故发生现场，不包括与事故发生现场具有其他联系的场所，如抢救事故伤亡者的医院、调查事故责任的交管部门等。例如，行为人交通肇事后未逃离事故现场，主动将伤者送往医院抢救，后恐承担医疗费用或者为了逃避刑事责任而擅自离开医院的，不属于逃离现场，不应认定为逃逸。再次，交通肇事罪规定在危害公共安全章节，逃逸条款的设置也应当是为了维护公共安全和确认责任归属，而非仅仅关注个体安全。如果行为人的"逃离"没有影响其对《道路交通安全法》规定之法定义务的履行，则不应承担交通肇事罪加重之刑罚。最后，逃避法律追究只是一种动机表现，难以和现实危险联系起来，故以被害人的实际伤势走向和救助情况为参照，避免了"逃避法律追究说"侧重主观动机归罪带来的判断误差，更有利于实践中的认定统一。

三、共犯认定的限缩

学界对《解释》第七条"指使、强令"的理解，有"过失共犯说""过失共同正犯说""监督过失说"和"过失同时犯说"。"过失共同正犯说"与"过失共犯说"的区别在于前者提及了过失实行行为和共同注意义务,而"过失共犯"实施的是"教唆、帮助过失实行犯"的行为,即教唆、帮助他人违反注意义务,不是过失实行行为。一方面,交通肇事的实行行为不应被扩大到驾驶行为以外的行为上;另一方面,共同的注意义务也难以自洽。各行为人参与的是一个并非犯罪的"前构成要件行为"(驾车),这个"前构成要件行为"的共同并不能推出刑法学上注意义务的共同。在共同从事危险行为时,只是各行为人应注意的内容是相同的(即不要因自己的行为伤及他人),他人的注意或不注意,能对危害结果的避免或发生起到一定的作用,但不等于他人与行为人有共同的义务或者有监督行为人的义务,需要分担行为人因其不注意而造成危害结果的刑事责任。单位主管人员、机动车辆所有人和机动车辆承包人所负的注意义务与驾驶员所负的注意义务并不能说是"共同"的,前者是监督管理、提醒督促的义务,后者是在道路上、在驾驶操作中遵守法规、注意安全的义务。"监督过失说"和"过失同时犯说"论证了单位主管人员、机动车辆所有人或者机动车辆承包人自己存在各自的过失,从而构成单独的、与驾驶员分别处罚的交通肇事罪。

单位主管人员、机动车辆所有人或者机动车辆承包人如果同时也是乘车人,那么他们可以单独成立交通肇事罪,和驾驶人不存在所谓共犯关系。依《道路交通安全法》第六十六条,乘车人不得有影响驾驶人安全驾驶的行为,不限于单位主管人员、车辆所有人和承包人,也不限于首长、教练等对驾驶人有影响的人,一切乘车人皆应算在内。对于乘车时强令驾驶人违章驾驶的情况,强令者本身就是道路交通参与者,符合《刑法》第一百三十三条的主体要件。如果单位主管人员、机动车辆所有人或者机动车辆承包人不乘车,而是事前或者在驾驶人驾驶时通过电话、对讲等方式强令、指使驾驶人违章驾驶,驾驶人违章驾驶造成事故,当然也可以追究其刑事责任。不过,强令违章驾驶与持刀持枪强逼驾驶人违章驾驶毕竟有所不同，驾驶人的自由意志没有完全丧失，因此其与乘车人、强令违章驾驶者成立共同过失犯罪，依据《刑法》第二十五条第二款的规定不以共同犯罪论处，应分别定罪处罚。

四、因果关系的限缩

介入因素对因果关系的影响，本质上是将先前行为和介入因素对结果发生的贡献力、作用力进行比较，可以分为介入因素不影响先前行为与结果的因果关系、介入因素中断因果关系、介入因素与先前行为共同导致结果发生三种情形。对于存在介入因素，需要判断结果归属时，有观点认为需要考虑以下几个因素：先前行为导致结果发生的危险性大小；介入因素异常性大小；介入因素对结果发生的作用大小；介入因素是否属于行为人的管辖范围。从先前行为本身的作用方式、持续时间、地点等判断先前行为导致结果的相当性，相当性越大，则先前行为越与结果有因果关系。以一般人的视角看待介入因素过于异常，则先前行为与结果不具有因果关系。与此同时，介入因素导致结果发生的概率越大，则其中断先前行为的可能性越大。其中，介入因素的异常与否，可依先前行为必然导致介入因素、先前行为通常导致介入因素、先前行为很少导致介入因素以及先前行为与介入因素无关来认定对因果关系的中断所起的作用依次递增。

但笔者认为，上述理论的标准都比较笼统抽象，实际可操作性并不强。特别是对于介入因素的异常判断，从一般日常生活层面来看，介入因素都是比较异常的，而且上述理论对异常的判断只适用于归因层面，归责层面难以派上用场。因为归责不是事实判断，而是政策、规范、社会经验判断，即使存在事实上的因果关系，也可因排除归责性而否定因果关系。在笔者看来，归因阶段采取中断论，即以支配力为标准，比较先前行为与介入因素，谁对结果的发生具有更高的支配力从而决定先前行为与结果的因果关系是否被中断。归责阶段采取规范目的论，进一步判断因果关系是否能被中断。具体到交通肇事致人死亡的情形中，便是采用客观归责理论认定因果关系更为严谨妥当。首先，判断行为人的肇事行为是否制造了刑法所不允许的风险，即肇事行为是不是导致危害结果发生的前提条件，起到的作用是不是决定性的。比如肇事行为虽然对被害人造成了一定伤害，但依现代医疗水平，由撞击引起的伤害只要得到了及时治疗并减少继发性损伤，被害人死亡并非必然，此时肇事行为与死亡结果之间便不具有直接因果关系。其次，判断肇事行为是否在构成要件范围内实现了风险。即是否存在肇事行为以外对危害结果的支配力更大的行为，从而中断肇事行为与危害结果之间的因果关系。最后，排除被害人自我答责行为，比如被害人拒绝去医院治疗，从而延误了治疗的最佳时机的情况。通过三个层次对因果关系的认定予以限缩，从而避免仅因肯定肇事行为是危害结果的前提必要条件从而认定加重犯罪的司法误区。

基于《昆明会议纪要》浅谈贩卖毒品与代购毒品之界分

毒品是腐蚀社会的毒瘤，其危害性主要通过毒品在贩卖商与吸毒者间的流通和转移实现。自毒品代购行为进入司法视野以来，司法实践在预防和打击毒品犯罪上取得了较为显著的成果，但从《南宁会议纪要》到《大连会议纪要》再到《武汉会议纪要》[①]，对代购毒品的罪名认定并不能完全契合司法实践中该行为的多种犯罪形态。基于此，2023年最新出台的《全国法院毒品案件审判工作会议纪要》（法〔2023〕108号，以下简称《昆明会议纪要》）提出了四个方面的审查与判断标准，但鉴于司法实践中个案的复杂性，仍然存在一定的理解分歧。因此，对代购毒品行为如何正确地适用法律加以规制，是影响到行为人是否构成犯罪、构成何种犯罪、罪行轻重以及统一司法尺度的重要问题。

一、案情概述

W与Y、Z因吸食毒品而结识。某日上午，Y、Z向W微信转账300元让其帮忙代购冰毒，后W向毒贩X转账290元购买冰毒，获利10元，并参与吸食所代购冰毒。此后两日，W再次应Z与Y的要求帮其代购冰毒，金额分别为290元和190元，二人每次都多支付10元给W并

[①] 2000年《全国法院审理毒品犯罪案件工作座谈会纪要》（法〔2000〕42号），简称《南宁会议纪要》，现已失效。2008年《全国部分法院审理毒品犯罪案件工作座谈会纪要》（法〔2008〕324号），简称《大连会议纪要》，现已失效。2015年《全国法院毒品犯罪审判工作座谈会纪要》（法〔2015〕129号），简称《武汉会议纪要》，现已失效。

邀请其一起吸食毒品。本案一审法院认为被告人 W 先后多次向他人贩卖毒品，构成贩卖毒品罪，应当依照《刑法》第三百四十七条第四款规定的"情节严重"情形予以刑事处罚，判处被告人有期徒刑三年并处罚金 3000 元。W 提出上诉，认为自己的行为系为他人代购毒品，目的是自己吸食，并未从中获利，不构成犯罪。但二审法院经审理查明认为 W 的具体犯罪事实与原审判决认定的事实一致，构成贩卖毒品罪，维持了一审法院有期徒刑三年的判决。

二、观点分歧

（一）第一种观点认为本案被告人的行为构成贩卖毒品罪（独立正犯）

《昆明会议纪要》规定，代购者加价或者变相加价从中牟利的，以贩卖毒品罪定罪处罚。代购者收取、私自截留部分购毒款、毒品，或者通过在交通、食宿等开销外收取"介绍费""劳务费"等方式从中牟利的，属于变相加价。[①]2018 年 3 月浙江省高级人民法院、浙江省人民检察院、浙江省公安厅联合印发的《关于办理毒品案件中代购毒品有关问题的会议纪要》中也明确规定，代购者从中截留、获取部分毒品的，应视为从中牟利，以贩卖毒品罪论处。本案中，W 每次实施代购行为均从中截留 10 元钱且与托购者当场分食毒品，其蹭吸行为在本质上与吸毒者给予代购者一定数量的金钱没有区别，属于"代购＋牟利"的行为模式，构成独立的贩卖毒品罪。

（二）第二种观点认为本案被告人与贩毒者构成贩卖毒品罪共同犯罪

《昆明会议纪要》规定，受以吸食为目的的购毒者委托，为其提供购毒信息或者介绍认识贩毒者，毒品数量达到《刑法》第三百四十八条规定的最低数量标准的，一般与购毒者构成非法持有毒品共同犯罪；同

[①] 参见李睿懿等：《〈全国法院毒品案件审判工作会议纪要〉的理解与适用》，载《法律适用》2023 年第 10 期。

时与贩毒者、购毒者共谋，联络促成双方交易的，与贩毒者构成贩卖毒品共同犯罪。①

1. 分析代购者的"买入"环节

在认识因素层面，W 首先认识到实行犯 X 所实施的是贩卖毒品的犯罪活动，其次也认识到自己的购买行为为实行犯提供了销路，即销售便利；在意志因素层面，二者意志因素一致，都希望毒品能够顺利交易，故可以认定为"共谋"。此外，本案中购买者 Y 与 Z 并不知道毒品来源，是代购人 W 主动寻得毒品来源并帮助其购买，在二人与毒贩之间起到了牵线搭桥的作用，努力促成了毒品交易的完成。因此，为贩毒者居间介绍贩卖毒品的，应当与贩毒者构成贩卖毒品共同犯罪。

2. 分析代购者"交还"环节

在我国，除法律允许的情形外，任何人对毒品都不享有所有权与占有权，即使吸毒者指定了上家并商定了价格，也不能以吸毒者事先出资为由，认为代购者从上家购买毒品之后，毒品就当然归吸毒者所有。因此，只要代购人有偿地将毒品交付给他人，不论毒品来源于何处，也不问代购人是否以牟利为目的以及客观上是否牟利，就属于贩卖毒品。代购者受吸毒者委托这一事实不能否认代购者是有偿转让毒品，仍应当认为毒品交易最终是在吸毒者与代购者之间完成的，故 W 按照 Y 与 Z 的指示将毒品转交给二人，应当视为"出卖"行为，属于为贩毒者提供购毒信息，联络促成双方交易，构成贩卖毒品共同犯罪。

（三）第三种观点认为本案被告人的行为构成非法持有毒品罪

《昆明会议纪要》规定，没有证据证明代购者明知他人实施毒品犯罪而为其代购毒品，代购者亦未从中牟利，代购毒品数量达到《刑法》第三百四十八条规定的最低数量标准，代购者因购买、存储毒品被查获

---

① 参见李睿懿等：《〈全国法院毒品案件审判工作会议纪要〉的理解与适用》，载《法律适用》2023 年第 10 期。

的，以非法持有毒品罪定罪处罚。①

本案系 Y 与 Z 委托 W 购买毒品，即以托购者的委托为前提，即时性地从毒贩 X 处购买托购者所需的符合价格等要求的毒品种类和数量。Y、Z 与 W 之间并无长期托购关系，且没有证据证明被告人存在从中牟利的情节，主观上亦无贩卖故意，因此不应当认定其构成贩卖毒品罪。但由于 W 在交易过程中持有了超过《刑法》第三百四十八条规定的最低数量标准的毒品，应当构成非法持有毒品罪。

三、争议焦点

（一）被告人的行为是居间介绍买卖毒品还是代购毒品

有人认为代购行为是一种新型的贩运毒品方式，有人认为它成立民法上的代理行为，则本案被告人构成何种犯罪重点在于认定其行为性质。根据民法原理，居间行为发生在中介合同中，居间人负责的是通过牵线搭桥、举荐媒引，促使交易双方成交的一种经纪活动；而代购行为发生在委托合同中，代购人是受委托人委托代理其购买指定数量、种类或价格的毒品，二者属于不同的范畴。具体而言，两者存在以下三点差别：

1. 作用不同

在居间介绍买卖毒品中，购毒者与贩毒者一般不相识，居间介绍者具有独立的地位，其在贩毒者与购毒者之间互通信息，与前后环节的交易对象是上下家关系，起桥梁和纽带的作用，客观上既帮助贩毒者贩卖毒品，也帮助购毒者购买毒品，没有居间介绍者的存在，毒品交易无法完成；而在代购毒品情形下，代购者并不具有独立的地位，其行为具有被动性，只是受购毒者的单方委托依附于购毒者而存在，代购者没有直接参与毒品交易，不属于毒品交易主体，毒品买卖关系的主体仍然是托

---

① 参见李睿懿等：《〈全国法院毒品案件审判工作会议纪要〉的理解与适用》，载《法律适用》2023 年第 10 期。

购人与贩毒者双方。

2. 主观故意不同

其一，居间介绍者在主观上既有帮助贩毒者贩卖毒品的故意，也有帮助购买者购买毒品的故意，促成毒品的流通交易，危害较大；而代购者主观上只是想帮助购毒者购买毒品用于个人吸食，没有购毒者的委托，其就不会去实施代购，相比居间介绍人，代购人的社会危害性及主观恶性都较小。

其二，居间介绍者通常与交易一方构成共同犯罪，是否牟利在所不问；但牟利要件却影响着代购者是否构成犯罪，代购者加价或者变相加价从中牟利的，要以贩卖毒品罪定罪处罚。

3. 是否经手毒品不同

居间介绍者并不经手毒品，只是为买卖双方提供交易信息，介绍交易对象，居中协调交易数量、价格，或者提供其他帮助；而在代购毒品中，代购者相当于以毒品交易的买方而存在，需经手毒品。

（二）如何准确认定以"牟利"为目的

对被告人代购毒品行为的定性，也是围绕着"牟利"一词展开争论。是否有充分的证据证明行为人"牟利"，对毒品代购行为的定性起着决定性的作用。《昆明会议纪要》规定，对于辩称系代购毒品者，应当全面审查其所辩称的托购者、贩毒者身份、购毒目的、毒品价格及其实际获利等情况，综合判断其行为是否属于代购。[1] 具体至本案而言：

一种观点认为 W 三次代购毒品每次均多收取 10 元，是赚取差价的有偿行为，借代购之名，行居中倒卖之实，应当视为独立的贩卖行为。有检察官认为，代购角色的存在，扩大了毒品在毒贩与吸毒者之间的

---

[1] 参见李睿懿等：《〈全国法院毒品案件审判工作会议纪要〉的理解与适用》，载《法律适用》2023 年第 10 期。

流通渠道与传播范围，大大降低了毒贩被发现的风险，对毒品犯罪所保护的法益造成了侵害。将贩卖行为辩解成代购代买行为难以遏制毒品犯罪的势头，故对于积极主动寻找市场买家的行为，宜定为贩卖毒品罪。①

另一种观点认为 W 代购毒品所获利的 30 元不属于牟利，而是"跑腿"的必要费用。根据《昆明会议纪要》的规定，行为人通过在交通、食宿等开销外收取"介绍费""劳务费"等方式从中牟利的，属于变相加价。② 也就是说，对"牟利"应做狭义理解。W 仅赚取 30 元差价，金额可能还不足以支付代购的交通运输费用，更没有在转移毒品时私自加价，不能视为在必要开销外赚取劳务费或者索要酬劳，其行为与变相加价贩卖毒品而获得利益是两个不同的概念，不能以贩卖毒品罪追究行为人的刑事责任。

综上，是否构成"牟利"，既要考虑代购者"变相加价"的行为能否抵销其用于代购的开销，也要考虑其主观上是否具有营利目的。只要代购所获金额相加与其交通费、食宿费等必要开销相当，便不构成贩卖毒品罪，而是以非法持有毒品罪或者运输毒品罪定罪处罚。同时，"牟利"与"有偿性"之间也并非必然依附关系，不能简单地将二者等同。有偿是代购行为完成后的结果，不能代表行为前或行为中行为人就存在牟利目的。如本案 W 代购毒品之后，Y、Z 二人在事先没有约定且无长期托购关系的情况下邀请 W 一起参与吸食，在这种情形下，难以证明 W 的购毒行为是在"以牟利为目的"的前提下实施的。

（三）明确"代购"与"贩卖"两词之间的关系

张明楷教授指出，代购毒品的行为是否构成贩卖毒品罪，首先取决

---

① 靖波、来宝彦：《代购毒品适用法律之困惑》，载《中国检察官》2015 年第 18 期。

② 参见李睿懿等：《〈全国法院毒品案件审判工作会议纪要〉的理解与适用》，载《法律适用》2023 年第 10 期。

于行为是否符合贩卖毒品罪的成立要件，而不应在此之外另行寻求判断路径与方法。倘若客观行为本身不属于贩卖，即便行为人主观上以牟利为目的以及客观上确有获利，也不可能成立贩卖毒品罪。①

1. 从文义解释的角度分析，代购与贩卖并不等同。代购强调"买"，要求将毒品交付给特定的对象；而"贩卖"行为人的交易对象是不确定的，是一种更加偏向于"卖"的偏正关系。为购毒者寻觅贩毒者的居间行为，没有超出购买行为的通常范围，不能评价为"卖"。

2. 从目的解释的角度分析，犯罪的构成要件不应当超出其法益的指导范围。在我国，《刑法》中超个人法益的罪名适用是受到严格限制的，贩卖毒品罪侵犯了违禁品管理秩序以及不特定多数人的身体健康双重法益，如果将特定的对象也包含在贩卖毒品罪的交付对象之中，就超出了贩卖毒品罪的保护法益，也超出了国民的预测可能性，与公民自我决定权相冲突，进而与罪刑法定原则相悖。贩卖毒品具有"流通性"的本质，我们对该罪的打击也应以其"流通性"为重点。

四、本案结论

对于前述案例，笔者更赞同第三种观点，理由如下：

1. 从主观方面分析，本案三人因吸毒相识，案件发生时系 W 第一次帮助 Y 与 Z 代购毒品，故 W 只是充当二人的"跑腿"，为其带回指定毒品，与贩毒者没有意思联络，主观上不具有贩卖毒品的故意。至于 Y、Z 每次额外多支付的 10 元，属于交易毒品过程中的必要费用且是购毒者主动给付的，不应认定 W 与吸毒人员之间存在提取部分毒品作为报酬的默契，从而认定具有牟利目的。对于代购者加价或变相加价的情形，需要注意的是，提出或实行加价或变相加价的是代购者，才能推定其具有主观上牟取利益的故意，一般以贩卖毒品罪定罪处罚；而对于托购者提出

---

① 参见张明楷主编：《刑法学》（第 6 版），法律出版社 2021 年版，第 1511 页。

或明确表示给付代购者少量毒品或少量金钱作为好处的案件，代购者无主观牟利的故意，一般应不作犯罪处理。对主观方面的认定应当审慎。

2. 从客观方面分析，W找到X购买毒品后，将毒品转交Y与Z之手，此段时间对毒品形成的短暂控制，可认定为持有。行为人不存在贩卖毒品的故意，系接受委托帮助他人代购毒品，且购买的毒品仅用于个人吸食，未作为其他非法用途的，若代购毒品数量超过《刑法》规定的毒品犯罪数量底线的，应当以非法持有毒品罪对毒品代购人员定罪处罚。

3. 从危害性上看，W为Y、Z代购毒品，虽然在客观上对贩毒者的贩卖行为产生有利影响，但贩卖毒品罪作为《刑法》中极为严重的罪行，刑罚配置严厉，故对于此罪的认定应秉持罪刑相适应的原则。实际上，贩卖毒品的危害性体现在使毒品从上游到下游形成传播与扩散，加大毒品在市场上的非法流通，而代购流通范围有限，不具有等值的社会危害性。如果将吸毒者自陷风险的行为作为代购者的处罚依据，会面临贩卖毒品罪处罚正当性的问题。

4. 从共犯角度看，W为Y、Z代购毒品，其本身并不具有独立的交易地位，而是依附于托购者而存在，属于吸毒者购买毒品的帮助犯。因此，应按照吸毒者购买毒品的标准对其定罪。既然吸毒者购买毒品的行为不受刑法处罚，那么帮助吸毒者寻觅贩卖者的行为也不应当认为犯罪。

五、结语

我国司法实践中一种有影响力的观点认为，代购毒品行为作为连接毒品源头与消费市场的纽带，已逐渐成为毒品交易的主要形式之一，其社会危害性不容小觑，应当从严打击；且毒品本身作为国家管控的违禁品，危及人体身心健康，为了有效遏制毒品滥用形势、减少毒品市场的需求量，也应当严格执行毒品犯罪从严治理的刑事政策，避免行为人打着代购的幌子逃避法律惩罚。诚然，将代购牟利的情形认定为贩卖毒品罪具有合理性，但从严打击并不意味着可过度演绎毒品犯罪这一法定犯的入罪标准和行为性质，我国《刑法》只处罚贩卖、运输、制造等特定的提供毒品的行为，并未宽泛地将一切与毒品交易有关的行为都纳入犯罪圈，而实践中却存在不当扩大贩卖毒品罪的现象。本文从案例着手，就是希望通过科学分析毒品代购与贩卖之间的关系，避免将真正意义上的毒品代购行为认定为贩卖毒品罪。刑法的保护机能决定了司法机关要严格限缩毒品代购的概念和范围，将出罪理由限制在极为可控的范围内，而刑法的保障机能同时决定了办案机关不能一味地以严厉的刑事政策和存有争议的实务做法作为裁判标准，而是要秉持审慎的态度，重视构成要件的排除机能，遵循贩卖毒品罪本身的认定逻辑，如此才能真正契合罪刑法定原则与宽严相济刑事政策的要求。

医药领域的腐败犯罪与防范路径
——以贿赂犯罪为视角

医药领域作为国家发展的重要支柱，是保障人民健康、维护社会稳定的重要环节。然而，医药腐败的爆雷，不仅严重影响了医药行业的正常运转，更对患者的合法权益造成了极大的损害。"贪似火，无制则燎原。"为期一年的全国医药领域腐败问题集中整治工作充分说明，解决医药腐败问题不仅是一项重大的民生工程，也是一项重要的政治任务。[1] 整治违规违纪违法行为虽是此次反腐工作的直接目的，但要构建风清气正的行业氛围、让医药领域实现公开透明，则需"内外结合，标本兼治"，把握医药领域腐败犯罪样态，挖掘医药行业"弊病"的"病因"，从而"对症下药"，提出针对性的解决良策。

一、观腐败之状

（一）审视医药腐败犯罪典型样态

1. 药品相关的腐败行为

（1）"进院"

根据《医疗机构药事管理规定》，医疗机构应当成立药事管理与药物治疗学委员会（组），负责制定本机构药品处方集和基本用药供应目

---

[1] 参见《权威部门就全国医药领域腐败问题集中整治工作答记者问》，载中共中央纪律检查委员会、中华人民共和国国家监察委员会网，https://www.ccdi.gov.cn/yaowenn/202308/t20230815_283102.html，2024年7月8日访问。

录，并建立药品遴选制度，审核本机构临床科室申请的新购入药品、调整药品品种或者供应企业和申报医院制剂等事宜，后由药学部门（如药剂科等）统一采购供应临床使用的药品。实践中，部分医疗机构制度执行不严，导致药学部门在新药引进过程中有较大话语权；也有临时采购的途径，可以由某科室主任提出临时采购的申请等。根据《最高人民法院、最高人民检察院关于办理商业贿赂刑事案件适用法律若干问题的意见》（以下简称《商业贿赂意见》）第四条第一款、第二款的规定，医疗机构人员在医药产品采购活动中，利用职务上的便利，索取销售方财物，或者非法收受销售方财物，为销售方谋取利益的，视其身份构成受贿罪或者非国家工作人员受贿罪。相应地，医药产品销售方的行为可能构成行贿罪或者对非国家工作人员行贿罪。

（2）处方"回扣"

药品"进院"仅意味着有了开具该药物处方的便利，但最终销量如何还要取决于医务人员是否开具含有此药品的处方。根据《商业贿赂意见》第四条第三款的规定，医务人员利用开处方的职务便利，以各种名义非法收受药品、医疗器械、医用卫生材料等医药产品销售方财物，为医药产品销售方谋取利益，数额较大的，以非国家工作人员受贿罪定罪处罚。

（3）"统方"[①]

笔者认为，以医疗机构信息交换金钱的行为是否构成受贿类犯罪有待商榷，因其本质上是售卖单位内部信息，更类似于侵犯商业秘密、个人信息类犯罪的行为模式。提供"统方"的行为虽然利用了职务之便，但未必直接为药企谋取了往来上的利益，而仅是使药企获取了医疗机构

---

① "统方"一般是指医疗卫生机构及科室或医疗卫生人员出于不正当商业目的，统计、提供医疗卫生机构、科室及医疗卫生人员使用有关药品、医用耗材的用量信息，或为医药营销人员统计提供便利。

的内部信息。如果这种行为属于收受贿赂，则很多侵犯商业秘密罪、侵犯公民个人信息罪的行为都会同时竞合受贿类犯罪，与我国目前的司法实践不符。因此，医疗机构人员向药企售卖"统方"的行为，不宜直接认定为贿赂犯罪。

（4）药品通过其他药品销售机构销售时的腐败行为

虽然此次医药反腐主要集中于医疗机构和药企，但若药店等其他基层药品销售机构也存在腐败和违规问题，同样要受到相应的惩处。如在销售环节，虽然药店人员通常无法像医务人员那样有处方权从而直接决定患者购买何种药品，但其可以通过宣传、推销等方式销售特定药品，一定程度上影响患者决策。更有甚者，开具处方让患者到指定药店购买，并根据处方量收受"回扣"。近年来，线上买药渠道快速兴起，医生可以在线为患者开具处方，并由线下药店进行配送，也为药企统计处方量、医务人员收受"回扣"等提供了便利。

2. 非药品相关的腐败行为

（1）医疗耗材处方

医务人员除了可以开具药品处方，还可以开具包含医用卫生材料等医疗耗材的处方。此类行为已包含在《商业贿赂意见》第四条第三款"收受药品、医疗器械、医用卫生材料等医药产品销售方财物"中。

（2）医疗设备采购

虽然医疗设备的采购通常需要招标，但医疗机构相关人员可以在品类确定、招标文件编制等环节，设置倾向性、单一性、排他性参数，以使特定销售方的医疗设备中标，并以"回扣"等形式收受销售方的财物。此类行为包含在《商业贿赂意见》第四条第一款、第二款规定的医疗器械采购活动受贿行为中，视行为人的身份成立受贿罪或非国家工作人员受贿罪。

（二）归纳医药腐败犯罪特征

1. 腐败犯罪蔓延至公权力可能存在的领域

总结上文出现的犯罪样态，既有发生在上游领域的部分医药行业协会假借学术会议之名，为参会医生安排福利活动，支付讲课费、科研费等"不当利益"；又有发生在下游领域的医药公司与各大公立、私立医院或者药店约定销售"回扣"，暗中行贿医务人员；医药企业虚构各类虚假费用虚开发票、逃避税收监管；定制条件招投标、向拥有采购决定权的人员输送利益等行为。由此可以看出，上至医药领域行政管理部门、行业协会、医保基金等政府机构，下至医药卫生机构、医药生产经营企业、社区卫生服务站等基层服务组织，都存在权钱交易风险。医药腐败犯罪覆盖面广。这一特点也解释了为何长期以来我国医药反腐都是以追究受贿方为主，而本次反腐却强调全流程、全链条、全领域、全覆盖，行贿源头成为本次反腐行动监督和查处的重点，"行贿受贿一起抓"。

2. 刑行交叉形态明显且数罪牵连现象普遍

医药腐败行为的刑行交叉形态一来体现为一般违法行为至犯罪行为的递进，即罪与非罪的界分；二来体现为未来医药腐败犯罪"行政与刑事并罚"的惩治方向。

前者是指当医药腐败行为严重到一定程度时，可能构成犯罪。以医保骗保为例，当前司法实践中存在医保人员贪图"蝇头小利"，长期、多次骗购医保药品，或是医药机构工作人员利用职务、职业便利骗取医保基金的情况，更存在一批以倒卖医保骗保药品为业的不法分子，他们指使、教唆、引诱医保人员骗保，或者从骗保者手中收购药品，之后加价出售。对于利用医保骗保购买药品的行为人是否追究刑事责任，应当综合考虑骗取医保基金的数额、手段、认罪悔罪态度等案件具体情节，依法妥当决定。即一般违法行为受《医疗保障基金使用监督管理条例》《药品管理法》等法律法规约束；对于实施骗保行为，数额达到诈骗罪入罪标准或者明知系利用医保骗保购买的药品而非法收购、销售或者指使、教唆、授意他人利用医保骗保购买药品，进而非法收购、销售，金额达 5 万元以上的，应当以掩饰、隐瞒犯罪所得、犯罪所得收益罪或诈骗罪定罪处罚。具有系初犯、偶犯、受人指使、认罪悔罪、本人也是病患者等情节，综合考量认为犯罪情节轻微的，可以依法不起诉或者免予刑事处罚，情节显著轻微危害不大的，不作为犯罪处理。

后者可从各部委、各地发布的规范性文件中得以窥见医药领域"行刑并罚"的治理新趋势。首先，《最高人民法院、最高人民检察院关于办理危害药品安全刑事案件适用法律若干问题的解释》（以下简称《解释》）第十六条关于对危害药品安全犯罪分子适用禁止令和职业禁止的规则，体现了刑事打击与行政预防的有效结合。[①] 在此基础上，《解释》进一步明确了反向行刑衔接的相关内容，明确对于被不起诉或者免予刑事处罚的行为人，需要给予行政处罚、政务处分或者其他处分的，依法移送有关主管机关处理。2023 年，国家药品监督管理局、国家市场监督管理总局、公安部、最高人民法院、最高人民检察院联合印发了《药品行政执法与刑事司法衔接工作办法》，明确了药品监管部门案件移送的条件、时限、移送监督和公安机关、检察机关反向移送要求，对衔接工作流程、程序和时间、材料要求等方面作出更具可操作性的规定，还增加了与行政拘留的衔接、行政处罚与刑事处罚的衔接、行纪衔接等条款，加大了对医药领域违法犯罪行为的打击力度。其次，"双罚制"趋势还体现在行刑失信联合惩戒方面。最高人民法院、国家医疗保障局签

---

① 《解释》第十六条第一款规定："对于犯生产、销售、提供假药罪、生产、销售、提供劣药罪、妨害药品管理罪的，应当依照刑法规定的条件，严格缓刑、免予刑事处罚的适用。对于被判处刑罚的，可以根据犯罪情况和预防再犯罪的需要，依法宣告职业禁止或者禁止令。《中华人民共和国药品管理法》等法律、行政法规另有规定的，从其规定。"

署了《关于开展医药领域商业贿赂案件信息交流共享的合作备忘录》，具有商业贿赂"黑历史"的医药机构将被纳入医药市场"黑名单"；[①] 上海市五部门联合印发的《上海市药品行政执法与刑事司法衔接工作实施细则》中也明确细化了行刑衔接案件的跟踪反馈及列入严重违法失信名单机制，构建了"一处违法，处处受限"的信用惩戒格局。

此外，由于医药腐败犯罪涉及上下游多方主体，采购、供销、报销等多个环节，容易出现腐败犯罪的手段行为和目的行为同时触犯多个罪名的牵连现象。例如在研发阶段可能涉嫌妨害药品管理罪、提供虚假证明文件罪、侵犯知识产权犯罪（假冒注册商标罪、侵犯著作权罪和侵犯商业秘密罪等）；生产阶段可能涉嫌生产、销售、提供假药/劣药罪，生产、销售不符合标准的医用器材罪，重大责任事故罪，虚开发票罪，虚开增值税专用发票罪等；经营阶段可能涉嫌虚假广告罪、串通投标罪、非法经营罪、逃税罪、骗取出口退税罪、非法侵入计算机信息系统罪、侵犯公民个人信息罪等；使用阶段可能涉嫌贪污罪、职务侵占罪、诈骗罪、医疗事故罪等。其中，虚开发票、提供虚假证明文件与后续的偷税逃税行为、行受贿行为具有高度牵连性，同时也是行刑交叉的重点犯罪领域。

二、析腐败之因

（一）自律不力——行业内部监管不到位，仅停留在"形式合规"层面

从医药领域腐败犯罪涉及的主要罪名来看，多数为贿赂犯罪，究其根源，在于行业内部腐败滋生。例如药品采购环节，部分医药机构的统

[①] 参见《最高人民法院 国家医保局签署合作备忘录建立医药商业贿赂案件信息交流共享机制》，载国家医疗保障局网，https://www.nhsa.gov.cn/art/2020/9/17/art_52_3593.html，2024 年 7 月 9 日访问。

一采集申领制度执行不严，导致个人在新药引进过程中拥有较大权限；开具处方、销售药品环节，医药机构没有建立起相应的公开披露平台和举报制度，给予了"带金销售、收受回扣"等腐败行为一定的可操作空间；医药设备、耗材等招标采购环节，由于涉及企业经济利益，财务黑洞更大、利润链条更长，缺少全流程轨迹监督机制；至于科研学术费用、宣传推广费用，医药企业表面上寻求合规，以一系列证据证明活动开销的真实性、合法性，但实质层面上，审批手续、会议制度及人员岗位职责是否合规经不起进一步推敲，"应付式合规"现象时有发生。综上，医药行业领域在管理层面缺乏真正的合规建设。但即便在本次反腐风暴之后，多数医药企业均有意识地建立合规体系，其专业性、执行力也显著不足，归根结底在于企业缺乏专业的法律人才，法务人员一职二用，充当临时合规师，无法有效发挥合规建设的真正作用。医药腐败现象爆雷的症结之一就在于企业片面追求经济利润最大化的经营模式，企业自己认知上的合规捷径与法律意义上真正的合规之间存在一定差距，且缺乏自上而下、具体详细的执行制度。

（二）他律不足——刑事立法惩治与保护不平衡，刑法治理手段单一

医药腐败犯罪的爆雷，是刑事法律对于贪腐渎职犯罪监管疏漏的体现。

首先，刑法对于行贿罪与受贿罪的惩治力度不平衡，在此次医药反腐行动开展之前，行贿犯罪的打击力度未受到足够的重视，导致行贿人以各种手段"诱惑"国家工作人员，腐败源头未得到有效遏制。如《最高人民检察院、公安部关于公安机关管辖的刑事案件立案追诉标准的规定（二）》第十一条规定单位行贿数额在20万元以上的，应予立案追诉，其构罪标准是单位受贿罪的二倍；又如根据《最高人民法院、最高人民检察院关于办理贪污贿赂刑事案件适用法律若干问题的解释》第十八条的规定，贪污贿赂犯罪分子违法所得的一切财物，应当予以追缴或者责

令退赔,对被害人的合法财产应当及时返还。对尚未追缴到案或者尚未足额退赔的违法所得,应当继续追缴或者责令退赔。而行贿犯罪由于行为人主动交代等原因未被刑事追究,使得追赃挽损的任务主要依靠受贿方退赃退赔,进一步加剧了医药企业的经济压力,激发了隐藏于企业内部的腐败问题。

其次,在入罪门槛上,根据《最高人民法院、最高人民检察院关于办理贪污贿赂刑事案件适用法律若干问题的解释》第十一条第一款、第三款的规定,非国家工作人员受贿罪、职务侵占罪中的"数额较大""数额巨大"的数额起点,按照受贿罪、贪污罪相对应的数额标准规定的二倍、五倍执行。对非国家工作人员行贿罪中的"数额较大""数额巨大"的数额起点,按照行贿罪的数额标准规定的二倍执行。这一规定造成民营药企内部出现"现实腐败多,刑事规制少""企业利益受损,刑事处罚轻微"的矛盾现状,腐败犯罪得不到有效治理。

最后,在刑罚配置上,单位犯罪的罚金刑模式与我国腐败犯罪复杂、多样、严重的特点不相符。单位犯罪中部分罪名适用百分比罚金制、倍数罚金制、相对确定幅度的罚金制,绝大多数罪名适用无限额罚金制,这种模式给予法官较大的自由裁量权,容易导致罚金数额的不统一,对单位判处罚金数额畸小则不能实现刑罚目的,对单位判处罚金数额畸重则会使单位难以负担,这对于医药企业,尤其是小微企业而言,不仅其生存发展和生产经营受阻,还可能会滋生贪污腐败犯罪的苗头。

三、遏腐败之难

(一)无具体请托事项的"感情投资"能否成立贿赂类犯罪

一般认为,不能用金钱衡量价值的非财产性利益不属于刑法上的"财物"范畴,不属于贿赂犯罪的对象,但随着我国反贪治腐力度的不断升级,贿赂犯罪也转而寻求更为隐蔽的手段来规避法律的追究,"感情投资"型贿赂犯罪的出现，便是披着"人情往来"的外衣，以"礼"之名，行贿赂之实。不同于传统贿赂犯罪"一事一贿，一手交钱一手办事"的行为模式，"感情投资"型贿赂犯罪制造了权钱交易的时间差，行贿人在人情世故的交往过程中夹带具有财产性价值的物品，期冀通过长期的"感情投资"缔结一种稳定的、彼此信赖的交易默契。具体到医药领域而言，不论是在项目招采、药品集采、工程招标等过程中利用职权"吃、喝、拿、要"，还是药品、器械、耗材等"带金销售"环节，抑或是借学术交流、科研合作之名违规收费，都有可能发生各种名义的"感情投资"。

"有罪论"者认为"感情投资"型贿赂行为并没有改变贿赂犯罪权钱交易的本质，行受贿双方都深谙其中的潜规则，国家工作人员明知或应知对方是在收买自己的职权影响力，而行贿人只不过是预先支付了国家工作人员职权的对价。

"无罪论"者认为行贿人在送礼过程中并没有提出具体明确的请托事项，国家工作人员在收受财物时也无从确定未来是否会帮助其谋取利益，甚至无须承诺为其谋利，"感情投资"行为与未来的职权行为是否存在必然联系处于一种不确定的状态，因此基于罪刑法定原则和存疑有利于被告人原则，"感情投资"型受贿行为不满足受贿罪"为他人谋取利益"的主观构成要件，难以认定具有受贿故意。

《最高人民法院、最高人民检察院关于办理贪污贿赂刑事案件适用法律若干问题的解释》第十三条第二款规定，国家工作人员索取、收受具有上下级关系的下属或者具有行政管理关系的被管理人员的财物价值3万元以上，可能影响职权行使的，视为承诺为他人谋取利益。但该司法解释中"可能"一词的措辞，使得罪与非罪的界限不甚清晰，也会导致司法实践中入罪证明标准的降低，由审查定罪证据是否能够排除合理怀疑转变为审查影响职权行使可能性的概率，缺少可操作性标准。再者，虽然该司法解释将"感情投资"型受贿罪的入罪数额规定为3万元，但国家工作人员所收受的财物能否整体"一刀切"地认定为受贿款，是否需要与其职务行为存在具体关联（日常而紧密的关系）、"一对一、多对一"模式下的行贿数额能否累计等问题在司法实践中均未很好地解决。因此，无具体请托事项的"感情投资"能否成立贿赂类犯罪是规制医药腐败犯罪的难点和痛点。

（二）单位受贿与个人受贿之界分

相较于自然人受贿罪，单位受贿罪不仅入罪门槛高且法定最高刑明显偏低。自然人受贿金额在3万元以上即可构罪，若具备特殊情形[①]，数额在1万元以上不满3万元也可予以立案追诉，而单位受贿罪的追诉数额一般在10万元以上；虽然《刑法修正案（十二）》将单位受贿罪的法定刑提高为"处三年以下有期徒刑或者拘役；情节特别严重的，处三年以上十年以下有期徒刑"，但与自然人受贿相比，仍然明显偏低，而自然人根据其受贿金额多少和情节严重程度，可判至无期徒刑或者死刑。因此，区分是单位受贿还是个人受贿，具有重大量刑意义。"单位意志"是单位犯罪的核心特征，也是区分单位犯罪和自然人犯罪的关键。目前关于单位受贿罪的概念，学界较为统一的说法是：国家机关、国有公司、企业、事业单位、人民团体，经单位集体研究决定或由负责人员决定，以单位名义索取、非法收受他人财物，为他人谋取利益，违法所得归单位所有的，是单位受贿。而关于单位意志的归属问题，争议点主

[①] 根据《最高人民法院、最高人民检察院关于办理贪污贿赂刑事案件适用法律若干问题的解释》，主要包括"曾因贪污、受贿、挪用公款受过党纪、行政处分""曾因故意犯罪受过刑事追究""赃款赃物用于非法活动""拒不交待赃款赃物去向或者拒不配合追缴工作，致使无法追缴""造成恶劣影响或者其他严重后果""多次索贿""为他人谋取不正当利益，致使公共财产、国家和人民利益遭受损失""为他人谋取职务提拔、调整"。

要集中于以下几个方面：

一是，是否需要为单位利益？单位利益和个人的利益可能是同时存在的，单位受贿的意思表示既具整体性又需要通过自然人予以外化，而自然人在实施受贿行为时也可能会同时考虑两种利益，两种利益的界限难以划清，实践中认定存在难度。

二是，单位管理者或其他直接责任人员作出的决定是否可以直接视为单位意志？首先，将单位集体决策或者领导决定实施的为谋取个人利益的行为也视为单位犯罪，有违罪责自负的刑法基本原则；其次，单位中有分散型（个人决策）、层级型（决策权层级分配和行使）的决策机制，即使不是单位领导或负责人决定，基层员工实施受贿行为，只要符合单位内部默认的运行机制，就能够按照单位犯罪追究单位的刑事责任。以是否由单位集体决定或单位内特定人员决策作为区分单位犯罪和自然人犯罪的标准，会使得对单位犯罪的认定有所缺漏。

三是，违法受贿款是否归单位所有？通说观点认为贿赂款的占有、控制、使用主体是单位的，便构成单位受贿罪。从《刑法》第三百八十七条单位受贿罪的文义来看，"索取、非法收受他人财物"的行为主体是单位，则"收受"行为的结果必然是财物归属于单位（至少形式上）。贿赂款的占有、控制、使用作为受贿行为的最终结果，是单位意志的"外化"体现。通说的合理性在于其关注到了单位受贿罪的形式要件，但需通过"是否为单位利益决策""是否实际用于单位事务"等实质要件补正。实践中，单位可能设立"小金库"存放受贿款，表面符合"单位占有"，但"小金库"的资金实际被用于领导私分、违规发放福利等。此时，若仅以"形式上归单位"认定单位受贿，则违背了"为单位谋取利益"的构成要件。可见，单位利益的归属需结合"实际控制权"与"利益用途"综合判断，否则可能偏离单位犯罪的本质。

四是，单位受贿是否需要与单位的业务范围相关联？《刑法》第三百八十七条并未规定类似于自然人受贿罪的"利用职务便利"要件，那么单位在营业范围之外为他人提供帮助谋取利益从而收受财物的，满足了单位意志、单位名义与利益归属三个层面的要件，能否依"关联性"这一要件出罪，可能存在分歧。

四、厘防腐之策

当下及长远视角下，防范医药领域贿赂犯罪，至少应当在以下四个方面有所作为。

（一）破除医疗机构"以药养医"经营模式

从某种意义上看，"以药养医"为医药领域的贿赂犯罪提供了体制温床，系医药领域贿赂犯罪常见多发的根源。因此，只有破除医疗机构"以药养医"的实际现状，才可能消弭医药领域贿赂犯罪的生存土壤。

于外部层面而言，国家应当大力倡导医药领域的"知识经济"发展思路，并为医疗机构摆脱"药品经营依赖"提供政策支持，例如给予存在技术或服务创新的医疗机构物质鼓励。此外，可以逐步、合理地加大对医疗事业的财政投入和对医疗机构的财政补助，建立科学的医疗机构补偿机制。

从内部视角来说，医疗机构应当重视以知识、信息等智力成果为基础的无形资产价值，培育好、管理好自身的无形资产，将技术与服务创新而非药品经营打造为自身主要的市场竞争力和收益增长点。

（二）加强医疗机构廉政观念教育与廉政文化建设

医药领域贿赂犯罪屡发的重要原因之一是医疗工作人员识法能力、守法意志的不足。有的医疗工作人员明知实施特定行为会触犯刑律但仍以身试法，有的医疗工作人员则因法律认知的不足（如无法对特定行为的犯罪性作出准确判断）而作出违法抉择。无论是知法犯法还是"误"触刑律，都是医药领域贿赂犯罪防范工作应当尽力避免的情形。

1. 将"关键少数"作为廉政观念教育与廉政文化建设的重点

正在开展的全国医药领域腐败问题集中整治工作存在聚焦医药行业"关键少数"和关键岗位的特点。相应地，在进行日常廉政观念教育与廉政文化建设以防范医药领域贿赂犯罪时，也应将"关键少数"作为重点主体。理由在于：其一，"关键少数"往往是医药领域贿赂犯罪的"易犯"主体，重点围绕"关键少数"开展廉政建设有利于廉政教育与文化建设资源的"合理配置"。其二，"关键少数"往往又是医药领域特定贿赂犯罪的"关键节点"，因此，对于"关键少数"的有效廉政教育有利于特定贿赂犯罪的精准防范。其三，"关键少数"在医药行业一般具备较高地位和占据较多资源，对于"关键少数"的廉政教育效果往往能够"辐射"到其他主体。其四，医药领域的单位贿赂犯罪，往往离不开"关键少数"的参与，因而，做好"关键少数"的廉政教育工作，有益于医药领域单位贿赂犯罪的防范。

2. 丰富、创新廉政观念教育与廉政文化建设的形式和方法

医疗机构在进行廉政观念教育与廉政文化建设时，应当开阔思路，丰富、创新形式、方法。例如，除了开设法律法规学习课程，还可以采用将典型案例汇编成册后分发给内部相关员工阅研、开展廉政知识测试或问答活动、组织模拟防腐场景活动、推行廉政积分评比制度等形式或方法宣传贯彻廉政知识、培育廉政意识、建设廉政文化。只有不断丰富、创新廉政观念教育与廉政文化建设的形式、方法，才能长葆医药领域廉政建设的活力，从而更好地发挥其防腐功能。

（三）完善监督、管理机制，构筑犯罪"防火墙"

在我国，想要实现对医药领域贿赂犯罪的有效防控，应当借力于相对完善的监督、管理机制。

1. 完善行政监管

一方面，卫生行政部门要在充分了解辖区内医疗机构基本医疗信息

的基础上，建立对医疗机构特别是重点医疗机构的检查制度，并构设妥当的检查结果公示规则。检查的对象应当是医药领域贿赂犯罪高发的业务板块、业务环节、业务节点。另一方面，卫生、市场监管等行政部门应当建立医药领域行政执法与刑事司法的有效联动、有效衔接，以保证医药领域贿赂犯罪的有力追诉。

2. 完善自身监管

医疗机构自身应当建立相对完备的监管机制，如建立、健全医务公开制度、处方管理制度、药房付药及评价制度等一套完整的内部监管机制。为了有效防范医药领域一般的贿赂犯罪，这套内控机制至少不能缺失以下三部分内容：

第一，医疗工作人员在医疗服务过程中必须严格遵守的规则。例如医生在开具药方时必须向患者说明其所开具的药物的性质、是否存在替代药品等情况，以充分、实质保障患者的知情权、选择权。

第二，医疗机构内部定期或者不定期的抽查制度。该抽查制度的设立与落实旨在评估医生用药的科学性以及相关费用的合理性，并且，基于抽查情况而作出的对医生用药科学性及相关费用合理性的评估结论，应当作为考核医生的重要指标之一。

第三，对医疗机构内部药品使用情况的及时跟踪、监管制度。医疗机构如果发现特定种类药品的使用存在明显异常，如数量畸多，应当及时启动预警机制与方案，开展反贿赂犯罪内部调查，并根据内部调查情况采取进一步措施。

（四）增大事后处置力度，提高犯罪成本

以往医药领域贿赂犯罪之所以"猖獗"，与事后处置力度不足不无关系。特别是过往实践中，不少医药领域的行贿一方最终没有被追究刑事责任，而行贿一方往往又是贿赂犯罪的"发起者"或"诱发者"。因此，加大对相关贿赂犯罪的处置力度，形成一般威慑，也是防范医药领域贿赂犯罪的可用手段。

一方面，对于医药领域贿赂犯罪的实施主体，依照刑事程序法及刑事实体法的有关规定严格查处，不放纵任何犯罪分子，其中对于行贿一方，也要根据法律规定及刑事政策严格查处，该追究刑事责任的要追究刑事责任，该判处实刑的要判处实刑。

另一方面，有关部门应当有效落实医药购销领域商业贿赂"黑名单"制度。2014年3月1日起施行、现行有效的《国家卫生和计划生育委员会关于建立医药购销领域商业贿赂不良记录的规定》（以下简称《规定》）中明确规定"各省级卫生计生行政部门应当及时在其政务网站公布商业贿赂不良记录，并在公布后一个月内报国家卫生计生委"。此外，《规定》中对被列入当地商业贿赂不良记录的医药生产经营企业及其代理人，还规定了一定的"资格惩罚"措施，如"对一次列入当地商业贿赂不良记录的医药生产经营企业及其代理人，本省级区域内公立医疗机构或接受财政资金的医疗卫生机构在不良记录名单公布后两年内不得购入其药品、医用设备和医用耗材，其他省级区域内公立医疗机构或接受财政资金的医疗卫生机构两年内在招标、采购评分时对该企业产品作减分处理"。由此可见，如果有关部门能够有效落实相关"黑名单"制度，特定犯罪主体受到的法律处置不可谓轻，对于医药领域贿赂犯罪的防范来说，显然算得上是一个"福音"。

涉网络毒品寄递行为的司法认定

随着科技的进步和技术的升级，网络活跃于生活的方方面面，与传统"人货一体"的毒品贩运模式不同，互联网平台所具有的便捷性、隐秘性、被查获风险低等特点为非接触式毒品犯罪提供了温床。2024年6月国家禁毒委员会办公室发布的《2023年中国毒情形势报告》显示，2023年全年共破获涉互联网贩毒案件3098起，同比上升14%；缴获各类毒品25.9吨，同比上升18%。网络技术的发展不断催生新的勾连方式、交易模式和支付手段，依托Telegram等境外网络通联工具，建立涉毒聊天群组，由中介实施担保交易，成为新兴毒品交易模式；毒资支付多采用比特币、泰达币等虚拟币或其他加密货币，资金流向更难追踪；毒品交付则多采取"埋包"、邮包寄递、闪送等非接触方式，进一步增强了贩毒行为的隐蔽性和发现打击难度。[①] 面对物流寄递渠道网络涉毒犯罪所带来的新挑战，如何进一步规范网络涉毒犯罪的法律适用成为值得我们思考的问题。

一、涉网络毒品寄递行为概述

（一）网络涉毒犯罪的行为特点

网络涉毒犯罪的行为方式多种多样，除了涉及制造、买卖、运输、走私毒品、制毒物品，传授制毒方法等常见网络涉毒行为，还存在引

---

① 参见《2023年中国毒情形势报告》，载公安部网，https://www.mps.gov.cn/n2255079/n6865805/n7355741/n7355780/c9623329/content.html，2024年10月28日访问。

诱、教唆、聚众行为等涉网络毒品犯罪行为。毒品犯罪的手段在互联网平台的背景下不断变化，新的犯罪活动层出不穷。想要通过列举的方式研究网络涉毒犯罪十分困难，通过对网络涉毒行为的现象进行分析，其主要具有以下特点：

1. 手段智能化

网络技术的不断升级迭代以及现代物流行业的快速发展，为毒品违法犯罪活动提供了全新的平台和便利的条件。在最高人民法院发布的刘某贩卖、运输毒品案[①]中，行为人利用信息网络的便利，通过快递方式贩卖运输毒品，这一典型案例体现了网络涉毒犯罪的新特点：行为人利用信息网络中虚拟身份的难追踪性，网络信息传播性强、覆盖面广和物流快递运输速度快等特点从事毒品买卖活动。相较于传统的毒品犯罪活动，网络涉毒犯罪在空间上，部分环节可以不受地点的约束，犯罪分子可以隐匿身份，避免线下交易暴露的风险。毒品犯罪团伙只需要通过网络就可以进行联络沟通，并利用各交友软件就能够迅速扩张，仅"8·31"特大网络吸贩毒一案中就查获涉毒人员超1万人，案件涉及全国31个省区市。[②]在时间上，犯罪分子可以随时进行涉毒活动，尤其是对于传授制毒知识，教唆、引诱吸毒等可以不需要线下环节的涉毒行为，网络更是提供了极大的便利。由此可见，毒品犯罪依托于网络平台，其犯罪手段智能化程度更高。

2. 活动较为隐蔽

这一特点是由网络犯罪的特性所决定的，也是线下毒品交易与网

---

① 参见《最高人民法院发布的毒品犯罪及涉毒次生犯罪典型案例》，人民出版社2018年版，第3页。

② 参见《公安部指挥破获全国首例特大网络吸贩毒案 查获涉毒违法犯罪嫌疑人员12125名，打掉制贩毒团伙144个》，载公安部网，https://www.mps.gov.cn/n2253534/n2253535/c4139952/content.html，2025年4月23日访问。

络涉毒犯罪的典型区别之一。网络环境中,主体身份的不确定性不仅给侦查工作造成一定障碍,使得侦查机关对涉案财物的来源和去向难以全面查证,进而难以形成完整的毒品流通链条和毒赃流转链条;而且由于涉案证据私密性强,同时也加大了审判中依据排他性证据定罪量刑的难度。[①]只要网络涉毒犯罪的犯罪分子掌握一定的网络技术,就能够销毁或更改其在网络上所遗留的犯罪痕迹。网络空间管理者对于网络平台的监管不足以及物流快递行业的监管漏洞也对网络涉毒犯罪的兴起起到进一步的推动作用。

3. 覆盖范围广

在 2022 年 11 月最高人民检察院发布的检察机关落实"七号检察建议"典型案例"天津孟某、苏某飞贩卖毒品、洗钱案"中,被告人利用电子烟寄递销售达成毒品交易的涉案人员就遍布全国 17 个省市,检察机关已提起公诉 27 人。贩毒分子通过网络可以轻而易举地联络到大量涉毒人员,并且冲破地域甚至是国籍的限制,让毒品的传播更加容易。同时随着快递站、寄递网点的普及,毒品犯罪活动更容易被普通民众所接触,成为打击毒品犯罪的重大隐患。

4. 低龄化趋势明显

根据第 53 次《中国互联网络发展状况统计报告》统计,截至 2023 年 12 月,我国网民规模达到 10.92 亿,互联网普及率为 77.5%,19 岁以下网民占 18.5%,超 2 亿人。对于低龄网民来说,新鲜事物诱惑力较大,在缺乏自控力和判断能力的年纪很容易被网络涉毒犯罪迷惑、吸引,低龄用户缺乏法律常识,对犯罪行为并不了解,沾染毒品后更难挣脱,对于家庭和社会都是极大的危害。

---

① 参见刘守芬、孙晓芳:《论网络犯罪》,载《北京大学学报(哲学社会科学版)》2001 年第 3 期。

（二）涉网络毒品寄递行为研究必要性

上述网络涉毒犯罪的新特点存在于网络毒品犯罪的各个环节，不同于传统毒品交易，买卖双方通常需要通过本人运送或者委托运毒者运送毒品来完成交易，在网络平台日益兴起的现在，"互联网+物流"的"人货分离"模式成为不法分子走私贩毒的首要犯罪手段。尽管物流、快递行业发展迅猛，自2011年起物品寄递也要求实名制并对所寄物品进行检查，但是其监管措施并不完善。犯罪人员在寄递毒品时，可能会使用虚假的身份和地址，物流或快递公司在每日面对大量快件的情况下难以识别这些信息的真伪。并且，在物品寄递时，工作人员对除食品外的物品检查较为简单，大多不会拆开核验，有时仅会对包裹的毛重进行比对，并不检查包裹的具体物品是什么，利用物流或快递寄递毒品也避免了雇佣运送毒品人员的成本。近年来，还兴起了一种跑腿同城急送业务，用户在软件平台上仅需填写住址、电话，不需要进行严格的身份核验，就能够实现物品的寄送，这种难以追踪实际发货人的状况更是使得网络涉毒犯罪越发猖獗。

由此可见，涉网络寄递毒品中的问题错综复杂，司法实践中对于各个问题的认定也存在较大的争议。学界对于涉网络毒品犯罪提出了诸多对策，但多是从社会治理手段等宏观层面出发提出意见，对于涉网络毒品寄递行为的研究在刑法层面还不够具体。其中存在的寄递行为定性难、既遂标准认定混乱的问题并没有得到很好的解决。因此探讨涉网络毒品寄递活动中存在的诸多问题是很有必要的。对于毒品犯罪这一类具有严重社会危害性的犯罪，只有及时合理地用刑法进行规制，才能有效阻止或减少其出现。

二、涉网络毒品寄递行为的定性

通过物流寄递方式运送毒品，不同于传统运输毒品的模式，物流运送的方式多种多样，且可能行程较短，对于认定寄递行为能否构成运输毒品罪还存在较大争议，为了实践中更好地认定涉网络毒品寄递行为，为打击毒品提供清晰的司法认定路径，下文从卖家和买家的视角对运输毒品罪进行论述。

（一）卖家行为的认定

不法分子在寄递毒品时利用同城急送方式短途运送毒品或利用现在较普遍的快递柜业务递送毒品，在此种状况下毒品可能运送距离极短，对于此类寄递毒品行为能否以运输毒品罪论处存在一定的争议。传统观点认为运输毒品的本质是毒品从一地到另一地间的空间位移，需要有一定的距离要求。但是合理位移说以距离来判断是否构成运输毒品罪不具有统一的操作标准，即使制定出一定的标准，在实践中某些情况下也难以界定实际的运送距离。并且不能将《刑法》第三百四十七条运输毒品罪中的"运输"简单地从字面意思上对其进行解读，而是应该从刑法意义上进行考察，将文义和立法目的结合在一起对"运输"一词的概念进行界定较为合理。

运输毒品罪作为与走私、贩卖、制造毒品罪相并列的选择罪名，运输行为应当与上述三种行为具有相当的危害性。实际上，运输毒品的危害性体现在使毒品由一地到另一地形成传播与扩散，即加大了毒品的流通，使毒品在消费市场扩散。因此，卖家的寄递毒品行为能否构成运输毒品犯罪并不能单纯以运输距离界定，而是要考虑运输行为是否具有扩散性。一旦毒品在空间上进入流通领域，比如毒品被携带进入具有流通意义的公共交通工具，必然会流向不特定的人及目的地，对社会管理秩序造成现实侵害时，其行为就具备了法益侵害性，应当认定为运输毒品罪。

（二）买家行为的认定

在传统的毒品犯罪中，运输毒品环节往往由卖家或卖方所雇人员实施，购毒自吸者通常不构成运输毒品罪。同样，在网络化的背景下，卖家通过物流寄递毒品，这属于其犯罪行为的一环，并不由购毒者负责。购毒者接收贩毒者通过物流寄递方式交付的毒品，没有证据证明其有实施贩卖毒品等其他犯罪的故意，毒品数量达到《刑法》第三百四十八条规定的最低数量标准的，一般以非法持有毒品罪定罪处罚。代收者明知物流寄递的是毒品而代购毒者接收，没有证据证明其与购毒者有实施贩卖毒品等其他犯罪的共同故意，毒品数量达到上述最低数量标准的，对代收者一般以非法持有毒品罪定罪处罚。但是目前的快递形式中存在到付件，是一种由收货人在确认签收货物时付款给快递公司的寄递方式。在此情况下，买方能否成立运输毒品罪？特别是买方与卖方未就寄递方式进行商榷，在收到到付快递时支付快递费用，接收毒品的购毒者是否算是与卖方达成了默示的犯意联络？由于运输毒品罪规定在《刑法》第三百四十七条，与走私、贩卖、制造毒品罪并列，认定购毒者是否构成运输毒品罪不仅要从其是否符合犯罪构成来看，还要考虑其危害性是否达到上述三种行为的危害程度。其购买后收取快递的行为系购买、存储毒品行为的一个自然延续，并不符合我国《刑法》中规定的运输毒品罪之"运输"的内涵和目的，没有造成毒品的扩散和流通。与之相同，购毒者购买毒品后心生悔意，将毒品通过寄递方式退回卖方的，自然也不应当构成运输毒品罪。

总而言之，对于接收毒品寄递的买家，符合以下情形之一的可构成运输毒品罪：收到寄递毒品后又进行投递或运送给他人的；由买方主导寄递毒品行为或买方在卖方寄递毒品时共谋的；买家收取毒品退回卖家但是收取超出一定对价的；等等。

三、寄递行为中的毒品犯罪既遂标准

涉网络毒品交易中存在不同的毒品运输模式，第一种是与传统的毒品犯罪相似，买卖毒品的双方在网络上达成合意，进行线下交易。第二种是买卖双方达成合意后，利用快递或物流方式运送毒品，此时真正的运毒者不必自己运输，将毒品寄递交付给物流公司即可。由于贩毒者将毒品脱手后便不必再对毒品运输负责，因此存在对于运输毒品行为的既遂时间点的争议。同时，新兴的快递柜业务，使得收取毒品的行为人不必实际提取即可以保持一定的占有状态，这也使认定收受毒品行为人的行为何时既遂产生了困难。

（一）寄递过程中人货分离的既遂问题

在"互联网+物流"的运送状态下，人货分离的毒品传运模式已经成为常态，将毒品寄出后，整个运送过程中毒品都处于物流或快递公司的支配下。有学者提出疑问，在这种情况下什么时候其运输毒品的行为达到既遂？是交付毒品给快递人员时既遂，还是快递人员开始运输毒品时既遂，又或者是快递人员将毒品运送到目的地以后才既遂？[1]还是说采取合理位移说即快递人员运输毒品并运送一定距离时既遂？本来传统的毒品运输行为就存在较大的争议，有学者通过实证分析发现，司法实践中的判决依据也各有不同，除了较常见的起运说、合理位移说、运输行为说，还有运输工具说、离开现场说等不同观点。[2]由此可见，这一问题在实践中争议较大，特别是在网络和物流运送的介入下，显得更为复杂，有必要进行理论研究并予以回应。

就毒品寄递的四种可能既遂时间点进行分析，第一，若认为在行为人将毒品交付给快递人员时即构成运输毒品罪的既遂，就是将运输毒品罪视为行为犯，但是如上文所述，构成运输毒品罪应当达到一定的社会

---

[1] 参见胡江：《毒品犯罪网络化的刑事治理》，载《西南政法大学学报》2020年第5期。

[2] 参见刘念：《论运输毒品罪的既遂判断标准——以116份运输毒品罪刑事裁判文书为样本》，载《铁道警察学院学报》2020年第6期。

危害性要求，这种既遂标准没有考虑到运输毒品应当起到的传播作用，不当扩大了认定运输毒品罪的范围，缺乏合理性。第二，若认为快递人员将毒品运送至目的地才构成运输毒品罪的既遂，此时犯罪目的已经达成，作为抽象危险犯，此时才认定为既遂，不符合对于此类具有严重社会危害性犯罪的法益保护之相当性。司法实践中，以目的地说作为既遂标准不仅具有难以证成性，而且违背了危险犯的本质，不具有实践意义。第三，若认为将毒品寄递并运送一段距离构成犯罪既遂，这实际上采取的是合理位移说，仅考虑了位移的形式要求，并没有认识到这种空间位置的移动需要具备促进毒品流通和扩散、危及不特定多数吸毒者身体健康这一实质要求，同时也不具有实际的可操作性，因为运输区域或具体长度距离难以准确判定并需要消耗大量的司法资源，因此该种观点也存在较大缺陷。第四，若认为将毒品寄递并开始运输时构成运输毒品罪的既遂，此时已经具有促进毒品流通扩散的危害，同时符合运输毒品罪的构成要件，处于物流运送状态中的毒品基本处于一种可控的状态，运输毒品行为很大概率会顺利完成，行为人对运输行为具有事实上的掌控力和支配力，在此时认定为既遂与运输毒品罪的犯罪本质相吻合，也能够较清楚地判断既遂或未遂，具有可操作性。

（二）寄递货柜提取业务中的既遂问题

智能快递柜是快递行业向互联网转型升级的产物，由于其能够降低物流成本，在一定程度上解决末段配送中存在的问题，近来快速普及并发展迅速。用户可以通过平台提醒或短信收到货柜取件码，若毒品提供者通过快递柜寄递毒品，购毒者根据取件码在快递柜中自行提取物品，行为人在智能快递柜收取毒品后，未实际提取，此时应该如何认定购毒者的行为？以下就行为人不同的犯罪意图进行探讨。

首先，若行为人"为卖而买"，即以贩卖为目的购进毒品，并且在快递柜已收取毒品的情况下，其构成贩卖毒品罪的既遂。最高人民检察院、公安部发布的《关于公安机关管辖的刑事案件立案追诉标准的规定（三）》第一条第三款规定："本条规定的'贩卖'是指明知是毒品而非法销售或者以贩卖为目的而非法收买的行为。""为卖而买"的行为使禁止流通的毒品进入了购买者自由支配的领域并最终会流向市场，扰乱社会管理秩序，增加毒品伤害公众身体健康的危险。[①] 因此，对于此类行为，刑法有必要提前介入，避免毒品的进一步流通。而且在行为人在快递柜收取毒品还未提取的情况下，毒品实际上已经处于其支配之下，买入行为已经完成，因此可以构成贩卖毒品罪的既遂。

其次，当行为人系以自己吸食为目的购进毒品，并且在快递柜已收取毒品的情况下，可能构成非法持有毒品罪既遂。通说认为，非法持有毒品罪是作为犯，其违反了刑法不允许一般人持有毒品的禁止性规定，"持有"是一种非法状态。在毒品已在快递柜中代存的情况下，此时毒品已经完全处于行为人控制之下，可以凭借验证码随时提取，行为人对毒品已然是一种非法持有的状态，应当按照非法持有毒品罪既遂追究刑事责任。

---

① 参见魏东、金燚：《贩卖毒品罪的几个争议问题研究》，载《西南石油大学学报（社会科学版）》2016年第5期。

刑法规范中"应当知道"的含义浅思

在刑事司法解释及其他规范性文件中，在描述行为人对某事实的主观认识时，经常会出现"应当知道"的表述。由于"应当"一词在汉语中具有多种含义，"应当知道"一词亦存在不止一种解释。而一旦某个案件需判断行为人的主观心理是否属于"应当知道"时，往往就意味着行为人的行为可能存在罪与非罪的争议。因此，在理论与实践中明确该词的含义具有重要意义。

一、"应当知道"的两种含义取向：表推定与表义务

从一般语言习惯出发，"应当知道"至少存在两种可能含义：表推定与表义务。

表推定，是指从种种因素来判断行为人当时对某事必然是知道的。这是一个站在他人的角度，根据客观要素推测行为人主观心理的过程。若取此含义，当有要素证明行为人很可能对某事不知道，或者现有要素无法唯一得出行为人对某事知道的结论时，就不能说行为人对此事"应当知道"。

表义务，是指行为人具有知道某事的义务。这是一个站在行为人的角度，来判断行为人是否尽到审慎义务的过程。若取此含义，当行为人有义务知道某事，即使有要素证明其确实不知道，亦可以说行为人对此事"应当知道"。

这两种含义有时会重合，即遵循同一判断标准，但有时却会得出完

全相反的结论。最典型的是疏忽大意的过失情形中,行为人对危害结果发生可能性的认识。在表推定的含义下,行为人不属于"应当知道",因为其并未预见到危害结果。但在表义务的含义下,行为人却属于"应当知道",且这种义务也正是其构成犯罪的前提。再如,甲给乙发送了一段微信消息,乙刚刚点开还没来得及看就接到电话去忙其他事情,忙完其他事情后就一直忘记再看甲的消息,那么乙对此消息的内容是否属于"应当知道"?在表推定的含义下,乙不属于"应当知道",因其实际上确实不知;但在表义务的含义下,乙却属于"应当知道",因为乙有及时查看微信消息的(生活上的)义务。

在具体案件中,这两种含义往往代表着罪与非罪。例如,《最高人民法院、最高人民检察院关于办理生产、销售伪劣商品刑事案件具体应用法律若干问题的解释》第六条第四款规定,医疗机构或者个人,知道或者应当知道是不符合保障人体健康的国家标准、行业标准的医疗器械、医用卫生材料而购买、使用,对人体健康造成严重危害的,以销售不符合标准的医用器材罪定罪处罚。假设某医疗机构意图购买某种型号的口罩来售卖,为了检测该型号口罩的防护功能,委托第三方检测机构予以检测。但在取得检测报告后,医疗机构的工作人员却将其与其他检测报告弄混,错将另一合格口罩的检测结果当作本次检测结果(但实际上本次检测的口罩不具有任何防护功能),故大量购买并售卖该型号口罩。那么该医疗机构是否属于"应当知道"该型号口罩不具有防护功能从而构成销售不符合标准的医用器材罪?取两种不同含义时的结论同上文,不再赘述。

可以看到,在某一类案件中,"应当知道"含义的辨析存在意义。这类案件的特征是,行为人在通常情况下本可以知道某件事情,却因失误、疏忽等自身过失而未能知道,而对此事的明知是行为人的行为构成犯罪的必要条件之一。

二、两种含义的合理性探究

（一）表推定含义的不足

表推定的"应当知道"含义不合理之处有二，一为在确实事实描述中掺入推测性陈述，二为与"明知"或"知道"的含义和作用重复。

首先解释何谓在确实事实描述中掺入推测性陈述。刑法规范是实体性规范，多采用假定事实—法律后果的逻辑，即逻辑的出发点是假定的、特定的事实。也就是说，刑法规范仅需规定某个特定事实会有何法律后果，而不需关注某个案件是否符合这一事实，甚至某个案件的证据能否证明这一事实——这是刑法规范的适用过程，是刑事诉讼法（证据法）的领域。例如"若行为人明知某事，则其行为构成犯罪"是正常刑法规范。但若将"应当知道"理解为表推定的含义，则相当于刑法规范有着"若证据证明行为人明知某事，则其行为构成犯罪"的规定，而这种规定显然是不必要、不合理以及不应出现的。

其次解释何谓与"明知"或"知道"的含义和作用重复。"应当知道"一词通常不会单独出现，而多包含在"明知或者应当知道""知道或者应当知道"等选择性表述中。若"应当知道"表示通过证据判断行为人知道，则与"明知"或"知道"的作用相同，不需要将二者并列规定。例如，司法解释规定，知道或者应当知道他人利用公民个人信息实施犯罪，向其出售或者提供的，构成侵犯公民个人信息罪。若证据证明行为人确知他人意图实施犯罪行为，显然既属于"明知"或"知道"，又属于表推定含义下的"应当知道"。

能否认为"知道"与"应当知道"属于层级关系，即"知道"指确定知道，而"应当知道"指（很）可能知道呢？笔者认为不能。一方面，（很）可能知道也是一种刑事诉讼法（证据法）上的判断，不应被刑法规范所采用。另一方面，这相当于给"知道"的判断留下了容错率，将一部分证据并不特别充分的案件予以定罪,显然不当。

(二)表义务含义的不足

表义务的"应当知道"含义不合理之处也很明显,即会导致某些确实不知的行为人的刑事责任过重。在表义务的"应当知道"下,即使行为人对某事确实不知道,亦会被认定为"应当知道"。但是,这与我国刑法对于故意与过失的定义并不相洽。

根据疏忽大意的过失的定义,若行为人有义务,或者说在谨慎的情况下可以预见到危害结果,却因自身疏忽、失误等原因确未预见的,属于过失,且是最低一档的疏忽大意的过失,对应的刑罚也较轻,与故意有着显著差别。但若采取表义务的"应当知道"含义,若行为人有义务,或者说在谨慎的情况下可以知道某事,却因自身疏忽、失误等原因确未知道的,被视为"知道"甚至"明知",得到与"明知"相同的刑事评价。这在责任刑理论下是畸形的,意味着行为人需要为自己的过失以及基于此种过失所作出的行为付出与故意相同的代价,也意味着行为人的主观恶性对定罪量刑未产生影响。

三、本文的观点

笔者认为,"应当知道"意在以行为人的义务来推测主观心理,即以表义务的方式达到表推定的效果。故"应当知道"的判断方式应为,首先判断行为人是否具有知道某事的义务,即在一般情况下可以知道。在有义务的情况下,再审查是否有能够证明行为人确不知道的证据。若无该类证据,才可认定行为人属于"应当知道"。理由如下:

(一)该种表述本意可能是以行为人的义务来推测主观心理

笔者猜测,刑法规范采用"应当知道"表述的原因在于,"明知"是很多案件中定罪的必要条件,但某些案件的证据无法直接证明行为人明知某事,却可证明某一在先事实,而这一在先事实正常发展下去会使行为人知道此事，因此用这一在先事实，再结合事物正常发展规律，来推定行为人的"明知"。

（二）"应当知道"应首先判断有无知道的义务

根据笔者对立法本意的猜测，以及刑法规范的特点，"应当知道"自然应当采取表义务的含义。实际上，民法及其他规范亦有这种表述，例如民事法律行为撤销权的起算时间多为"知道或者应当知道撤销事由之日"，其中的"应当知道"亦表示有知道的义务（即在一般情况下足以知道）。刑法规范同属实体法且采取相同措辞，亦应采取相同含义。

（三）在有相反证据时，应基于罪责刑相适应原则予以修正

如上所述，义务只是推测主观心理的一种路径，是一种间接证明的方法。若这种间接证明过程中遇到了直接反证的阻碍，自然应停止适用。因此，若有能够证明行为人确不知道的证据，即使行为人在一般情况下足以知道，也不应再属于刑法规范中的"应当知道"，因为此时已经不符合其立法本意。换句话讲，立法考虑到某些在先事实在"正常"发展情况下会使行为人知道某事，但证据已经证明其发展"不正常"，自然不能再进行推定。

从"非法占有目的"看诈骗犯罪的罪过形式

关于诈骗犯罪的罪过形式，理论界与实务界都存在争议，争议焦点在于是否包含间接故意。支持包含的人士多数以分则不区分故意形式、客观危害性与主观恶性相差无几等理由，认为若行为人对他人的财产损失持放任态度亦可构成诈骗犯罪。

一般认为，所有诈骗犯罪都要求行为人有非法占有目的，不论这一要素是否被罪状所明文包含。易言之，诈骗故意、非法占有目的均是诈骗犯罪不可或缺的主观构成要件要素。但是，实践中在判断时很容易将这两个概念及判断标准混淆，例如在非法占有目的的判断中掺入"放任结果发生"之类的本属于故意判断的内容。笔者认为，二者是不同的构成要件要素，有着各自的定义与判断标准，且判断标准之间存在一定联系：正因为诈骗犯罪要求行为人以非法占有为目的，所以诈骗犯罪的罪过形式只能是直接故意。以下将展示笔者得出这一结论的逻辑。

一、间接故意的从属性

间接故意的成立，必须要求行为人同时存在另一个直接故意内容。间接故意的结构是，行为人希望自己的行为造成 A 结果，但该行为有概率会造成 B 结果，行为人认识到了 B 结果发生的可能性，但依然实施行为。也就是说，行为人是在追求 A 结果的过程中造成了 B 结果。其中，行为人对 A 结果持直接故意，对 B 结果持间接故意。之所以学界对间接故意的定义中多数仅强调 B 结果，是因为 A 结果通常是一个不构成犯罪的结果（若 A 结果亦属犯罪结果则涉及竞合问题，而不是单纯的间接故意判断问题），不存在刑法上的意义，也自然不会以刑法中的直接故意概念去评价，但不能否认该直接故意在生活中、语义上的存在。

所以，要判断行为人对某结果持间接故意的必要条件是，行为人作出行为的直接目的不是该结果，而是另一个结果。若行为人作出行为的目的就是该结果的话，则只能成立直接故意，不能成立间接故意。至于行为人对该结果发生率的判断、对结果发生所持的态度，均不影响直接故意的成立。实践中有一种情形是，行为人希望自己的行为造成某结果，但对结果是否发生也持无所谓的态度，即"尝试"或"试探"心理。这种心理实际上依然属于直接故意，因为此时该结果是行为人的唯一目的，没有另一个直接目的，不能因行为人对结果持无所谓的心理就认为属于间接故意。

因此，所谓间接故意的从属性，即在间接故意的场合，行为人必然存在另一个直接目的（直接故意）。不存在没有直接故意的间接故意。

二、目的的追求性

目的一词在刑法上有许多概念层面。首先，目的有广义与狭义之分，区别在于是否包含行为人对特定罪名中的作为构成要件要素的危害结果。例如，故意杀人罪的行为人共同的目的就是杀死他人，广义的目的包含实现特定危害结果，但狭义的目的仅指实现特定危害结果之外的目的，即刑法分则中明文规定的"以××为目的"等。

其次，在狭义的目的中，还分为完全与构成要件对应的目的，即只要实施了符合构成要件的行为就可以实现的目的，或者说该目的的实现方式就是实施符合构成要件的行为，以及在构成要件之外的目的，即实施了符合构成要件的行为后还需要行为人或其他人的额外行为。

但不论取何概念，目的一词都代表着行为人的积极追求。对目的犯的处罚，不以行为人实施了其所追求的行为或实际上发生了其所追求的危害结果为必要，是处罚其具有特别目的的危险性。

目的的追求性决定了目的有两个特点：一是目的产生于行为人实施构成要件行为之前，二是目的具有明确性。

目的产生于行为人实施构成要件行为之前，是刑法的明文规定，更是目的作为主观构成要件要素的必然之意。这意味着行为人在实施构成要件行为之时就已经决定了实施行为的目标就是该目的。若该目的是行为人在实施构成要件行为之后产生的，则不属于刑法规定的目的犯的范畴（实践中的确是以构成要件行为之后的行为来推测行为人先前的目的，但本文仅讨论刑法上的应然评价问题，不讨论证明问题）。例如，行为人以家养为目的非法猎捕陆生野生动物（非珍贵、濒危野生动物），后饲养的过程中萌生了食用的想法并烹饪后食用，不属于"以食用为目的非法猎捕陆生野生动物"，不构成非法猎捕陆生野生动物罪。

目的具有明确性，若目的内容不明确的，不能成立以该目的为构成要件要素的犯罪。例如，行为人绑架了某妇女，但绑架时未决定如何处置的，不属于"以勒索财物为目的绑架他人"或"以出卖为目的，使用暴力、胁迫或者麻醉方法绑架妇女"等需要特定目的的行为，不构成绑架罪或拐卖妇女罪，只能构成不要求额外目的的非法拘禁罪。但目的有先后顺序的亦属于明确。例如，若行为人绑架某妇女时的想法是"先尝试出卖，如果没人买就向其家人索财"，则应构成拐卖妇女罪。

三、目的与直接故意的"绑定"关系

有了间接故意的从属性与目的的追求性前提，我们就可以进行以下推导。

逻辑一：对于任何一个要求犯罪目的的罪名，不论是构成要件行为本身就能实现目的，还是构成要件行为之外还需其他因素才能实现目

的，只要行为人具备该罪名规定的特定目的后实施了构成要件行为，则其实施构成要件行为时就必然对产生构成要件结果持追求及希望态度。因为此时构成要件行为是其实现目的的途径，而构成要件结果是其实现目的的必要前提。而追求产生构成要件结果即刑法上的直接故意，故只要目的要素具备，行为人所持心理一定是直接故意。所以，若行为人对构成要件中的结果所持心理是间接故意，则目的要素就不具备，不成立特定犯罪。

逻辑二：在间接故意的场合，行为人为了追求 A 结果，而造成了 B 结果。此时，B 结果不是行为人的目的，故不能成立以 B 结果为目的的犯罪，或成立以 B 结果为目的实现方式的犯罪。

若行为人追求的是 A 和 B 的概括结果或择一结果，则其对 A 结果和 B 结果均持直接故意心理，因为此时 A 结果和 B 结果的发生均是其行为直接目的。例如，行为人以食用为目的打猎时，明知既可能会猎捕到陆生野生动物，也可能会猎捕到非陆生野生动物，但其决定捕到什么算什么的，属于对猎捕到陆生野生动物持直接故意心理。

四、诈骗犯罪实行犯的罪过形式只能是直接故意

根据上文，所有目的犯的实行犯的罪过形式均只能是直接故意（之所以强调实行犯，是因为帮助犯的成立不要求特定目的，而仅要求明知）。而所有诈骗犯罪都是目的犯，要求行为人具有非法占有的目的，故所有诈骗犯罪的罪过形式只能是直接故意。对于某些通常被认为是间接故意的诈骗行为，要么罪过形式实际上为直接故意，要么不应当具有非法占有目的。

例如，行为人在不确定是否能够向对方偿还或给付对价时，先行向对方索取财物，后果然无法向对方偿还或支付对价。许多法律界人士认为此行为是间接故意诈骗，但笔者认为，此情形下应进一步分析行为人

实施行为时的想法，在有能力向对方偿还或给付对价时是否愿意偿还或给付：（1）若行为人不希望或不愿意向对方偿还或给付对价的，是直接故意，亦有非法占有目的。（2）若行为人希望自己有能力向对方偿还或给付对价的，可能是间接故意或过失，但显然，此时行为人的目的是"先行占有"，而非"非法占有"，并且其也希望最后的结果不是"非法占有"，故没有非法占有目的，不构成诈骗犯罪。

再如，在从事诈骗活动的公司工作的普通员工，根据公司的指派从事诈骗行为时，若员工对被害人的财产损失持追求心理（如薪资与结果挂钩），则其罪过心理为直接故意，自不必说。若员工对被害人的财产损失持无所谓心理（如领取固定薪资，与结果无关），则其罪过心理为间接故意。因其行为的直接目的是完成工作任务（A结果），但完成工作任务过程中就可能造成被害人的财产损失（B结果），此时被害人的财产损失并不是其内心追求，故无"非法占有"的目的（其目的实际是"占有薪资"）。当然，这是将员工作为实行犯的角度。若将员工作为帮助犯，则不再判断员工自身的目的，仅要求其明知实行犯具有非法占有目的即可。

综上，诈骗犯罪实行犯的罪过形式只能是直接故意。一旦行为人有非法占有的目的，则其实施行为时必然希望给被害人造成损失，否则就谈不上其目的是非法占有他人财物。反之，若行为人实施的行为既可能导致他人财产损失，又可能不导致他人财产损失，而行为人又对何种结果发生持无所谓的心理（间接故意），就不能认为其中"导致他人财产损失"的结果是其行为目的，就不属于"以非法占有为目的"。

擅自处分他人财物案民事法律关系对刑事认定的影响

一、问题的提出

本文所述"擅自处分他人财物行为",是指行为人在没有处分权的情况下,以自己或他人名义处分他人财物,并将相对人支付的对价据为己有的行为。其中,以自己名义处分他人财物的,民法上称为无权处分;以他人(财物所有权人)名义处分他人财物的,民法上称为无权代理。一个擅自处分他人财物行为至少包含两方面法律关系:一是行为人与财物原权利人之间的法律关系,二是行为人与相对人之间的法律关系。

在刑法上,这两方面的法律关系中,行为人的行为均具有成立侵犯财产罪的可能。对于原权利人而言,行为人未经原权利人的许可而擅自实施处分行为,并将处分所得的对价据为己有,使原权利人遭受脱离占有、权利消灭等财产损失,侵犯了原权利人的财产权,可能构成侵犯财产罪。在与相对人的法律关系中,行为人往往声称自己具有财物的处分权,如声称自己是财物的权利人或有权代理人,而相对人也通常是基于这一认知给予行为人对价,故行为人的行为可能构成诈骗罪。

在民法上,不同情形的擅自处分他人财物行为造成的法律效果可能是不同的。例如,在无权处分中,原权利人并不必然享有财物的追回权。根据我国《民法典》第三百一十一条的规定,原则上,无处分权人将不动产或者动产转让给受让人的,所有权人有权追回。但符合一定条件的,受让人便可善意取得该不动产或者动产的所有权。在无权代理中，除了可能适用善意取得制度外，原权利人还享有对无权代理行为的追认权。同时，无权代理在特定情况下构成表见代理，起到有权代理的法律效果，即《民法典》第一百七十二条所规定的"相对人有理由相信行为人有代理权的，代理行为有效"。

由于以上刑事犯罪的认定与民事法律关系的认定标准不同，故对擅自处分他人财物行为的刑事认定就面临两个问题。第一，行为人的客观行为与主观心理均相同，但其行为引起的民事法律关系内容不同时，刑事认定结果是否不同？换言之，民事法律关系是否会对刑事认定产生影响？第二，若第一个问题的答案是肯定的，则如何在"刑先于民"的诉讼制度背景下，先于刑事认定而作出民法上的认定，以保障刑事认定的准确性？本文将从这两个问题出发，以善意取得与表见代理对刑事认定的影响为切入点，探讨擅自处分他人财物案件中民事法律关系对刑事认定的影响。

二、善意取得对刑事认定的影响

在行为人与相对人的法律关系中，行为人所实施的行为通常具有诈骗罪部分构成要件要素：行为人具有欺骗行为（声称有处分权），相对人陷入错误认识（相信行为人有处分权）并基于错误认识处分财物（支付对价）。因此，相对人是否受到"财产损失"就成了诈骗罪是否成立的关键判断因素之一。善意取得是否会影响诈骗罪的认定，取决于善意取得是否会对财产损失的判断产生影响。

（一）财产损失的判断方法

1. 个别财产说与整体财产说

刑法理论对于诈骗罪中财产损失的判断大致存在个别财产说和整体财产说两种取向。个别财产说认为，相对人的财产应当个别独立评价，只要相对人受到欺骗而丧失了特定的财产权利，不论其是否取得反对给付，都可评价为具有财产损失。个别财产说有形式与实质之分。形式的个别财产说主张，只要相对人基于欺骗陷入错误认识而处分财产，就属于有财产损失，不论是否有反对给付，或是反对给付是否符合相对人的预期。实质的个别财产说主张，要考虑相对人获得的反对给付是否符合相对人的交易目的等心理预期，若符合的，则不具有实质的法益侵害性，不属于有财产损失。①

整体财产说认为，相对人的财产应当整体评价，只有整体上财产价值减少时，才可能有财产损失。整体财产说有传统与修正之分。传统的整体财产说主张，整体财产价值是否减少完全以相对人行为前后所享有的财产权利的客观经济价值为准，即只要相对人获得的反对给付的经济价值不低于处分的财物的经济价值，就不存在财产损失。而修正的整体财产说主张，在客观经济价值变动之外，还应考量相对人的财产处分目的是否实现等。若这一目的未能实现，或相对人还不得不经受额外的负担进行不利处置时，也可以肯定财产损失的存在。②

显然，形式的个别财产说与传统的整体财产说均较为极端，无法合理判断相对人的财产损失。形式的个别财产说会导致民事欺诈行为与刑事诈骗行为趋于重合，因为所有民事欺诈行为均会使得被欺诈一方遭受形式的个别财产说中的财产损失。虽然从理论上讲，即使被欺诈一方存在财产损失，也可以通过欺诈一方不具有非法占有目的来出罪，但非法占有目的本身便与财产损失之间存在一定联系，故非法占有目的不能成为有效区分二者的途径。传统的整体财产说的问题在于，无法在相对人的交易目的完全落空时得到存在财产损失的合理评价。这一弊端在相对人的对待给付为不能变现的无形商品（如服务）时尤为明显。如相对人

---

① 参见张明楷：《诈骗犯罪论》，法律出版社2021年版，第334—340页。

② 参见纪闻、李创维：《法秩序统一原理下双方给付型诈骗中财产损失的认定》，载《中国检察官》2022年第16期。

受骗后误以为购买某服务后可以获得其他利益，为了获得这一利益而购买服务，导致目的落空时，即使相对人所购买服务的经济价值与付出的财物相当，也难以认为不存在财产损失。

因此，实质的个别财产说与修正的整体财产说由此而生。二者存在相似之处，即都是通过判断相对人的交易目的是否实现来认定财产损失的有无，只不过二者得到的财产损失数额可能不同。在相对人的交易目的未能实现时，实质的个别财产说认为相对人所付出的所有财物均应计入财产损失的价值，而修正的整体财产说认为应将相对人所得到的反对给付的价值予以扣除。[①] 换言之，二者的核心区别仍在财产价值应"个别"计算还是"整体"计算上。

2. 动机优先的修正整体财产说的提倡

不论是从形式到实质的个别财产说，还是从传统到修正的整体财产说，这种演变均体现了财产损失的评价应当在经济价值的基础上加入交易目的判断的理论取向。本文赞同这一理论取向，并认为交易目的应当作为财产损失的首要判断标准。因为诈骗罪所要保护的是诚实守信的交易秩序与相对人的信赖利益，故在交易目的已经完全实现的情况下，就不应再认定相对人具有财产损失。因此，本文支持修正的整体财产说得出的结论，但主张对经济价值与交易目的的判断优先级进行调整，即先判断相对人的交易目的是否实现，再判断相对人的经济价值是否受到减损。

但问题在于，如何认定交易目的已经实现？一般人决定作出某个交易行为，其目的可能是多样的，如有学者就提出交易目的可分为个人目的与社会目的，分别对应个人化的财产损失理论和社会目的落空理论。

[①] 参见付立庆：《财产损失要件在诈骗认定中的功能及其判断》，载《中国法学》2019 年第 4 期。

个人目的还能分为与交易无涉的个人目的和与交易有关的个人目的。[①]笔者认为，在这些目的中，总有一个最核心的居于主要地位的目的，这一核心目的本质上即交易动机。例如，在一般的购买商品活动中，"获得预期的商品"是交易动机；在为了帮助残疾人而购买其出售的使用价值不大的商品时，"向残疾人购买商品"是交易动机；在婚恋关系中应对方提出的结婚条件而赠与对方财物时，"促成婚姻缔结"是交易动机。只要这一交易动机得到了满足，即使其他次要交易目的未能实现，亦应当视为交易目的已经实现。

某些场合下，交易动机可能并不是单一的。例如在为了帮助残疾人而购买其出售的商品的场合，若购买者本身就希望购买此种商品，则其交易动机既包括"获得预期的商品"又包括"向残疾人购买商品"。若此时任一交易动机落空，如该残疾人所售卖的商品与其宣传不符，或其根本不是真正的残疾人，都应视为交易目的未能实现。

交易动机的实现可以直接否定财产损失的存在，进而否定诈骗罪的成立。若交易动机落空的，不能直接认定财产损失的存在，而应进一步判断相对人的财产经济价值有无减损，这也是整体财产说的原则。在上述为了帮助残疾人而购买其出售的商品的场合，若该"残疾人"不是真正的残疾人，但售卖的商品确是购买者所预期的商品时，虽然购买者的交易目的落空，但其财产经济价值没有减损，依然应认定为没有财产损失。

（二）善意取得与财产损失的关系

在善意取得成立的场合，相对人的交易动机完全实现，故不存在财产损失。在无权处分行为中，相对人的错误认识通常存在于财物的所有权归属，以及行为人是否有处分权上，而对于财物本身的属性、价值与使

[①] 参见杜宇、温倩文：《论诈骗罪中财产损失的认定规则及其位阶关系》，载《政治与法律》2020年第9期。

用价值等通常不存在错误认识。因此,相对人与行为人发生交易的动机即取得目标财物的物权。而善意取得一旦成立,相对人便已在法律上取得目标财物的物权,原权利人在法律上也就丧失追回财物的实体权利,故相对人的交易动机已经完全实现。诚然,相对人如果事先知晓行为人并不享有目标财物的处分权,很可能就不会再与行为人进行交易,但这仅表明相对人受到欺骗,而不能作为诈骗罪成立的条件。更何况,相对人若知晓实情则不进行交易的根本原因在于担心无法取得目标财物的物权,而在善意取得成立的场合,相对人已经实际取得了目标财物的所有权,无须担心这种风险的发生,故其交易目的已经完全实现。因此,在善意取得成立的场合,可以直接得出相对人不存在财产损失、行为人的行为不构成诈骗罪(既遂)的结论,无须再判断财产整体经济价值有无减损。

反之,在善意取得不成立的场合,则原权利人仍享有追回财物的实体权利,此时相对人便未能取得目标财物的物权,交易动机也就落空。而从财产整体经济价值看,既然相对人未取得目标财物的物权,则其支付的购买价款也就未取得相应的反对给付,故显然存在财产损失。

总之,在无权处分行为中,善意取得的成立与否会影响对行为人的刑事评价。但这并不意味着善意取得不成立的场合行为人的行为一律构成诈骗罪(既遂),而是仍需判断行为人是否具有非法占有目的等其他要件。

既然善意取得成立与否影响刑事认定的原理在于相对人是否能够取得物权,则由此衍生的一个问题是:在善意取得不成立的场合,若原权利人放弃向相对人追回财物的权利的,或是对行为人的无权处分行为进行追认的,相对人就由未取得物权转变为取得物权,此时对行为人的刑事评价是否应当随之变化?笔者持否定态度。此时虽然相对人的民事权利发生变化,但这一变化并非由行为人的行为造成,且时间在行为人行为终了之后,故这一民事权利的变化不应影响对行为人在先行为的刑事认定。若行为人对相对人本应构成诈骗罪（既遂），即使相对人因原权利人的行为最终取得了财物，也不影响行为人的行为终了当时给相对人造成了财产损失，不能阻却诈骗罪（既遂）的成立，否则便会导致"由财产的所有权人事后是否追认决定事前的行为是否构成犯罪，明显不当"①。

三、表见代理对刑事认定的影响

擅自处分他人财物的行为还可能对原权利人成立侵犯财产类犯罪，具体罪名取决于行为人是否事先占有财物、事先占有财物的方式、是否利用职务便利等。本部分所要讨论的是，在行为人客观行为与主观心理均相同的情况下，其与原权利人之间的民事法律关系是否会影响其行为的刑事认定？

以表见代理为例。我国《民法典》第一百七十二条规定："行为人没有代理权、超越代理权或者代理权终止后，仍然实施代理行为，相对人有理由相信行为人有代理权的，代理行为有效。"因此，表见代理的成立与否，对行为人、原权利人、相对人之间的民事法律关系意义重大，直接决定了行为人的行为造成的原权利人财产损失的性质。而财产损失的性质问题，显然是侵犯财产类犯罪认定时必须考虑的问题。

例如，甲为某汽车销售公司销售人员，职务内容为代表公司与客户签订购车合同、收取购车款、向客户交付车辆等。某日，甲萌生擅自销售公司暂不允许销售的车辆并非法占有购车款的念头，故在以公司名义签订汽车销售合同且收取客户支付的购车款后，未将购车款交给公司，并擅自将车辆向客户交付。由于甲所销售的车辆是公司不允许销售的车辆，故其行为超越代理权限，属于无权代理。但由于甲本身是汽车销售人员，具有代表公司销售车辆的一般权限，而客户可能没有能力准确判

---

① 张明楷：《无权处分与财产犯罪》，载《人民检察》2012年第7期。

一、热点聚焦与理论反思

断甲销售车辆的行为是否在其代理权限内,故甲的行为可能依《民法典》第一百七十二条构成表见代理。

若甲的行为构成表见代理,则不论公司对甲代表公司与客户签订的汽车销售合同持何态度,该合同均有效。客户履行了支付购车款的义务,甲代表公司履行了交付车辆的义务,合同已履行完毕。此时,甲收取购车款的行为是合法的,向客户交付车辆的行为亦是合法的。即使甲取得车辆的行为带有非法性,如窃取或骗取,但公司本就负有向客户交付车辆的合同义务,故甲窃取或骗取车辆并代公司向客户交付的行为具有合同依据,不宜评价为刑法上的犯罪行为。故甲的行为在刑法上应是以非法占有为目的,利用职务行为占有本应归公司所有的财产后,拒不向公司交付的行为,其犯罪对象是购车款,可能构成职务侵占罪。

若甲的行为不构成表见代理,且公司对此不予追认的,则甲代表公司与客户签订的汽车销售合同对公司不发生效力,故公司与客户间未成立任何民事法律关系。此时甲收取的购车款并不为公司所有,甲也无权将公司保有的汽车向客户交付。此时,甲的行为在刑法上是以非法占有为目的,通过非法手段取得公司所有的车辆并擅自出售的行为,其犯罪对象是车辆本身,涉嫌的罪名取决于取得车辆的方式。例如,若甲是通过窃取仓库钥匙的方式取得车辆的,则可能构成盗窃罪;若甲是通过欺骗仓库保管员的方式取得车辆的,则可能构成诈骗罪。

值得注意的是,如何确定以上案件中,影响刑事认定的就是表见代理的成立与否,而不是行为人的客观行为或主观心理?原因在于,在上文列举的两种场合中,行为人的客观行为与主观心理完全可能是一致的:客观行为方面,行为人的行为均可以是通过窃取或骗取等方式取得其本无权取得的车辆,以公司名义与客户签订汽车销售合同,收取客户支付购车款。主观心理方面,行为人的想法也均可以是利用自身销售人员的身份骗取客户的信任,私自出售公司本不允许出售的车辆,并将购车款据为己有——行为人通常不会明确自己究竟是想"职务侵占""盗窃"还是"诈骗"公司财产。换言之，行为人对所销售的车辆及其所转化的财产形式有概括的占有故意，而非具体的某罪名的犯罪故意。

总之，表见代理的成立与否确能影响对无权代理行为人的刑事评价。与善意取得的衍生问题类似，若被代理人事后对无权代理行为进行追认的，也不影响行为人在先行为的认定。

四、"先民后刑"认定的合理性与可行性

（一）法秩序统一原理下"先民后刑"认定的合理性

综上所述，在擅自处分他人财物案件中，相对人是否善意取得财物、行为人的代理行为是否构成表见代理等民法上的认定结果，确能影响到对行为人的刑事评价。因此，在此类案件的认定上，应当首先进行民事法律关系的认定，才能得到正确的刑事认定结果，也即"先民后刑"。

这种"先民后刑"的认定顺序亦符合法秩序统一原理。法秩序统一原理源于德国的法秩序统一性，是指同一法律体系下不同法律部门不应作出相互矛盾、冲突的解释。[1] 法秩序统一原理不代表刑法从属于其他法律，但在限定处罚的意义上有其存在价值，即在其他部门法上合法的行为不应当作为刑法处罚的对象。[2] 尤其是在财产型犯罪中，刑法规定财产型犯罪的本质是巩固民事上的财产分配制度。刑法在财产损失乃至财产型犯罪的解释与适用上，不应该也不可能完全与民法脱离，而必须受民事法律一定程度的约束。[3] 例如在诈骗罪中，若相对人在民法上不存在财

---

[1] 参见陈禹橦：《刑事违法性判断必须遵循法秩序统一性原理》，载《检察日报》2023年2月8日，理论版。

[2] 参见周光权：《论刑法所固有的违法性》，载《政法论坛》2021年第5期。

[3] 参见杨志琼：《权利外观责任与诈骗犯罪——对二维码案、租车骗保案、冒领存款案的刑民解读》，载《政法论坛》2017年第6期。

产损失，则刑法上亦不宜认定为存在财产损失。①

值得注意的是，民事法律行为的有效性与民事合法性并非等同概念。擅自处分他人财物虽然可以达到善意取得、表见代理等"有效"的结果，但并不"合法"，只是由于民法基于交易秩序作出了更恰当的权利义务分配而已。因此，善意取得与表见代理的成立不能直接否定犯罪的成立，而是仅起到区分既遂与未遂或是选择罪名的作用。

有观点认为，民事法律关系与刑事法律关系应当独立评价，刑事犯罪的成立就应当根据犯罪论的原理判断，只要行为符合刑法上的构成要件就应当成立犯罪，不受民法上的立法规定与司法认定影响。②笔者认同这一观点的民刑独立评价的原理，但问题在于，在上文讨论的擅自处分他人财物案件中，民事法律关系对刑事认定产生影响的原因并非刑事评价不独立，而是民事法律关系影响到了刑事犯罪的构成要件，从而影响到了刑事认定。换言之，此时刑事认定的不同，归根结底是由于行为的构成要件符合性不同，而不是单纯因民事法律关系不同。因此，在擅自处分他人财物案件中，民事法律关系对刑事认定产生影响并不违背民刑各自独立认定的原则。

（二）"刑先于民"司法制度下"先民后刑"认定的途径

"先民后刑"的认定顺序可能会与我国"刑先于民"的司法制度相矛盾。所谓"刑先于民"，即在我国司法制度下，针对同一事实或关联事实的刑事诉讼的优先级往往高于民事诉讼。我国法律规定，法院审理刑民交叉案件主要有刑事程序吸收民事程序、"刑民并行"和"先刑后民"三种审理方式。刑事案件与民事案件涉及"同一事实"的，原则上应通过刑事诉讼方式解决，刑事程序吸收民事程序；不属"同一事实"

---

① 参见纪闻、李创维：《法秩序统一原理下双方给付型诈骗中财产损失的认定》，载《中国检察官》2022年第16期。

② 参见张明楷：《无权处分与财产犯罪》，载《人民检察》2012年第7期。

的，刑事和民事案件分别审理，"刑民并行"；在"刑民并行"的案件中，如民事案件必须以相关刑事案件的审理结果为依据，民事案件中止审理，"先刑后民"。[①]

可见，我国诉讼制度中仅存在民事案件以刑事案件的审理结果为依据的处理方式，而无刑事案件以民事案件的审理结果为依据的处理方式，这就导致"先民后刑"的认定顺序无法在制度上得到有力支撑。而刑事案件中的审判人员往往无法对民事实体问题作出准确认定，就会使得某些需要先行民事评价的刑事案件裁判结果有失精准。

基于此，在诉讼制度不变的情况下，人民法院可通过审判委员会工作机制，实现刑事案件中的先行民事认定。2019年印发的《最高人民法院关于健全完善人民法院审判委员会工作机制的意见》第六条规定，审判委员会会议分为全体会议和专业委员会会议；第九条规定，可以提交审判委员会讨论决定的案件类型包含了"其他需要提交审判委员会讨论决定的案件"这一兜底案件类型。因此，人民法院可以在本院或辖区内法院中建立需要先行民事认定的刑事案件提交审判委员会全体会议讨论决定的内部机制，集中人民法院内部民事审判与刑事审判力量，对此类刑事案件作出最公正的裁判。例如，在刑事案件裁判过程中，审判人员发现案件审理决定需要以民事权利义务的认定为前提的，应当提交审判委员会全体会议讨论；会议上，所有参会的从事民事审判工作的委员应当就该民事权利义务的认定进行合议并按多数得出民事认定结论，并作为刑事案件的裁判依据。会议后，若相关民事案件由本院立案审理的，则原则上依照会议上的民事认定结论审理。

---

① 参见刘贵祥：《关于金融民商事审判工作中的理念、机制和法律适用问题》，载《法律适用》2023年第1期。

羁押必要性审查制度的检视与反思

羁押必要性审查是《刑事诉讼法》2012年修改后设立的一项践行无罪推定与人权保障的新制度，这一制度的设立对逮捕和羁押二者适当分离进行了有益的探索和尝试，旨在强化人民检察院对逮捕活动执行的监督，体现了我国刑事诉讼法越来越重视人权保障。司法实践中，审前羁押已是常态，这种现象与我国现行羁押必要性审查制度的结构设置及其实务操作模式密切相关。2021年最高人民检察院在工作报告中着重提出"慎押"理念。[①]2023年11月30日，《人民检察院、公安机关羁押必要性审查、评估工作规定》出台，更是规定了检察机关可以依职权或根据看守所建议启动羁押必要性审查程序，吸收了全国检察机关羁押必要性审查专项活动的经验做法，并特别规定社会调查、量化评估、对未成年犯罪嫌疑人、被告人的心理测评等可以作为审查判断是否有继续羁押必要性的参考。可见，要降低审前羁押率，就必须正视这一制度的工作质效，准确适用羁押措施，该放的放、该捕的捕，防止逮捕绑架起诉和审判。

---

① 参见《最高人民检察院工作报告——2021年3月8日在第十三届全国人民代表大会第四次会议上》，载最高人民法院网，https://www.spp.gov.cn/spp/gzbg/202103/t20210315_512731.shtml，2024年11月7日访问。

一、羁押必要性审查的功能定位：羁押必要性审查制度兼具"司法审查""检察监督"与"权利救济"三重功能

（一）司法审查功能

一方面，"逮捕必要性"与"羁押必要性"二者之间具有一定的前后延续关系，从文义解释的角度来看，羁押必要性审查可以解释为捕后对逮捕必要性要件的再次审查。通过羁押必要性审查，可以准确把握犯罪嫌疑人的社会危险性和羁押必要性，以防滥用羁押权力，避免对无羁押必要的人进行不当羁押，从而保护犯罪嫌疑人或被告人的合法权益。另一方面，羁押必要性审查也可以理解为是基于检察机关针对逮捕制度行使"检察监督权"而产生的制度，但羁押必要性审查制度形成之后，就成为一项区别于逮捕审查制度、变更强制措施审查制度的具有独立性质的制度，其既包括程序性的审查裁定，也包括实体性的审查裁定，因此，将其定位为"司法审查权"也是这一制度的应有之义。

（二）检察监督功能

检察机关既是司法机关，也是法律监督机关，对侦查、起诉、审判的刑事诉讼活动全过程实施监督。羁押必要性审查，即指对被逮捕后的犯罪嫌疑人、被告人的羁押状态进行持续跟踪，随着犯罪嫌疑人、被告人情形变化而建议继续羁押或不予羁押的监督活动。虽然《刑事诉讼法》规定检察机关的羁押必要性审查权为"建议权"，办案单位对审查建议有最终的"决定权"，检察机关对于羁押必要性的审查结果是以检察建议的形式作出的，但对执行机关而言依然具有"实体处分"的效力，公安机关应在收到检察建议后予以调查核实，不采纳检察建议的则需要说明理由。

（三）权利救济功能

追诉犯罪与保障人权是现代法治国家构建司法体系的两个关键基

石,羁押是一种严厉约束犯罪嫌疑人、被告人人身自由的强制措施,羁押必要性审查就是国家为加强对犯罪嫌疑人、被告人的保护而创设的制度。一来,羁押必要性审查制度是无罪推定原则的延伸,无罪推定原则是我国刑事诉讼法的基本原则之一,它要求在未经法院依法判决之前,任何人不得认定被追诉人有罪。通过对羁押的必要性进行审查,确保只有当其存在重大犯罪嫌疑,且不采取羁押措施将给社会带来危害时,才进行羁押,这有助于减少冤假错案的发生,进一步保障被追诉人的人权。二来,羁押必要性审查将检察机关的逮捕权限延伸至捕后阶段,同时确立依申请启动和依职权启动两种启动方式,改变了以往羁押决定"一次性"的问题,符合强制措施可变性这一天然属性。检察机关在获得捕后审查权后,能够及时地针对捕后被羁押人的状态变化作出反应,是坚持严格规范公正文明执法的具体举措,在一定程度上实现了惩罚犯罪与保障人权的有机统一。

二、羁押必要性审查新规的出台背景及进步之处

自羁押必要性审查制度设立以来,其运行模式历经三次变化。2012年《刑事诉讼法》填补了逮捕后至判决前对犯罪嫌疑人、被告人进行羁押必要性审查的制度漏洞,是防止错误逮捕、超期羁押和不必要关押的重要举措。2016年最高人民检察院出台《人民检察院办理羁押必要性审查案件规定(试行)》(现已失效)以及《最高人民检察院刑事执行检察厅关于贯彻执行〈人民检察院办理羁押必要性审查案件规定(试行)〉的指导意见》,对羁押必要性审查的程序、主体、标准等内容作了进一步修改和细化。之后随着"捕诉一体化"办案机制的推进,2019年《人民检察院刑事诉讼规则》(以下简称《高检规则》)再次对羁押必要性审查制度进行修改,尤其是将审查主体由刑事执行检察部门统一改为捕诉部门,重新引发了审查主体的中立性、审查标准的明确性以及制度功

能定位等理论争议。

2023年11月30日，最高人民检察院、公安部联合印发《人民检察院、公安机关羁押必要性审查、评估工作规定》（以下简称《规定》），不但在审查主体、程序启动、审查内容等方面新增了诸多条款，如"人民检察院对审查起诉阶段未经羁押必要性审查、可能判处三年有期徒刑以下刑罚的在押犯罪嫌疑人，在提起公诉前应当依职权开展一次羁押必要性审查"，满足八种法定情形之一的"应当立即开展羁押必要性审查"，无须申请，增加"看守所提请"条款；同时较为详细地阐述了羁押必要性审查的评估内容，如检察机关需了解犯罪嫌疑人的谅解、赔偿情况，考虑犯罪嫌疑人在押期间的表现，是贯彻落实少捕慎诉慎押刑事司法政策，准确把握犯罪嫌疑人的社会危险性和羁押必要性，准确适用羁押措施的进步之举。

关于《规定》的出台背景，有几组数据足以说明其必要性和重要意义。

第一组数据是我国刑事案件诉前羁押率、不捕率等的变化情况。自2021年"少捕慎诉慎押"这一办案理念被正式确定为刑事司法政策以来，诉前羁押率从2018年54.9%降至2022年26.7%，为有司法统计以来最低；不捕率从22.1%升至43.4%，不诉率从7.7%升至26.3%，均为有司法统计以来最高。同时，2022年公安机关对不捕不诉提出复议复核、当事人提出申诉比2018年分别下降63.2%和25%。[①] 不捕率、不诉率不是越高越好，诉前羁押率也不是越低越好，关键是要严格依法办案。《规定》的出台，就是要继续健全逮捕工作机制，做到"该放的放、该捕的捕"，科学把握羁押必要性审查标准，尽最大可能保障犯罪嫌疑人的基本人权。

---

① 参见《最高人民检察院工作报告——2023年3月7日在第十四届全国人民代表大会第一次会议上》，载最高人民检察院网，https://www.spp.gov.cn/spp/gzbg/202303/t20230317_608767.shtml，2024年12月2日访问。

第二组数据是刑事立法中法定犯数量占绝对比重。《刑法修正案（十一）》施行之后，我国刑法罪名中法定犯的罪名比例已经占到80%左右[1]，刑事立法中法定犯扩张的整体趋势，是少捕慎诉慎押刑事司法政策的社会背景。而法定犯相较于传统的自然犯而言，法益侵害程度和犯罪嫌疑人、被告人的责任程度均较低，相应地，羁押候审的必要性也大大降低。

三、羁押必要性审查的现实困境

（一）羁押必要性审查标准与逮捕审查标准、变更强制措施审查标准界限模糊、要件重合

前文提到，羁押必要性审查具有"司法审查"的属性，可以理解为逮捕后对逮捕必要性要件的再次审查，那其必然要与"逮捕必要性"的标准有所区别，如果二者相差无几，则该项制度的监督属性便难以发挥应有的效用。然而《规定》新公布的十六种可以建议或决定释放或变更强制措施的情形，与《高检规则》第一百四十条规定的不予批准逮捕的情形三分之二存在重合，仅新增患有严重疾病、生活不能自理，怀孕或者正在哺乳自己婴儿的妇女，未成年人或生活不能自理的人的唯一扶养人，可能被判处一年以下有期徒刑，可能被宣告缓刑五种情形，且上述新增情形，在《高检规则》第五百八十条变更强制措施审查中已有所规定。但是，羁押必要性审查标准不应是逮捕审查和变更强制措施审查标准的简单叠加，三个审查制度设置的出发点不同，尤其是逮捕审查与羁押必要性审查的制度功能方向相异，前者是为了保障诉讼的顺利进行而对逮捕必要性的考察，后者是为了保障刑事司法人身权利而对捕后不必

---

[1] 参见《〈人民检察院羁押听证办法〉出台背后的故事……》，载百家号"最高人民检察院"，https://baijiahao.baidu.com/s?id=1721641450966687851&wfr=spider&for=pc，2025年4月24日访问。

羁押情形的考察。若三者标准高度重合，审查主体同一，难免导致羁押必要性审查制度最终流于形式，羁押必要性审查制度的独立性、有效性和公正性也难以体现。

（二）社会危险性难以把握，相关量化标准不足

降低逮捕率和审前羁押率不能只靠后置程序的监督，审查逮捕作为羁押必要性审查的前置程序，其运作的准确性、适当性也在一定程度上决定了少捕慎押改革目标的落地。从刑事诉讼法的现有规定来看，现行审查批准逮捕制度的运作是围绕"社会危险性"展开的，那么，如何判断和把握"采取取保候审尚不足以防止发生社会危险性"，是实践中的"疑难杂症"。

《高检规则》对"社会危险性"的表现列举了五种情形，可以分为"妨碍诉讼顺利进行"和"继续危害社会"两种类型。有观点认为，"社会危险性"的判断重点是"危险"，应当根据罪名危险性、涉案情节轻重、法定刑高低、犯罪嫌疑人认错悔错态度等作出综合判断。反对观点指出，上述观点对危险性的认定有扩大解释之嫌，应当对"危险"予以限缩解释，仅需证明犯罪嫌疑人可能实施危害社会、他人的行为以及妨碍刑事诉讼工作正常进行即可。

笔者认为，所谓个案情况，不过是用于证明社会危险性这一事实是否存在的证据。对社会危险性的判断，不仅需要具体化、个案化，还必须有证据予以证明。例如，企图自杀、逃跑或在逃的，可能毁灭、伪造证据的，干扰证人作证或者串供的，可能对被害人、举报人、控告人实施打击报复的等，不能仅仅停留在主观判断层面，而必须基于客观的证据材料。正如《高检规则》第一百三十五条规定的那样，人民检察院审查认定犯罪嫌疑人是否具有社会危险性，应当以公安机关移送的社会危险性相关证据为依据，并结合案件具体情况综合认定。必要时，可以通过讯问犯罪嫌疑人、询问证人等诉讼参与人、听取辩护律师意见等方

式，核实相关证据。依据在案证据不能认定犯罪嫌疑人符合逮捕社会危险性条件的，人民检察院可以要求公安机关补充相关证据，公安机关没有补充移送的，应当作出不批准逮捕的决定。刑事诉讼是一个动态变化的过程，对社会危险性的预判、推定并非一成不变，应当允许当事人及其辩护人提出证据予以反驳。

四、羁押必要性审查的司法完善路径

（一）建立科学的社会危险性量化评估机制

由于社会危险性是对未来风险的预判且现有评判标准较为有限，实务中检察机关在面对主观性较强的社会危险性条件时往往难以作出准确的决定。针对这一问题，可以学习绍兴市人民检察院的做法——"定量"加"变量"打造羁押必要性审查"智能利器"。[①]

绍兴市人民检察院的羁押必要性审查智能辅助系统主要依据"相对固定要素"和"相对可变要素"对犯罪对象进行筛查，目的是让司法机关将有限的精力放在被系统筛选出来的重点对象上。"相对固定要素"是"定量"，一般针对具有高度逮捕必要性的犯罪嫌疑人，如可能判处十年以上有期徒刑或者不符合缓刑条件的犯罪嫌疑人、累犯、再犯等，将上述案件自动过滤后检察官则可集中精力分析"相对可变因素"，把轻罪法定犯、初犯、偶犯、未成年人、老年人等在押人员作为重点关注对象。而对于是否认罪认罚、退赃退赔、取得被害人谅解等因素，可赋予相对应的分值，根据各类要素相加总分的不同，将社会危险性分为低、中、高三个层次，每个层次都对应一个分数段，若分数达到高风险层次，则对犯罪嫌疑人继续羁押；对于分数在中风险层次的犯罪嫌疑人，要通过持续跟踪的动态审查决定何时变更强制措施较为适宜；对于

[①] 参见《"定量"加"变量" 打造羁押必要性审查"智能利器"》，载微信公众号"绍兴检察"2019年6月24日，2024年12月2日访问。

低风险层次的犯罪嫌疑人，建议变更羁押或者释放。这种做法不仅有益于社会危险性评估标准的统一适用，也助推了羁押必要性审查工作向规范、便捷、高效转变。

（二）促进犯罪嫌疑人权利救济实质化

羁押必要性审查本质上是对不当羁押的一种纠错，该项制度的设计初衷，就是在犯罪嫌疑人人身自由受到限制时，给予其通过申请实现强制措施变更的诉讼权利，从这点来看，羁押必要性审查制度本质上就具有救济属性，需要行权一方积极参与。故实践中检察机关应当向犯罪嫌疑人落实释法义务，做到"诉讼权利事前告知、羁押结果全程说理"，确保在押人员知其然也知其所以然。当在押人员对审查结果有异议时，应当允许其拥有同级复议、上级复核的救济权，或者申请检察听证的权利。

（三）尊重和保障审前辩护权的有效行使

首先，侦查机关在提请逮捕时应当告知犯罪嫌疑人及其辩护人提请逮捕的事实和理由，并允许其在一定期限内向检察机关提交有助于证明被追诉人社会危险性小的证据。其次，检察机关应当保障辩护人对于羁押审查结果的知情权、建议权以及辩护权。捕诉部门工作人员应当向辩护人列明继续羁押的事实依据和法律依据并充分释明理由，必要时可以就辩护人提出疑问之处作出具体答复，对相关事项说明理由、阐明规范，进一步听取辩护人意见并作出详细记录。同时告知辩护人在押人员享有的救济途径，对于不采纳也不回复说明理由的情形，应当建立刚性的后续监督制度，纠正违法，切实维护被羁押人的合法权益。

以法之名，共同守护"少年的你"

河北邯郸三名初中生杀人埋尸案[①]的曝光，再次将刑事责任年龄制度推上了舆论的风口浪尖，这一案件不仅刺痛了社会公众的神经，也引发了关于法律如何更好地平衡未成年人保护与社会公平正义的深入讨论。我们不得不重新审视《刑法修正案（十一）》作为少年司法制度的重要组成部分，其对刑事责任年龄的调整是否真正满足了公众对于严惩犯罪的期待和对于朴素正义观的坚持，《刑法修正案（十一）》是在倾听群众呼声基础上所作出的理性回应，体现了法律对于维护社会秩序和公民安全的坚定决心。然而，尽管如此，当面对未满12周岁的"犯罪人"时，法律似乎又陷入了困境。2024年3月1日，最高人民检察院有关负责人在新闻发布会上表示，对于实施严重犯罪、性质恶劣、不思悔改的未成年人，依法惩治、该严则严。[②]预防犯罪，必须有刑事处罚作为震慑的手段。如何实现个人法益与社会法益的双向保护，这一问题不仅需要我们更加理性地认识刑事责任年龄制度，还需要探讨更为合理和有效的法律制度来应对未成年人犯罪问题。

[①] 参见《官方通报河北邯郸初一学生被杀案：嫌疑人被全部抓获！》，载百家号"光明网"2024年3月18日，https://baijiahao.baidu.com/s?id=1793822816727937429&wfr=spider&for=pc，2025年4月23日访问。

[②] 参见《严惩"隔空猥亵"、制发"督促监护令"、分级干预矫治，这场新闻发布会关键词是"守护"》，载最高人民检察院网，https://www.spp.gov.cn/spp/zdgz/202403/t20240301_646861.shtml，2024年11月8日访问。

一、河北邯郸三名初中生杀人埋尸案引发了哪些刑法思考

（一）刑事责任能力是否有必要与刑事责任年龄挂钩

1. 根据现有刑法规定，刑事责任年龄是不可或缺的非难可能性要素，是犯罪成立要件

刑事责任年龄作为一种犯罪年龄，代表任何达到该年龄的行为人实施了刑法所禁止的行为，都成立犯罪，任何没有精神疾病的成年人，都应当对其犯罪行为承担责任（不可反证）。刑法规定责任年龄的意义，就在于实现刑事责任能力从无到有的过渡。与此相对应，责任能力也是一种犯罪能力。根据"行为与责任同时存在原则"，行为人只对其在具有责任能力状态下的所作所为及其结果承担责任，而责任能力本质上是一种基于认识和控制能力的意志自由能力。《刑法》第十七条规定，不满十八周岁的人应当从轻或者减轻处罚，而未成年人不负刑事责任或者减轻责任的逻辑基础，便是以"心理、精神、智力成熟度"所代表的责任意义为核心的，未达责任年龄的未成年人是否能辨别和理解行为的反社会责任后果，是否缺乏是非对错的辨认能力或控制能力，是其是否具有责任能力的内在逻辑。从责任在犯罪构成中的地位以及责任能力的意义层面来看，如果将刑事责任的年龄规定得太低或根本没有年龄限度的下限，那么责任这一概念将会失去意义。

2. 降低刑事责任年龄不能满足舆论诉求与刑法供给的偏差

近年来，从全国总体情况看，未成年人犯罪仍呈上升趋势。最高人民检察院2024年5月发布的《未成年人检察工作白皮书（2023）》显示，2023年全国检察机关共批准逮捕侵害未成年人犯罪53286人，提起公诉67103人，同比分别上升35.3%、14.9%。其中，起诉未成年犯罪嫌疑人侵害未成年人16972人，同比上升24.9%，占侵害未成年人犯罪的25.3%。办理低龄未成年人犯罪人数亦呈上升趋势，2023年全国检察机关

一、热点聚焦与理论反思

受理审查起诉 14 周岁至 16 周岁的未成年犯罪嫌疑人 10063 人，同比上升 15.5%（见图 1、图 2）。[①] 越来越高发的未成年人恶性刑事案件再次将刑事责任年龄制度推上了风口浪尖。

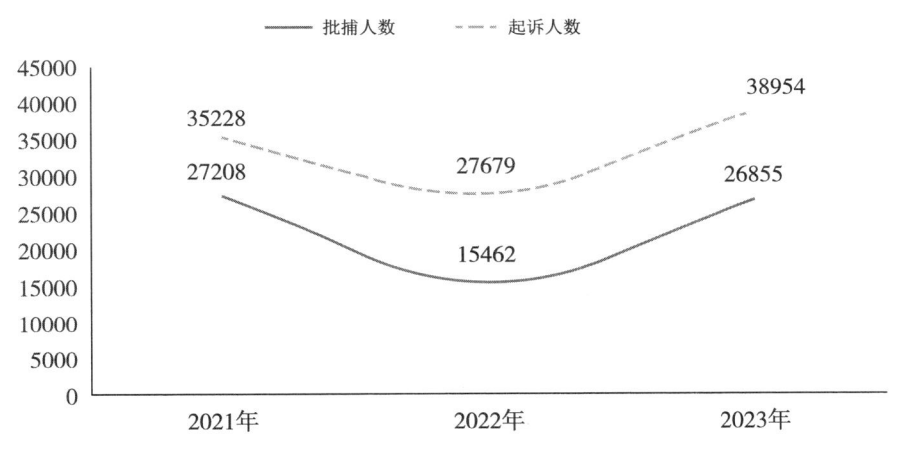

图 1　2021—2023 年批捕、起诉未成年人犯罪情况

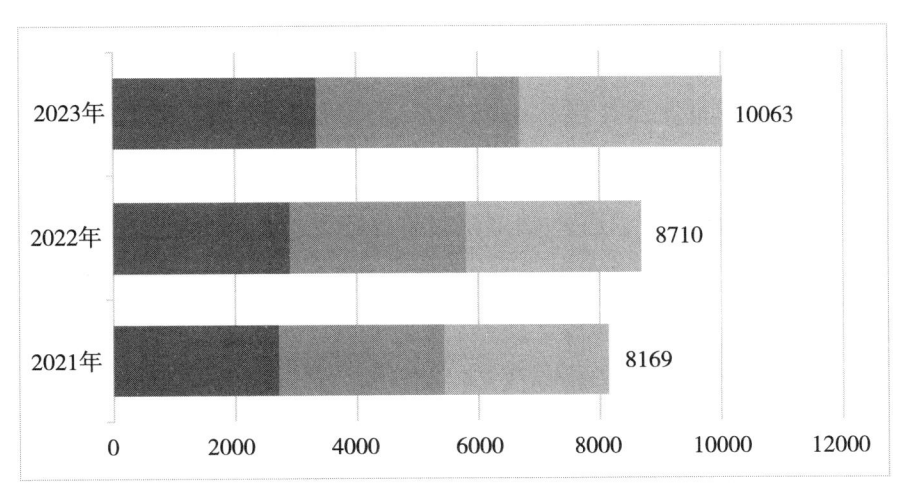

图 2　2021—2023 年受理审查起诉 14—16 周岁未成年犯罪嫌疑人情况

虽然《刑法修正案（十一）》将最低刑事责任年龄由 14 周岁降至

[①] 参见《最高检发布〈未成年人检察工作白皮书（2023）〉》，载最高人民检察院网，https://www.spp.gov.cn/xwfbh/wsfbh/202405/t20240531_655854.shtml，2025 年 5 月 18 日访问。

12周岁，但是这种下调并非一种整体性下调，而是针对已满12周岁不满14周岁的人实施故意杀人、故意伤害致人死亡或者以特别残忍手段致人重伤造成严重残疾的行为，经过特定的程序予以追究刑事责任的个别调整。那么，中国社会到底需要一个怎样的刑事责任年龄体系，才能回应民众朴素的正义观，面对不可能完全杜绝的低龄未成年人犯罪，最低刑事责任年龄又将如何平衡舆论诉求与刑法供给的偏差呢？必须承认，法定责任年龄的划定是基于多重因素考量的结果，包括但不限于未成年人的身心发育状况、文化教育程度、国家经济发展水平，很难以某一具体的年龄节点作为判断行为人是否具有辨认、控制自己行为能力的标志，但是对于故意杀人、故意伤害这种传统重罪，当下12周岁至14周岁未成年人的辨认和控制能力并不存在明显短板，被害人比未成年加害人更值得保护。从刑罚论的视角看，刑法对于刑事责任年龄的修正符合未成年人司法的刑罚目的需求、刑罚适应能力以及刑罚必要性。未成年人犯罪立法和司法最大的困境和难点不是降低刑事责任年龄，而是如何激活《预防未成年人犯罪法》等前置法的配套适用，以适应惩治、预防低龄未成年人犯罪的现实需要。

（二）低龄未成年人犯罪核准追诉程序的定位

《刑法》第十七条第三款的修改，不仅对12周岁至14周岁未成年人犯罪的罪名和行为类型进行了严格限制，还对犯罪结果有程度要求，追究刑事责任时更是附加了核准追诉这一程序性条件，那么，应当如何理解最高人民检察院的核准追诉权呢？一种观点认为，"核准追诉权"实质上是先议权，即对低龄未成年人案件进行先行判断，决定案件应进入刑事追诉程序还是非刑罚干预程序；[①] 也有观点认为，"核准"是对"行使公诉权"的核准，不是"入罪"的核准，仅指未经核准不得启动和进

---

① 参见戴丽：《低龄未成年人案件核准追诉问题研究》，载《预防青少年犯罪研究》2022年第2期，第42页。

入审判程序。[1]笔者更赞同后一种观点,如果将"核准追诉权"理解为进入刑事程序的决定权,一方面会剥夺公安机关的立案侦查权,不利于公安机关及时查清犯罪事实,另一方面还会产生最高人民检察院核准前公安机关无法对低龄未成年犯罪嫌疑人采取强制措施先行羁押的问题。河北邯郸三名初中生杀人埋尸案中公安机关已将三名犯罪嫌疑人刑事拘留,也反映了最高人民检察院作出核准追诉决定前,不影响低龄未成年人进入刑事追诉程序。如果最高人民检察院经过审查没有核准追诉,公安机关会撤销案件,依据《预防未成年人犯罪法》会同教育行政部门将未成年人送到专门学校,设置专门场所,实施专门矫治教育。

二、我国未成年人犯罪行为的法律规制现状

针对未成年人犯罪,我国形成了《未成年人保护法》《预防未成年人犯罪法》《刑法》《刑事诉讼法》层层递进的规制模式。

《未成年人保护法》作为未成年人保护的专门立法,主要从政府保护、家庭保护、学校保护、社会保护、司法保护、网络保护六个方面贯彻落实"教育为主,惩罚为辅"的方针,明确规定了对未成年犯罪人从轻或减轻处罚、严加管教以及专门矫治教育等措施。2020年修订后首次将"最有利于未成年人的原则"作为处理未成年人事项的基本原则纳入立法,将维护儿童身心健康、发展利益作为未成年人司法处理的主要目标。[2]

---

[1] 参见周子简、郎振羽:《核准追诉低龄未成年人犯罪若干问题探究》,载《青少年犯罪问题》2022年第3期,第122页。

[2] 《未成年人保护法》第四条规定:"保护未成年人,应当坚持最有利于未成年人的原则。处理涉及未成年人事项,应当符合下列要求:(一)给予未成年人特殊、优先保护;(二)尊重未成年人人格尊严;(三)保护未成年人隐私权和个人信息;(四)适应未成年人身心健康发展的规律和特点;(五)听取未成年人的意见;(六)保护与教育相结合。"

而《预防未成年人犯罪法》的亮点在于根据未成年人越轨行为程度的不同,将其罪错行为划分为不良行为、严重不良行为和犯罪行为三个层次,并针对不同行为设置分级干预处置模式。2020年《预防未成年人犯罪法》修订时,将"严重不良行为"定义为未成年人实施的有刑法规定、因不满法定刑事责任年龄不予刑事处罚的行为以及严重危害社会的行为,并规定了九种矫治措施。但由于行为具有严重社会危害性是构成犯罪的必要条件,这一划分标准并未很好地将严重不良行为与触刑行为区分开来,造成了对罪错未成年人的一般处分措施与刑事司法措施在适用上产生交叉重叠的困境。

此外,《刑法》《刑事诉讼法》《治安管理处罚法》《社区矫正法》《监狱法》等法律也是未成年人犯罪司法处理体系的重要组成部分。《刑法修正案(十一)》对《刑法》第十七条的修改开启了刑事责任年龄的新纪元,规定"已满十二周岁不满十四周岁的人,犯故意杀人、故意伤害罪,致人死亡或者以特别残忍手段致人重伤造成严重残疾,情节恶劣,经最高人民检察院核准追诉的,应当负刑事责任",且与《预防未成年人犯罪法》相衔接,规定对因不满16周岁不予刑事处罚的未成年人,责令其父母或者其他监护人加以管教,在必要的时候,依法进行专门矫治教育。《刑事诉讼法》规定了附条件不起诉、合适成年人到场、社会调查、犯罪记录封存等多项适用于未成年人犯罪的诉讼制度;《社区矫正法》《监狱法》也针对涉罪未成年人判处缓刑和执行监禁刑等情况予以了法律规制;同时,未成年人犯罪也可以适用认罪认罚从宽制度,只要其真诚悔罪,同样享有受到实体与程序上优待处理的权利,所谓"宽容但不纵容"就是践行对未成年人特殊保护的司法理念。

三、低龄未成年人犯罪的刑事追诉优化路向

（一）优化理念

1. 与积极刑法观理念相协调：强化低龄未成年人严重暴力案件中法益的前置性保护

从基本立场看，风险刑法理论侧重安全（秩序）而非自由，侧重行为无价值而非结果无价值；从具体主张看，风险刑法理论试图通过刑事立法和刑事司法层面的扩张来控制风险，更早、更周延地保护法益，进而实现刑罚积极的一般预防目的。目前我国刑法所规定的刑事责任年龄制度导致部分罪行恶劣的未成年人在具备相应认识和控制能力的情况下，因生理年龄阻却刑事制裁，背离了刑法维护社会秩序和保护法益的功能。因此，将低龄未成年人严重暴力案件纳入刑事体系，使有必要受到刑罚处罚的罪错未成年人受到相应的刑事处罚，将对预防未成年人犯罪起到积极作用。

2. 与刑法谦抑性原则相吻合：考虑未成年人犯罪适用刑事处罚的需罚性

刑法的谦抑性对刑法应当以何种姿态参与法律体系和介入社会治理提出了要求，其应当固守最后法和保障法的角色，为前置法留出充足的适用空间，既不得超越前置法优先适用，也不得在法益或者法律秩序已得到保障的情况下赘余适用。刑罚的适用应当以预防必要性和比例原则为基础，在应罚性之外关注过错未成年人的行为是否具有作为犯罪处理之必要。未成年人由于心智尚未成熟，往往缺乏完全的行为能力，因此我们不能忽视未成年人的特殊性和法律的复杂性，在对待未成年犯罪人时，《未成年人保护法》《预防未成年人犯罪法》等前置法的作用尤为重要，刑法需要更加审慎和细致，充分考虑未成年人的年龄、心理、社会背景等因素，确保刑罚的适度性和教育性。

（二）优化路径

1. 完善罪错未成年人分级处遇制度

细化分级标准：在《预防未成年人犯罪法》的基础上，将未成年人罪错行为细分为不良行为、严重不良行为、触刑行为和犯罪行为[1]，并在此基础上，根据社会危害性程度将犯罪行为区分为轻微犯罪行为和严重犯罪行为。罪错未成年人分级处遇体系的构建，关键在于根据未成年人的罪错性质、情节、年龄、心理状况等因素，制定更为细致的分级标准，使得矫治措施更具可操作性，发挥司法处遇措施分流的作用，避免未成年人严重不良行为与触刑行为出现杂糅，出现难以对实施了刑法规定的禁止行为却因不满法定刑事责任年龄不予刑事处罚的未成年人进行针对性矫正的问题。

强化教育矫治：针对不同级别的罪错未成年人，采取不同的教育矫治措施。对于罪错程度较轻的未成年人，可以通过家庭教育、社区服务等方式进行矫治；对于罪错程度较重的未成年人，则需要通过专门学校、矫治机构等进行更为系统的教育和矫治。

加强心理干预：针对未成年人的心理问题，提供专业的心理咨询和干预服务。这有助于帮助他们认识自己的错误，树立正确的人生观和价值观，从而更好地回归社会。

完善社会保障：为罪错未成年人提供必要的社会保障，包括教育、就业、医疗等方面的支持。这有助于减轻他们的生活压力，降低再次犯罪的风险。

---

[1] 犯罪行为是指具有刑事责任的人实施了侵犯刑法分则中所保护的法益的行为，即具有社会危害性、刑事违法性、应受惩罚性的行为。而触刑行为则是指那些与刑法规定有关，但尚未构成犯罪的行为。从法律后果来看，犯罪行为会受到刑罚的制裁，而触刑行为则可能只会受到警告、罚款等轻微的处罚，或者根本不需要受到法律制裁，这取决于行为的性质、情节和法律规定。

加强监督评估：对罪错未成年人的处遇过程进行严格的监督和评估，确保各项措施的有效性和合规性。同时，建立反馈机制，及时收集和处理未成年人的意见和建议，不断完善和优化制度。

此外，还需要注重预防工作，通过加强法治宣传教育、提高家长监护意识等方式，减少未成年人犯罪和不良行为的发生。同时，借鉴其他国家和地区的成功经验，共同推动罪错未成年人分级处遇制度的完善和发展。

2. 探索保护处分制度，构建以教育矫治为核心的保护处分及刑事处分措施

保护处分制度源于国家亲权思想和保安处分论。国家亲权思想强调对罪错未成年人的保护和福利，主张在对他们的处置措施上给予"家庭般的照顾"，以矫正措施代替刑罚。保安处分论则是指以特殊预防为目的，通过知识教育、心理辅导、职业技能培养、社会适应等方式，对符合特定条件的未成年人进行矫正、感化、治疗，预防其犯罪的特殊措施。与传统的刑罚形式相比，保护处分制度的核心在于教育矫治，其更加注重对犯罪者的心理、道德和知识的全面培养，试图从根本上减少犯罪的发生。它强调个性化、长期性和多元化，针对每个犯罪者的个体情况进行精准分析和针对性的改造。构建以教育矫治为核心的保护处分及刑事处分措施是一个系统工程，需要从多个维度进行综合考虑。

一是明确教育矫治的目标和原则，严惩未成年人罪犯并非治本之策，要真正预防未成年人犯罪，还需要从教育的各个环节入手，家庭、学校、社会都应该加强对未成年人的教育和引导，帮助他们树立正确的价值观、道德观和法治观。特别是对于那些有潜在犯罪倾向的未成年人，更应该给予关注和帮助，通过心理辅导、行为矫正等方式，防止他们走上犯罪的道路。二是制定针对性强的教育矫治计划，针对未成年人的不同罪错程度和特点，制定个性化的教育矫治计划，确保计划的科学性和有效性。三是建立专业化的教育矫治团队，这需要具有丰富经验的司法

工作者、心理咨询师、教育工作者等。四是加强家庭、学校和社会的参与，家庭、学校是未成年人成长的重要环境，也是教育矫治工作的重要参与者，应加强与这些主体的合作，共同制定和执行教育矫治计划，形成合力。五是完善评估和反馈机制，教育矫治的效果需要通过评估和反馈机制来检验和改进。应定期对未成年人的教育矫治情况进行评估，及时发现问题并进行调整。同时，应建立有效的反馈机制，听取未成年人的意见和建议，不断改进教育矫治工作。最后，在教育矫治过程中，应始终尊重和保护未成年人的合法权益，如隐私权、受教育权、人身自由等。任何教育矫治措施都不应侵犯未成年人的合法权益，否则将失去其正当性和有效性。

借贷型诈骗罪认定与辩护中的疑难问题刍议

实践中,借贷型诈骗罪是一类特殊但并不鲜见的诈骗犯罪。在不少涉嫌借贷型诈骗罪案件中,对于借款人的相关行为究竟能否认定为诈骗罪,存在较大争议。换言之,借贷型诈骗罪的认定与辩护,在实践中经常存在疑难之处。本文结合诈骗罪的基本理论,对借贷型诈骗罪认定与辩护中的典型疑难问题进行归纳和剖析,以期对借贷型诈骗罪的认定与辩护实践有所启发。

一、关于借款人是否存在诈骗罪意义上的欺骗行为

借款人存在欺骗行为,是成立借贷型诈骗罪的前提。因此,在判断特定行为是否构成借贷型诈骗罪时,必须审查借款人有无实施欺骗行为。问题在于,即使借款人实施了一定的虚构事实或者隐瞒真相的行为,也未必能认定借款人存在符合诈骗罪客观要件的行为。这是因为作为诈骗罪客观要件要素的欺骗行为具有规范属性,并非所有的虚构事实或者隐瞒真相行为都能被评价为诈骗罪意义上的欺骗行为。因此在审查借款人客观行为时,往往需要作二阶判断:先判断借款人是否实施了虚构事实或者隐瞒真相的行为,如果借款人实施了虚构事实或者隐瞒真相的行为,再判断借款人所实施的虚构事实或者隐瞒真相的行为是否属于诈骗罪意义上的欺骗行为。应当说,在涉嫌借贷型诈骗罪案件中,对于借款人是否存在诈骗罪意义上的欺骗行为的判断往往属于"难题",原因主要有二:一是该类型案件中经常存在借款人虚构事实或者隐瞒真相

的情形；二是关于该类型案件中借款人虚构事实或者隐瞒真相的行为能否界定为诈骗罪意义上的欺骗行为，缺乏明确、权威的评价标准。

笔者认为，对于涉嫌借贷型诈骗罪案件中借款人虚构事实或者隐瞒真相的行为，应当作实质判断。在借款人虚构或者隐瞒的内容能够对相对人是否交付借款起到决定性作用的场合，应当认定借款人虚构或者隐瞒相关事实的行为构成诈骗罪意义上的虚构事实或者隐瞒真相。那么，在涉嫌借贷型诈骗罪案件中，借款人虚构或者隐瞒什么样的事项会对相对人是否交付借款起到决定性影响作用呢？通常来说，诸如借款人的经济实力（还款能力）、借款事由、借款资金用途、担保真实性及有效性等事项会对相对人决策是否交付借款产生重要影响。但也不能一概而论。在个案中，还是应当结合借款人的具体情况、借款的具体情形、借款人与出借人的关系等因素，综合判断可能决定性影响出借人是否交付借款的事项，以及借款人是否对该事项进行了虚构或者隐瞒。例如在借款人与出借人系较为熟悉的朋友的场合，借款人并没有打算借钱做生意但笼统地以"做生意需要资金"为由向相对方借钱，就不能机械地认为借款人虚构借款事由、借款资金用途的做法一定属于诈骗罪意义上的欺骗行为。

二、关于出借人是否陷入了足以充分影响其交付借款的错误认识

在涉嫌诈骗罪案件中，"被害人"是否陷入了足以充分影响其交付财物的错误认识，对于诈骗罪能否成立具有重要影响。如果行为人实施了诈骗罪构成要件要素意义上的欺骗行为，但相对人没有因此陷入错误认识，而是在怜悯行为人的情况下向行为人交付了财物，那么不宜认定行为人构成诈骗罪。因此，在涉嫌诈骗罪案件中，对于被害人是否陷入了足以充分影响其交付财物的错误认识的判断，尤为重要。而在涉嫌借贷型诈骗罪案件中，对于出借人是否陷入了足以充分影响其交付借款的

错误认识的判断，并不容易。因为在该类案件中，出借人与借款人关于出借人是否陷入了错误认识的陈述可能相互矛盾，而且即使出借人存在一定的错误认识，关于该错误认识是否对出借人交付借款产生了充分影响的判断，也存在不小的难度。

笔者认为，在办理涉嫌借贷型诈骗罪案件过程中，无论是司法工作人员还是辩护律师，对于出借人是否陷入了足以充分影响其交付借款的错误认识的判断，至少应当将以下两个方面作为重点。

其一，审查出借人对于借款人虚构事实或者隐瞒真相行为的甄别能力。在有些涉嫌借贷型诈骗罪案件中，出借人的认知能力较强或者对于借款人相关的背景信息了解得较为充分，在此情况下，出借人被借款人欺骗的可能性往往较低。因此，应当结合出借人的认知能力、相关信息掌握程度等方面，对出借人有无"识破"借款人相关欺骗行为作出有效判断。

其二，在出借人因借款人的相关欺骗行为陷入了特定的错误认识的场合，判断出借人的错误认识是否对其交付借款产生了充分影响或者是否足以对其交付借款产生充分影响。例如，甲在不打算做生意的情况下以"做生意需要资金"这一虚假借款事由为名向其一个朋友乙借款5万元，并与乙约定借款年利率为30%，乙误以为甲向其借款的目的是用于做生意，但乙交付5万元借款给甲的根本原因在于甲、乙二人约定的借款利率较高，乙希望赚取高利息。在该例中，虽然乙因为甲虚构的"做生意需要资金"而陷入了特定的错误认识，但乙的该错误认识并没有对乙向甲交付5万元借款的行为产生充分、关键的影响，也就是说即使乙"识破"了甲的该欺骗行为，其很可能还是会向甲交付5万元借款。由此可见，在判断出借人产生的错误认识是否属于足以充分影响其交付借款的错误认识时，可能需要考察出借人交付借款的真正动机或者真正目的。而实际上，对于出借人是否陷入了足以充分影响其交付借款的错误认识的判断，本质上属于对出借人陷入错误认识与出借人交付借款之间因果关系的有无及程度的判断。

三、关于借款人是否具有非法占有借款的目的

"非法占有目的"是诈骗罪的关键构成要件要素，也是刑事诈骗与民事欺诈的重要界分要素。对于涉嫌借贷型诈骗罪案件而言，判断借款人是否具有非法占有借款的目的，属于重中之重的分析工作。不过，在个案中，对于借款人究竟有无非法占有借款目的的判定，有时存在相当的难度或重大的争议。笔者认为，在涉嫌借贷型诈骗罪案件中，应当通过着重审查以下几个方面来判断借款人是否具有非法占有借款的目的。

（一）借款人在借款时是否具有依约偿还借款的能力

一般情况下，如果借款人在借款时经济状况较好，具有依约偿还借款的能力，那么借款人具有非法占有借款目的的可能性会相对小一些；如果借款人在借款时已经没有资产甚至负债累累，那么借款人具有非法占有借款目的的可能性会相对大一些。因此，在判断借款人是否具有非法占有目的时，可以对借款人在借款时的经济状况进行全面审查。

（二）借款人在取得借款后对借款的实际使用情况

如果借款人在取得借款后按照其与出借人真实约定的用途或者按照服务于借款增值、保值的用途使用借款，那么借款人具有非法占有借款目的的可能性一般较小。如果借款人在取得借款后不按照其与出借人约定的用途使用借款，甚至将借款用于挥霍、赌博等，那么借款人具有非法占有借款目的的可能性一般较大。

（三）借款人在取得借款后的相关表现

如果借款人在取得借款后的相关行为表现有利于借款的依约偿还（例如将借款用于合法生产、经营活动以获取合法利润，再如依约准时、足额地偿还了部分借款），那么借款人具有非法占有借款目的的可能性一

般较小。相反，如果借款人在取得借款后的行为表现不利于借款的依约偿还（例如任意挥霍借款，再如隐匿资产、"玩失踪"），那么借款人具有非法占有借款目的的可能性一般较大。

（四）借款人不能依约偿还借款的原因及借款人在未能依约偿还借款后的态度

如果借款人未能依约偿还借款是由借款人的过失所致（例如借款人的经营不善致使经营亏损）甚至不可归责于借款人（例如不可抗力导致经营亏损），且借款人积极采取相关补救措施，那么借款人具有非法占有借款目的的可能性一般较小。如果借款人未能依约偿还借款系由借款人的"恶意行为"（例如将借款用于挥霍、赌博）所致且借款人在未能依约偿还借款后消极应对甚至"逃避责任"，那么借款人具有非法占有借款目的的可能性一般较大。

值得注意的是，具体案件中，在通过上述四个方面分析借款人是否具有非法占有借款的目的时，不宜偏废任何一个方面，而应全面审查、综合判断，以得出妥当结论。

买卖妇女案件相关刑事犯罪法律问题分析

近年来,买卖妇女案件受到广泛关注,拐卖妇女问题引发舆论热议。本文试以设想的案例为基础,就买卖妇女案件中的相关法律问题进行分析。

一、买方的收买、强奸、伤害、拘禁、虐待、转卖行为的定性

案例1[①]:甲从人贩子处以2万元的价格收买乙女,买来后甲发现乙有精神疾病,但仍然采用欺骗手段与乙办理结婚登记,并强行与乙发生性关系,致使乙怀孕并产下一子。此后乙精神疾病越发严重,显示出暴力倾向,曾经咬伤过甲,甲遂拔掉乙的牙齿,并将乙囚禁在窑洞中,乙经常受冻挨饿,受到打骂,精神疾病始终未得到治疗。两年后甲发现乙身体状况越发糟糕,丧失了生育能力,遂将乙以1万元的价格转卖给丙。

首先,关于各个行为本身的定性。1.甲收买乙的行为构成收买被拐卖的妇女罪。2.甲强行与乙发生性关系的行为构成强奸罪。由于乙有精神病,即便甲与乙发生性关系的过程中没有采用暴力、胁迫,也不妨碍强奸罪的认定,如果有暴力、胁迫行为更应当认定为强奸罪。由于结婚登记采用了欺骗手段,故双方婚姻关系无效,即便性关系发生在所谓"婚内",也不影响强奸罪的成立。3.甲拔掉乙牙齿的行为构成故意伤害罪。由于甲对乙存在强制行为,虽然乙有暴力倾向并咬伤甲,但乙的行为对甲不构成不法侵害,甲拔齿的行为不构成正当防卫,构成故意

[①] 本文所涉案例均为笔者虚构,仅用于对相关法律规定及其适用进行分析。

伤害罪。4.甲将乙囚禁于窑洞的行为构成非法拘禁罪。5.甲对乙长期冻饿、打骂，且明知乙有精神疾病而不予以治疗，构成虐待罪。6.甲将乙转卖给丙的行为构成拐卖妇女罪。人身权利具有专属性，即便乙是甲买来的，甲也没有权利将乙转卖给他人。

其次，关于收买被拐卖的妇女罪与上述其他犯罪之间的关系。上述强奸、伤害、拘禁、虐待、转卖行为均发生在收买行为之后，从事实层面来看，收买行为是手段行为，其他行为是目的行为或者收买行为的延伸。问题是各行为是否独立成罪，是否应当与收买被拐卖的妇女罪数罪并罚呢？答案是肯定的。从法律规定来看，《刑法》第二百四十一条规定收买被拐卖的妇女，强行与其发生性关系的，非法剥夺、限制其人身自由或者有伤害、侮辱等犯罪行为的，依照《刑法》的有关规定定罪处罚，并且数罪并罚，收买被拐卖的妇女又出卖的，依照拐卖妇女罪定罪处罚。从实质理由来看，收买被拐卖的妇女罪的最高法定刑是三年有期徒刑，是一个轻罪，故从罪质上不能包容上述行为，这一点与拐卖妇女罪应作不同理解。总之，上述2—6的行为应当与收买被拐卖的妇女罪数罪并罚。

最后，关于故意伤害罪与虐待罪之间的关系。司法实务中一般认为，如果在长期虐待过程中对被害人造成轻伤后果，则不另外认定为故意伤害罪，只认定为虐待罪，如果造成重伤及以上结果，则认定为故意伤害罪，不认定为虐待罪，不将二罪数罪并罚。笔者对此观点的前半部分予以赞同，但不赞同此观点的后半部分。因为长期的虐待行为与在此期间的某一次升级伤害行为并非一行为，而是数行为，虐待罪不能包容升级的伤害行为，故意伤害罪也不能包容长期的虐待行为，故对于虐待过程中某次行为突然升级为重伤害的情形，应当以虐待罪与故意伤害罪数罪并罚。

二、政府相关人员渎职行为、村民对抗解救行为的定性

案例2：丁是派出所工作人员，同时也是甲的远房表哥，甲收买被拐卖的乙女后，求丁为乙办了身份证，并通过丁找到民政局工作人员戊，戊在明知双方不符合结婚条件的情况下，为甲乙办理了结婚登记手续。此后，有村民向派出所举报乙被拐卖的情况，派出所领导决定解救乙，丁作为工作组成员之一将情况通知甲，并建议甲提前做好准备，将乙藏匿起来，并于派出所行动时，发动全村村民对抗解救，甲依计行事，致使解救行动失败。

丁为乙办理身份证的行为构成滥用职权罪。该行为是丁对其本人职权的滥用，同时该行为符合司法解释中所要求的"造成恶劣社会影响的"，虽然没有直接造成伤亡后果或经济损失，但是仍然符合滥用职权罪的构成要件。同理，民政局工作人员戊为甲乙办理结婚登记的行为亦构成滥用职权罪，戊是正犯，丁是教唆犯。

聚集村民阻碍国家机关工作人员解救行为的首要分子，构成聚众阻碍解救被收买的妇女罪，其他参与者使用暴力、威胁方法的，构成妨害公务罪。丁为甲通风报信、出谋划策的行为，一方面构成聚众阻碍解救被收买的妇女罪的教唆犯，另一方面属于有查禁犯罪活动职责的国家机关工作人员，向犯罪分子通风报信，帮助犯罪分子逃避处罚的行为，构成帮助犯罪分子逃避处罚罪。

三、被拐卖妇女及其亲属复仇行为的定性

妇女被拐卖并与买主共同生活期间往往会受到折磨，对买主产生仇恨心理，因此存在被拐卖妇女及其亲属对买主及其亲属、村民进行报复的情形。

案例3：某村多名妇女系被拐卖并与买主结婚，但是其中多人并不自

愿，并采取了复仇行动。A、B、C三名妇女均被买家非法拘禁，并遭受严重暴力、凌辱，A将生下的孩子掐死。B假意与买主建立感情，获得信任后趁其酒醉将其锁在屋内，泼洒汽油将其烧死。C被其亲属成功解救，其已被折磨患上严重的精神分裂症，向父母哭诉自己被拐卖、折磨，被全村人监视的经历后去世，其父亲痛不欲生，遂长期、多次向该村饮用水中投毒，致使多名村民死亡。

A杀死孩子的行为构成故意杀人罪，但是属于情节较轻的故意杀人行为。首先，A的行为不是正当防卫，其行为的对象是幼子。被拐卖妇女往往由于对买家的仇恨，以及不甘心自己的孩子在这样的环境中生存，出于绝望心理将孩子杀害，其情可悯，但行为对象并非不法侵害人本人，因此不构成正当防卫。其次，A的行为不是紧急避险，A杀死孩子的行为并非其摆脱困境所必要，不属于不得已采取的避险行为。最后，A的行为虽然构成故意杀人罪，但是该行为是由于其特殊处境所造成的，如果A被成功解救，则不再具有特殊预防必要性，因此应当对其从轻处罚，必要时可以宣告缓刑。

B的行为属于正当防卫。其行为针对的是对其实施不法侵害的买主本人，其目的是摆脱不法侵害。《刑法》第二十条第三款规定了无限防卫权，"对正在进行行凶、杀人、抢劫、强奸、绑架以及其他严重危及人身安全的暴力犯罪，采取防卫行为，造成不法侵害人伤亡的，不属于防卫过当，不负刑事责任"。即便B行为当时买主未对其实施严重暴力行为，但是其此前一直实施暴力行为，且如果不能脱身，买主的暴力行为会持续伴其终生，是严重危及人身安全的暴力犯罪，属于不法侵害正在实施，故B的行为构成正当防卫，不构成故意杀人罪，不属于防卫过当。当然，如果B的放火行为危害了公共安全，仍有可能构成放火罪，理由是该行为对买主是正当防卫，但对其他村民则属于紧急避险，如造成他人财产、人身重大伤亡、损失，有可能构成避险过当。虽然认定为放火罪，但是应当减轻或免除处罚。

C 的父亲投毒的行为构成投放危险物质罪，不构成正当防卫，亦不构成紧急避险。C 已经被成功解救，买主的不法侵害已经结束，C 的父亲的复仇行为属于事后行为，不符合正当防卫、紧急避险的时间要求。不过，仍然可以将 C 的遭遇作为对其父亲酌定从轻量刑的情节。

四、应否提高收买被拐卖的妇女罪的法定刑

最近，提高收买被拐卖的妇女罪的法定刑的呼声极高，甚至有人主张买卖同罪。这种主张应当是基于对收买者加强处罚的强烈意愿，以及对绝大多数收买者事实上未能受到处罚这一现状的愤怒。但是立法不应当是情绪化的，而应当是理性的。我们要做的是分析造成此种现状的真正原因，而不是一味地求诸立法的修改，否则立法的修改只能是"一针止痛药"，仅能暂时缓解疼痛，不可能根本解决问题。

首先，并非所有的收买者都对被拐卖的妇女实施严重的暴力与虐待，不能以偏概全。

其次，如果买家对被拐卖妇女有虐待、强奸、拘禁、伤害等行为，我国《刑法》中规定了虐待罪、强奸罪、非法拘禁罪、故意伤害罪等，完全可以通过其他罪名进行处罚，通过数罪并罚实现罪责刑相适应。因此，即便不提高收买罪的法定刑，也完全能够实现个案的量刑适当。

最后，问题的症结是执法而非立法。买卖妇女案件激起公众强烈愤怒，可能并不是因为收买被拐卖的妇女罪的法定刑不够高。如果收买行为大概率不会被刑事处罚，不论法定刑定得多高，收买者仍然会基于侥幸心理铤而走险。没有"买"就没有"拐"，但是解决"买"的问题并不能单纯依靠刑事手段，尤其不能单纯依靠刑事立法的修改，这是一种将复杂问题简单化的思维方式。

一、热点聚焦与理论反思

买卖妇女案件牵动也刺痛着人们的心,如何保护女性,保护我们的女儿、妻子和母亲,是包括法律人在内的每个人的责任。笔者借虚构案例对相关法律规定及适用进行分析,以期为关注此类案件的人们提供些许专业意见。

二、新型金融犯罪辩护

老鼠仓趋同交易"前五后二"认定模式的思考

自利用未公开信息交易行为入刑以来，借助大数据分析监测系统，老鼠仓违法犯罪现象得到有效遏制。2021年，中共中央办公厅、国务院办公厅印发《关于依法从严打击证券违法活动的意见》，对证券期货领域内的违法犯罪行为再次亮剑，彰显了对该领域内幕交易、老鼠仓等犯罪"零容忍"的决心与态度。

一、中国实践：趋同交易理论形成

老鼠仓（Rat Trading）系舶来名词，在域外亦称为"抢先交易"（Front Running）。传统理论中，老鼠仓是指证券领域从业人员或其他相关人员在机构操作前，利用其所知悉的投资决策等信息，通过其实控或关联的证券账户进行抢先建仓、提前撤仓，并从中谋取利益。由于该行为背离受托责任，侵害委托人的利益，破坏财富管理原则，损害资管行业信誉，一直以来是证监会稽查执法的重点。

观察中国实践，老鼠仓的范畴并不局限于传统意义上的"抢先交易"。在交易关联性的认定上，证监会逐步发展出"趋同交易理论"，其中包括目前已被稽查实务及刑事审判普遍采用的"前五后二"标准，即将机构交易日前5个工作日至后2个工作日（T–5至T+2，T为交易日）内行为人的相关证券、期货操作认定为趋同交易。此前，"前五后五"（机构交易日前5个工作日至后5个工作日内）、"买三卖四"（机构买入股票3天内和卖出股票4天内）也曾被司法实践所采用。

然而，我国立法至今未对趋同交易的判断标准进行明确规定。上述标准（尤其是目前普遍采用的"前五后二"标准）是否具有合理性？在刑事审判中应当如何运用？此类问题均有待深入思考。

二、司法适用："前五后二"僵化应用

笔者通过公开途径对利用未公开信息交易罪案例进行收集与整理，发现在少数案件中，法院对趋同交易的认定进行了较为细致的阐述。总结相关案例，笔者认为存在以下问题：

（一）法院对"同期于""稍晚于"的理解不一

在此类案件的判决书中，法院对趋同交易主要存在两类概括性表述：部分法院表述为行为人"先于或同期于"证券、基金公司买入或卖出相同股票，部分法院表述为行为人"先于、同期于或稍晚于"证券、基金公司买入或卖出相同股票。其中，除"先于"的概念具有明确性外，"同期于"与"稍晚于"均存在概念上的模糊性与解释上的弹性。对于"同期于"的理解，北京市高级人民法院在"曾某利用未公开信息交易案"[1]中指出："在案证券交易所市场监察部门、法律部门出具的协查结果等证据能够证明，证券业内对'同期'的理解不等于'同日'，从交易时间上看，同步或稍晚交易的情形均属于'同期'的范畴。"由此可见，实践中虽法院普遍认可机构交易日后的行为亦属趋同交易，但在概念上对"同期于"及"稍晚于"之间的包含或并列关系的理解尚不统一。

（二）一刀切式采用"前五后二"，未针对个案进行具体分析

由于老鼠仓案件的复杂性及专业性，绝大多数案件商请上海证券交易所、深圳证券交易所对涉案账户的趋同交易额、趋同比例、获利数额等专业问题进行核算，且法院通常会采纳其出具的趋同总体情况表、趋

---

[1] 参见北京市高级人民法院（2016）京刑终61号刑事裁定书。

同交易股票明细表、趋同盈利表等判断结论，遵循"前五后二"的证券业内惯例认定涉案行为人趋同交易时间、交易金额等要素。然而在刑事诉讼中，以上材料的作用不应被过分夸大，"前五后二"的认定不应被固化，法院需要结合在案证据进行主客观相结合的综合判断，即证券交易所材料仅能划定趋同交易的最大时间段，个案中仍需判断此期间内行为人主观认识状况、刑法意义上因果关系等要件。

例如在"涂某1、涂某2利用未公开信息交易案"[1]中，涂某1系中国证券登记结算有限公司某分公司员工，其利用证券账户查询权限而知悉相关信托产品、金融机构资管产品的股票拥有及变动情况等方面的信息，包括证券账户所持有的股票代号（名称）、变更日期（交易日期）、变更股数（增减股数）、结余股数（持股数量）等。由此可见，涂某1所接触的信息均为机构已经发生的交易信息，因此结合目前实践惯例及其主观认识内容，对其趋同交易的认定理应进一步限缩于"T+2"范围，机构交易日前相同股票的交易论理不应属于趋同交易。

三、反思："前五后二"的个案审视

（一）"前五后二"模式的合理性探讨

作为行业认定惯例，"前五后二"标准的基本逻辑在于以机构交易日为基准，向前后分别延伸划定一定区间，并推定此区间内的交易系在行为人知悉并利用未公开信息的情况下做出。之所以将机构交易日前5个工作日作为趋同交易的起点，是考虑到通常情况下决策信息产生至执行的普遍期限为5日，例如基金经理在决策基金下单某一只股票前，该股票须经基金公司研究所、领导审核后方可进入不同等级的股票池，入池的时间在5天左右。对此，理论与实务中争议较少，司法实践也普遍认可未公开信息形成于机构操作之前。例如在"张某某、尹某某利用未

---

[1] 参见广东省高级人民法院（2018）粤刑终479号刑事裁定书。

公开信息交易案"①中，上海市高级人民法院明确指出该案中的未公开信息"并非形成于机构交易当日，而是先于机构交易之日形成"。

而将机构交易日后 2 个工作日作为认定的区间终点，则在理论与实务中引起了较大的争议。有观点认为未公开信息以及机构的买入卖出操作对证券、期货交易仍然具有持续性的影响，在此期间进行交易仍然能够达到以低成本获利或减损的效果。对此亦有观点提出异议：其一，若考虑交易行为与未公开信息的关联性，则在持仓信息等未公开信息未被基金定期报告披露或上市公司公布等途径公开前，行为人的相关交易行为均可能受到该等信息的影响，为何不直接将信息公开时点作为区间终点？其二，若考虑未公开信息及机构操作对市场影响的持续性，则受不同时期、不同股票市场活跃度等要素的影响，机构的不同交易量对股价的影响有所不同，持续时间也有长短，又为何划定机构交易日后 2 个工作日作为截止时点？②

笔者认为以上质疑存在一定合理性，然而在证券行业信息披露制度落实日益完善的情况下，公众通过公开途径获取或推测机构持仓、调仓等信息的可能性大大提升，将整个信息未公开期间作为趋同交易区间恐怕难以成立。例如基金投资者极有可能根据基金此前公开的季报、半年报、年报所披露的基金规模、重仓持股名称、持股比例等信息，结合基金经理的历史投资领域、投资风格、风险偏好等信息，经过自主研究判断基金持仓、调仓情况，并以此初判作为个人投资的调仓换股的参考。

（二）个案正义下"前五后二"标准的灵活适用

如前所述，当前稽查实务所采用的"前五后二"标准虽具有一定合理性，但是行业惯例不应理所应当地被刑事审判直接采纳，刑事判决仍

---

① 参见上海市高级人民法院（2015）沪高刑终字第 49 号刑事裁定书。
② 彭冰：《重新定性"老鼠仓"——运动式证券监管反思》，载《清华法学》2018 年第 6 期。

应遵循犯罪认定的基本逻辑。在认定行为人是否构成利用未公开信息交易罪时，基础逻辑在于"未公开信息产生并存在 + 行为人知悉该信息 + 行为人利用该信息进行交易"，因此应着重关注信息生成时点、行为人知悉时点、行为人交易时点、信息失效时点这四个时间点在具体个案中的判断。

首先，应具体判断信息生成时点与行为人知悉时点有无重合。"前五"标准直接推定某未公开信息产生之时便被行为人所知晓掌握，然而该标准并不普适于所有案件。除前述案例提及的信息操作人员外，另一类典型的人员系基金公司的双挂名基金经理。[①] 其中，若基金经理参与股票入池、下单等决策，则信息生成时点与行为人知悉时点重合。而对于另一方而言，其并非直接掌控证券、基金的投资决策、交易执行信息，而是通过内部交易操作软件获知相关证券、期货的持仓、资金数量及变化等信息，多需在主管基金经理操作大盘买卖后再跟买跟卖。在此类案件中，若无其他证据证实该基金经理知晓涉案信息的具体时点，法院应核实公司投资交易管理系统中的后台数据。具言之，法院需确认基金公司的投资交易管理系统中"指令查询""下单指令"分属几级菜单，该基金经理点击相应模块后，如系统后台数据留存，就可以此来确认其利用查阅权从而操作老鼠仓的趋同交易时间。如果没有后台数据的支撑，则根据有利于被告人的原则，应认定其在机构交易日前并不掌握相关未公开信息，此间操作不属于趋同交易。

其次，应具体判断涉案未公开信息及机构交易对后续证券、期货市场价格影响的持续期限。未公开信息、机构交易量等因素与证券、期货价格系"多因一果"关系，证券、期货的价格受多因素的复杂影响，因此金融机构交易量对涉案股票价格的影响程度、影响时间均需在个案中

[①] 根据证监会相关规定，基金经理"挂名"系明确的违规行为，但在基金业内这一现象普遍存在，因此该问题仍然具有讨论的意义。

具体判断。对于这一问题，有实务检察人员为避免从业人员规避"前五后二"标准，提出了"T+N"的认定模式。[①] 笔者对此持保留态度：在证券行业内仍普遍采用"前五后二"作为证券行政违法行为查处规则的情况下，刑事领域内不应径自扩大刑法处罚的范围，将部分未受行政法规制的行为直接纳入刑法打击范畴，否则可能造成对刑法最后手段性的冲击。

证券市场永恒不变的就是其变化性，虽有观点认为司法实践统一适用"前五后二"标准系类案同判的需要，然而在瞬息万变、错综复杂的证券市场内，何谓"类案"具有不确定性，"统一适用"亦不能演变成"僵化适用"。

[①] 参见陆玔：《精准判断趋同交易时间点，打击"老鼠仓"犯罪》，载《检察日报》2021年2月23日，第007版。

欺诈发行证券罪的几个问题

随着《刑法修正案（十一）》与《最高人民法院、最高人民检察院关于执行〈中华人民共和国刑法〉确定罪名的补充规定（七）》的施行，欺诈发行证券罪正式取代欺诈发行股票、债券罪，成为《刑法》第一百六十条规定的犯罪。结合《刑法修正案（十一）》的具体规定，笔者就欺诈发行证券罪的几个相关问题略作探讨，以期为理解该罪提供些许思路。

一、发行的对象与欺诈的场域

较之原来的欺诈发行股票、债券罪，欺诈发行证券罪规制的发行行为，其对象不仅包括股票和债券，还包括近年来被正式引入中国市场的存托凭证这一证券品种及国务院依法认定的其他类型的证券。应当说，《刑法修正案（十一）》以列举式规定结合兜底式规定的方式对《刑法》第一百六十条中发行行为的对象范围予以了扩展，既实现了《刑法》对证券市场变化的有效回应和同2019年修订的《证券法》的有效衔接，又严密了规制欺诈发行证券行为的刑事法网。在《刑法修正案（十一）》列举的几类发行对象中，债券这一形态尤其值得关注。一是因为实践中公司、企业及相关人员因欺诈发行债券被定罪量刑的案例并不少见，二是因为对于《刑法》第一百六十条中的债券是否包括私募债券的认识，实务界存在一定争议。一种观点认为，1997年《刑法》设置欺诈发行股票、债券罪时，当时的《公司法》中并无私募债券即非公开发行的债券的概念，因此从立法原意的角度来看，《刑法》第一百六十条中的债券应不包括私募债券。另一种观点认为，《公司法》《证券法》从未将私募债券排除在债券的类型范围之外，只是对于公募债券即公开发行的债券作了更为明确和详细的规定，且欺诈发行私募债券的行为同样具有社会危害性，因此即使在欺诈发行股票、债券罪确立时，前置性法律规范中尚无私募债券的概念，也应随着时代的变迁，确认当下《刑法》第一百六十条中的债券同时包括公募债券和私募债券。笔者赞同后一种观点。无论是欺诈发行股票、债券罪还是欺诈发行证券罪，均为行政犯，行政犯法条中出现的前置性规范已经予以具体规定的专门性概念，其内涵及外延应以前置性规范的规定为准。1997年《刑法》规定欺诈发行股票、债券罪时，当时的《公司法》（1993年公布、1994年施行）规定"公司债券是指公司依照法定程序发行的、约定在一定期限还本付息的有价证券"，虽然2005年修订的《证券法》中首次出现"非公开发行"的概念，且其后《公司法》几经修正修订，但《公司法》中关于"公司债券"的定义从未发生变化。由此可见，随着证券市场的发展，《公司法》规定的公司债券的外延发生了扩张，但其本质特征并未改变。在此情况下，自1997年以来，《刑法》第一百六十条中的债券可以始终界定为公司、企业"依照法定程序发行的、约定在一定期限还本付息的有价证券"，而随着私募债券的出现，将《刑法》第一百六十条中的债券解释为包括公募债券和私募债券，既能够实现该条行政犯规定对《公司法》《证券法》的灵活"呼应"，又没有突破债券的语义范围和一般特征，因此具有合理性。事实上，从司法实践的角度观察，诸多案件的裁判，也足以反映认为《刑法》第一百六十条中的债券包含私募债券的观点，在司法实践中存在不小的"市场"。

至于欺诈发行证券罪中欺诈行为发生的场域，据《刑法修正案（十一）》的相关规定，可以确定为招股说明书、认股书、公司、企业债券募集办法等发行文件。这里涉及对"等发行文件"的理解。笔者认为,"等发行文件"应当指与招股说明书、认股书、企业债券募集办法等发行文件具有相当性、同质性的发行性文件,如发行存托凭证、国务院依法认定的其他证券时涉及的发行文件。申请发行股票、债券等证券时应当向有关部门报送的其他申请性文件,如果依照规定应当作为招股说明书、企业债券募集办法等发行文件的附件的,应当视为发行文件的组成部分。当然,欺诈发行证券罪的成立并不必然要求行为主体直接在特定发行文件中实施隐瞒重要事实或编造重大虚假内容的行为,实践中,行为主体利用其他主体的"工具"行为或过失行为实现在特定发行文件中进行欺诈的目的,反而属于较为常见的方式,例如编造虚假财务数据及虚假财务凭证后骗取会计师事务所出具重要内容失真的审计报告,进而骗取证券公司出具重要信息虚假的债券募集说明书。在存在此类情形的场合,应当认为行为主体的欺诈行为实质上属于在特定发行文件中进行欺诈的行为。

二、"重要事实"和"重大虚假内容"的判断

成立欺诈发行证券罪,以行为主体在特定发行文件中隐瞒重要事实或者编造重大虚假内容为必要。何谓"重要事实"?何谓"重大虚假内容"?有观点认为,判断所隐瞒、编造的信息是否属于"重要事实"或"重大虚假内容",主要是看如果不对相应的信息进行隐瞒或编造,向有关部门提出的发行证券申请能否获得通过。笔者对此观点持保留意见。原因在于:2019 年修订、2020 年施行的《证券法》已将原来的证券发行核准制调整为证券发行注册制,在注册制下,证券发行审查机构仅对发行申请人提交的注册文件作形式审查,不作实质判断,在此情况下,欺诈发行证券行为中欺诈的对象基本上为潜在投资者,因而"重要事实""重大虚假内容"的判断应当以潜在投资者为视角,着眼于潜在

投资者的认知和立场。因此，笔者认为，欺诈发行证券罪中的"重要事实"和"重大虚假内容"，应当是指行为主体隐瞒或虚构的，足以对理性潜在投资者产生误导，进而使其违背真实意愿购买证券的重要信息、资讯。例如行为主体明显虚增公司盈利情况和公司净资产额，虚构公司的主要生产、经营项目，虚构所筹资金的主要用途，故意隐瞒公司重大债务等行为，均应属于隐瞒"重要事实"或编造"重大虚假内容"的情形。

三、责任主体的认定与边界

在以单位名义、为单位利益、落实单位意志实施欺诈发行证券行为并成立单位犯罪的场合，一般情况下，根据《刑法》第一百六十条第三款的规定，单位与直接负责的主管人员、其他直接责任人员均属于责任主体和担罚主体。此处的直接负责的主管人员，是指在单位实施的欺诈发行证券犯罪中起决定、批准、授意、纵容、指挥等作用的人员，其他直接责任人员是指具体实施欺诈发行证券犯罪行为并起较大作用的人员。而在自然人欺诈发行证券罪案件中，责任主体通常可以划分为两类：一类是具体实施欺诈发行证券行为或者为欺诈发行证券提供帮助的人员，另一类是组织、指使实施欺诈发行证券行为的人员。前者往往是公司、企业的控股股东、实际控制人或公司、企业的其他人员，有时甚至是公司、企业之外的人员；后者则往往为公司、企业的控股股东、实际控制人。

值得注意的是，有观点认为《刑法》第一百六十条第二款"控股股东、实际控制人组织、指使实施前款行为的，处……"的规定表明《刑法修正案（十一）》扩大了该罪犯罪主体的范围。笔者并不认同。笔者认为，《刑法》第一百六十条第二款的规定属于注意性、提示性规定，而非拟制性规定，即使《刑法》第一百六十条中不存在该款规定，对于组织、指使实施欺诈发行证券犯罪行为的公司、企业控股股东、实际控制人，也应以欺诈发行证券罪论处，这是共犯认定和处理的基本原理。实际上，该条规定或许反而能够"释放"一种立法评价倾向，即对于未组织、指使实施亦未具体参与欺诈发行证券犯罪行为的公司、企业控股股东、实际控制人，不应纯粹基于其特殊身份而认为其应当为公司、企业或公司、企业相关人员的欺诈发行证券犯罪行为承担刑事责任。而这显然是一种更为科学、合理的规范性评价。

案例实解：内幕交易再思考

密切关系人通过正当途径偶然得知内幕信息后进行交易的，能否认定为内幕交易行为？笔者以案例剖析其中的法律逻辑，对内幕交易认定进行探讨。

一、基本案情

张三是 A 公司的普通股东，李四是 A 公司董事长，二人系朋友关系。某日，张三应李四之邀到李四的办公室见面，二人闲聊过程中李四称自己被人以某罪举报，并询问张三应当如何处理。此后李四有事外出，张三留在该办公室内等待二人的另一位朋友。在此期间，派出所民警来找李四，遇到张三，并将其带回派出所询问。张三在被询问过程中听民警说李四也被带到派出所接受询问。次日，公安局出具拘留通知书，称李四涉嫌犯罪并被刑事拘留。第三日，A 公司将李四被刑事调查的信息予以披露。张三在离开派出所后、A 公司披露该信息之前，卖出 A 公司股票 10 万股，成交金额 300 余万元，避损金额 80 余万元。

证监会就此事作出行政处罚决定书，认定张三卖出股票的时间与获悉内幕信息的时间、内幕信息的形成时间高度吻合，其在敏感期内为了避损而卖出股票的动机明显，张三的行为构成《证券法》第一百九十一条的内幕交易，决定没收张三违法所得，并处以罚款。

二、争议焦点

根据《刑法》第一百八十条第一款的规定，内幕交易罪是指证券、期货交易内幕信息的知情人员或者非法获取证券、期货交易内幕信息的人员，在涉及证券的发行，证券、期货交易或者其他对证券、期货交易价格有重大影响的信息尚未公开前，买入或者卖出该证券，或者从事与该内幕信息有关的期货交易活动，情节严重的行为。据此，内幕交易罪的构成要求同时具备以下四个要素：（1）相关信息属于内幕信息；（2）行为人知悉该内幕信息，并且在知悉之后、披露之前从事交易；（3）情节严重；（4）要求主体是内幕信息的知情人员或者非法获取内幕信息的人员。张三的行为符合其中前三项要求，但不符合内幕交易罪的主体要求。

第一，符合对象要求，李四被刑事调查一事属于内幕信息。《刑法》第一百八十条第三款规定："内幕信息……的范围，依照法律、行政法规的规定确定。"此处的法律规定应当是指《证券法》的规定，《证券法》第五十二条规定："证券交易活动中，涉及发行人的经营、财务或者对该发行人证券的市场价格有重大影响的尚未公开的信息，为内幕信息。本法第八十条第二款、第八十一条第二款所列重大事件属于内幕信息。"《证券法》第八十条第二款对上市公司应当披露的可能影响股票交易价格的重大事项进行了列举，其中第十一项为"公司涉嫌犯罪被依法立案调查，公司的控股股东、实际控制人、董事、监事、高级管理人员涉嫌犯罪被依法采取强制措施"，同时第十二项规定"国务院证券监督管理机构规定的其他事项"。这说明《证券法》仅将公司、控股股东、实际控制人等人员涉嫌犯罪被采取强制措施的信息作为内幕信息，仅接受刑事调查、尚未被采取强制措施的信息不属于内幕信息。不过该条第二款第十二项对国务院证券监督管理机构进行了立法授权。据此，关于李四涉嫌犯罪一事，当公安机关对李四进行调查时，这一事件就已经属于证券法上的内幕信息。

第二，符合行为时间要求，张三的交易行为发生在知悉内幕信息之后、披露之前。内幕交易罪中有四个重要时间节点：内幕信息形成时点、知悉时点、交易时点、披露时点。基于对此四个时点的认定与比对，张三的交易行为发生在知悉内幕信息之后、披露之前，符合内幕交易罪的行为时间要求。

第三，符合情节严重要求，交易金额超过200万元。根据《最高人民检察院、公安部关于公安机关管辖的刑事案件立案追诉标准的规定（二）》第三十条的规定，利用内幕信息进行证券交易成交额在200万元以上或者避免损失金额在50万元以上的，属于情节严重，应予立案追诉。本案张三的交易金额达300余万元，避免损失金额80余万元，已经达到刑事立案追诉标准。

通过以上分析，张三的行为符合内幕交易罪的行为对象要求、时间要求、数额要求，那么张三是否符合该罪的主体要求就是本案能否定罪的关键问题，也是本案的焦点问题。

三、张三不符合内幕交易罪的主体要求

根据《刑法》第一百八十条第一款，内幕交易罪的主体包括两类人员，一是内幕信息的知情人员，二是非法获取内幕信息的人员。张三既不属于内幕信息的知情人员，也不属于非法获取内幕信息的人员。

（一）张三不属于"内幕信息的知情人员"

《刑法》第一百八十条第一款的"内幕信息的知情人员"并非泛指任何知悉内幕信息的人员，而应限于基于职务便利获取内幕信息的人员。一方面，结合《证券法》及行政法规的具体规定应当作出这种解释。《刑法》第一百八十条第三款规定："……知情人员的范围，依照

法律、行政法规的规定确定。"其中的法律指《证券法》。根据《证券法》第五十一条规定，证券交易内幕信息的知情人包括：（1）发行人及其董事、监事、高级管理人员；（2）持有公司5%以上股份的股东及其董事、监事、高级管理人员，公司的实际控制人及其董事、监事、高级管理人员；（3）发行人控股或者实际控制的公司及其董事、监事、高级管理人员；（4）由于所任公司职务或者因与公司业务往来可以获取公司有关内幕信息的人员；（5）上市公司收购人或者重大资产交易方及其控股股东、实际控制人、董事、监事和高级管理人员；（6）因职务、工作可以获取内幕信息的证券交易场所、证券公司、证券登记结算机构、证券服务机构的有关人员；（7）因职责、工作可以获取内幕信息的证券监督管理机构工作人员；（8）因法定职责对证券的发行、交易或者对上市公司及其收购、重大资产交易进行管理可以获取内幕信息的有关主管部门、监管机构的工作人员；（9）国务院证券监督管理机构规定的可以获取内幕信息的其他人员。张三不符合上述九类人员中的任何一项。

另一方面，基于法条目的也应当作出这种解释。《证券法》与《刑法》设立禁止内幕交易条款的目的是规范相关人员的职务行为，关于这一点，证监会《上市公司信息披露管理办法》的表述最为明确，该办法第一条开宗明义，规定"为了规范上市公司及其他信息披露义务人的信息披露行为，加强信息披露事务管理，保护投资者合法权益，根据《中华人民共和国公司法》（以下简称《公司法》）、《中华人民共和国证券法》（以下简称《证券法》）等法律、行政法规，制定本办法。"可见禁止内幕交易的规范对象是上市公司及其他信息披露义务人，均为与涉事公司企业存在职务关联的人员，而不包括偶然知悉内幕信息的普通人。张三在与朋友接触、接受公安机关询问过程中偶然知悉了内幕信息，作为A公司的普通股东，张三与A公司不存在任何职务关联，不属于禁止内幕交易的规范对象。

基于以上两点，内幕交易罪的"内幕信息的知情人员"应当限于基于职务便利获取内幕信息的人员，张三在 A 公司不存在任何职务便利，不属于"内幕信息的知情人员"。

（二）张三不属于"非法获取内幕信息的人员"

当评价某人是否属于非法获取内幕信息的人员时，分析与评价的对象是该人获取内幕信息的过程。关于张三获取内幕信息的过程，首先，李四请张三到办公室见面，闲聊过程中提到自己被举报，张三从而知悉李四可能被公安机关调查。其次，张三被带到公安机关就李四涉嫌犯罪一事接受询问。最后，张三从民警处偶然得知李四也在接受询问。在这一过程中张三知悉并逐步确信了李四被公安机关调查的事实。讨论张三是否属于"非法获取内幕信息的人员"，就是讨论这一过程中是否存在非法行为。

该案的行政处罚决定书认定张三为"非法获取内幕信息的人员"，认为张三与内幕信息知情人李四关系密切，在内幕信息敏感期内与李四接触，知悉内幕信息，并非法利用该内幕信息从事股票交易，相关交易行为明显异常，且无正当理由或者正当信息来源，因此认定张三为非法获取内幕信息的人员。

该认定存在以下三个问题：一是内幕信息的产生与确信是一个过程，张三与李四接触时并不确定当时处于内幕信息敏感期，公安机关是否启动刑事调查程序尚未明确，内幕信息是否形成尚且不明，敏感期的认定只是从事后裁判者的角度的回溯性认定，站在行为人的立场，张三与李四接触时对于是否处于敏感期无从知晓、无从判断。二是利用该内幕信息从事股票交易的行为是否违法，与张三获取内幕信息的过程是否违法是两个不同的问题，即使认定利用行为违法，也不能反推获取行为违法。三是张三获取内幕信息的过程就是其与李四接触并接受公安机关询问的过程，张三与李四接触行为本身并不违法，配合调查更是履行公民义务的合法行为，对一个行为合法与否的判断不可能同时存在两个相互对立的结论，因此不应将合法的人际交往和配合公务行为认定为非法获取内幕信息的行为。

（三）相关司法解释的规定对本案不适用

2012年最高人民法院、最高人民检察院出台的《关于办理内幕交易、泄露内幕信息刑事案件具体应用法律若干问题的解释》也体现了证监会的这种认定思路。该解释第二条规定"具有下列行为的人员应当认定为刑法第一百八十条第一款规定的'非法获取证券、期货交易内幕信息的人员'：（一）利用窃取、骗取、套取、窃听、利诱、刺探或者私下交易等手段获取内幕信息的；（二）内幕信息知情人员的近亲属或者其他与内幕信息知情人员关系密切的人员，在内幕信息敏感期内，从事或者明示、暗示他人从事，或者泄露内幕信息导致他人从事与该内幕信息有关的证券、期货交易，相关交易行为明显异常，且无正当理由或者正当信息来源的；（三）在内幕信息敏感期内，与内幕信息知情人员联络、接触，从事或者明示、暗示他人从事，或者泄露内幕信息导致他人从事与该内幕信息有关的证券、期货交易，相关交易行为明显异常，且无正当理由或者正当信息来源的。"该条第一项是典型的非法获取内幕信息的行为，第二项、第三项均为推定获取过程非法的情形，但是适用法律推定的前提是证明不能，如能证明则不必推定。本案属于可以证明的情形，即根据现有证据可以证明张三获取内幕信息的过程合法，因此不应适用上述司法解释的第二项、第三项推定张三非法获取内幕信息。

此外，直接将张三认定为密切关系人并入罪的做法违反罪刑法定原则。根据罪刑法定原则，法无明文规定不为罪，《刑法》及《证券法》规定的内幕交易主体均不包括知情人员的密切关系人，要将密切关系人入罪必须通过修改《刑法》来实现，如利用影响力受贿罪、对有影响力的人行贿罪，均是通过《刑法》条文本身的修改将密切关系人受贿、向密切关系人行贿的行为认定为犯罪。如若没有《刑法》的修改，即使这种行为存在实质上的社会危害性，也不应认定为犯罪，而司法解释的出台并不能替代《刑法》的修改。

综上所述，张三虽然知悉内幕信息，并且利用该内幕信息在敏感期实施了股票交易行为，且达到情节严重标准，但是张三既不属于内幕信息的知情人员，也不属于非法获取内幕信息的人员，不符合内幕交易罪的主体要件，张三不构成内幕交易罪。

三、传统经济犯罪辩护

披沙拣"金"：非法采煤案件的数额辩护要点

煤炭素有"黑色金子""工业粮食"之美称，其巨大的经济利益诱惑着大批"拓荒者"奔赴内蒙古、山西等地设厂开矿。然而巨大的经济利益背后，非法采矿、非法占用农用地、贪污贿赂等犯罪丛生，煤炭行业"乌金蒙尘"。虽然国家近年来重拳治理环境问题，强调生态可持续发展，但普通民众违规挖矿、大型公司非法采煤的现象仍不鲜见，严重危害国家煤炭资源管理。

对于非法采煤案件的辩护要点，学界、实务界相关论作汗牛充栋。在此，笔者通过实务案例研究，结合自身实务经验，期冀披沙拣金，以数额辩护为切入点，谈谈此类案件数额认定（即煤矿产品价值认定）的辩护思路。

一、法律规定

对于非法采矿案件，最高人民法院、最高人民检察院于 2016 年 11 月发布《关于办理非法采矿、破坏性采矿刑事案件适用法律若干问题的解释》（以下简称《非法采矿解释》），明确了"情节严重""情节特别严重"的认定条件,对非法采矿罪的数额标准进行上调。①

除此之外,《非法采矿解释》第十三条亦明确了此类案件犯罪数额的认定方式:"非法开采的矿产品价值,根据销赃数额认定;无销赃数额、销赃数额难以查证,或者根据销赃数额认定明显不合理的,根据矿产品价格和数量认定。矿产品价值难以确定的,依据下列机构出具的报告,结合其他证据作出认定:(一)价格认证机构出具的报告;(二)省级以上人民政府国土资源、水行政、海洋等主管部门出具的报告;(三)国务院水行政主管部门在国家确定的重要江河、湖泊设立的流域管理机构出具的报告。"

换言之,对于非法采矿的数额问题,立法采取层次性的认定方法,即首先考虑销赃数额,在销赃数额不明确或明显不合理时则结合价格认定机构报告、省级以上行政主管部门报告等相关材料来认定矿产品的价格和数量,并计算矿产品的价值。

二、具体要点

(一)销售价格、购买价格:积极取证

由于非法采煤案件多为未取得采矿许可证、超越许可范围等违规采矿情形,因此煤矿主在对外销售时常见低价倾向,其售价通常低于市场均价,故若依据销赃数额来认定行为人非法开采的数额,通常对其有

---

① 《最高人民法院、最高人民检察院关于办理非法采矿、破坏性采矿刑事案件适用法律若干问题的解释》第三条第一款规定:"实施非法采矿行为,具有下列情形之一的,应当认定为刑法第三百四十三条第一款规定的'情节严重':(一)开采的矿产品价值或者造成矿产资源破坏的价值在十万元至三十万元以上的;(二)在国家规划矿区、对国民经济具有重要价值的矿区采矿,开采国家规定实行保护性开采的特定矿种,或者在禁采区、禁采期内采矿,开采的矿产品价值或者造成矿产资源破坏的价值在五万元至十五万元以上的;(三)二年内曾因非法采矿受过两次以上行政处罚,又实施非法采矿行为的;(四)造成生态环境严重损害的;(五)其他情节严重的情形。"

利。因此，辩护律师应向当事人确认涉案的大体销售金额，并对检方指控的矿产品价值是否畸高有所预判。若初步确定实际销售金额对当事人有利，则辩护律师在必要时可补充搜集相关财务账册、过磅单据等证据材料，或向办案机关提供相关证人、证物的线索。

在司法实务中，司法机关通常结合买卖双方的记账凭证、交易流水等证据来认定煤炭买卖的销售金额或购买金额。例如在威科先行法律数据库收录的"王某1、王某2等非法制造、买卖、运输、邮寄、储存枪支、弹药、爆炸物案"中，韩某伙同张某1、史某非法开采煤炭，将213吨煤炭以42600元的价格通过王某4出售给贺某。经审理，法院根据买家贺某的证言以及其书写的煤炭销售记录、账本记录，认为该批213吨煤炭应当根据销赃价格认定，即认为非法开采煤炭价值共计42600元。又如在"黄某、张某重大责任事故、非法采矿案"[①]中，在案的检斤单证、账本、费用明细账、保管账、银行存款日记账、称重单、会计账簿、会计凭证、煤矸石账本等证据证实2016年8月至2017年10月17日万某煤矿的出煤及销售情况。专业审计机构对以上材料进行审计，并且对于不能确定销售金额的煤炭数量予以扣除，最终法院据此确认了该案的非法采煤数额。

（二）运输费、装车费：要求扣减

当前司法实务机关对于此类案件中运输费用、装车费用等犯罪成本的处理仍然存在较大争议。例如在威科先行法律数据库收录的"卢某、王某1等非法采矿案"中，法院经审理认为，由于该案出售的柴煤已不存在，无法通过实物鉴定确定坑口价格，故从已确定的运输到买方处的销售价格中核减掉从坑口运输至买方处额外增加的运输成本符合常情常理，在认定犯罪数额时更有利于被告人，因此法院对公诉机关核减实际

---

① 参见辽宁省朝阳市中级人民法院（2019）辽13刑终183号刑事裁定书。

支出的运输费用、装车费用予以支持。与之相反，在"张某某非法采矿案"[①]中，辩护人提出本案销售采矿的价款 22 万元包括运输、人工等成本费用，应予以扣除。然而法院认为，根据相关司法解释的规定，非法开采的矿产品价值应根据销赃数额认定，且并不要求扣除成本等费用，故对该辩护意见不予采纳。

笔者认为，以上类案异判的原因在于对非法采矿案件"矿产品价值"的解读分歧。产品价值是由产品的功能、特性、品质、品种与式样等内在因素所产生的价值，买卖双方达成的交易总价只是一种外在表现形式，尤其在合同总价款中包含了运输费、装车费等额外费用的情况下，交易总价与矿产品价值并不能简单等同。因此，对于矿产品价值的认定应当具有一定独立性，关注矿产品本身的使用价值、交易价值系其应有之义，将额外的运输成本进行扣除便成为矿产品价值计算的应然结果。

（三）价格认定程序、认定方法：细致审查

经过对公开案例的研究，笔者发现各地物价局价格认定中心出具的价格认定结论成为审判实务中认定煤炭价值的重要依据。2015 年 10 月，国家发展和改革委员会印发《价格认定规定》，规范、指导各地价格认定工作。2016 年 4 月，国家发展和改革委员会价格认证中心印发《价格认定行为规范》，进一步规范价格认定行为，统一价格认定程序和方法。因此，辩护律师应熟悉相关行政规范，对涉案价格认定报告的认定人员资质、价格认定基准日、具体认定方法等要素进行逐一审查，以寻找辩护突破口。

1.了解煤炭价格走势，争取基准日的最优选

根据《价格认定行为规范》第七条的规定，各级纪检监察、司法、行政机关在其出具的价格认定协助书中应当明确价格认定基准日，然而

---

① 参见云南省陇川县人民法院（2019）云 3124 刑初 52 号刑事判决书。

该规范并未明确该基准日的具体确定标准。在司法实践中，价格认定基准日的选择亦未统一。例如在付某非法采矿案[①]中，法院认定被告人付某于2010年至2012年在未取得采矿许可证的情况下非法开采煤炭资源。对此，Y市郊区价格认证中心于2017年1月22日出具价格认定结论书，认定标的在价格认定基准日（即2011年至2012年）的认定价格为665元/吨。最终法院对该证据予以采纳。又如在屈某、谢某等非法采矿案[②]中，法院认定，2015年10月被告人屈某、谢某、刘某组织工人擅自在煤矿内非法采矿。对此，L市价格认证中心出具认定报告书，证实涉案私开矿点在价格认定基准日2015年12月29日平均价格约为230元/吨。后法院对该报告予以采纳。

由此可见，在对煤炭价值认定的司法实务中，价格认定基准日的选择尚无统一标准，某一时间点，某一时间段，甚至某一自然年均可能作为价格认定的基准日。因此辩护律师应结合具体案情，在熟悉煤炭市场价格走势的基础上，尽可能地争取最有利的基准日价格，必要时可检索相似案例以增强说服力。

2. 综合案件事实情况，研判认定方法的适宜性

根据《价格认定行为规范》第五十八条的规定，价格认定机构可选择市场法、成本法、收益法、专家咨询法等价格认定方法，例如在交易市场发育充分，参照物及其与价格认定标的可比较的指标、技术参数等资料可以搜集到的场合，更宜选择使用市场法；在具备采用的成本资料、各种损耗可以量化的场合，更宜选择使用成本法。因此，辩护律师应仔细分析价格认定中心出具的价格认定报告，综合涉案煤炭的情况及在案的相关证据材料，对价格认定中心所选择的认定方法是否适宜进行研判。

---

① 参见山西省阳泉市中级人民法院（2017）晋03刑终223号刑事裁定书。
② 参见山西省乡宁县人民法院（2018）晋1029刑初29号刑事判决书。

（四）新矿、旧坑：充分举证

在审判实践中，省级自然资源厅等部门多基于地质勘查院对涉案煤炭资源破坏数额的勘测核算结果，在确认涉案勘测报告的技术方法可行、计算参数正确的基础上肯定勘测结果，并据此认定涉案煤炭的价值。然而较多地质勘测报告系对涉案矿井整体性破坏程度的勘探与计量，在行为人"旧坑新采"的场合结论明显失当。因此，辩护律师应当关注在案辨认笔录、现场检查照片、勘验记录以及相关供述和证言，判断涉案煤矿此前是否已被开采，提供充分证据以抗辩勘测计量报告的整体性认定结果。必要时，辩护律师可申请相关知情人员出庭作证，或申请鉴定人员、有专门知识的人对勘测情况进行解释说明，亦可组织专家论证会、听取相关专家的意见以作"攻玉之石"。

审判实务中，司法机关对涉案煤矿是否属于"旧坑"往往较为关注。例如在屈某、谢某等非法采矿案[①]中，法院认定被告人屈某、谢某、刘某等人非法开采煤炭，共计开采原煤六天左右。针对辩护人所提的该煤矿系"旧坑"的辩护意见，法院认为涉案被告人相应期间共生产、销售原煤80余吨，获利22000元，且所开采的矿口为一废弃的非法采矿坑口，而勘测核算报告是对该私开矿整体非法开采造成矿产资源破坏的鉴定，并非对四被告人非法开采的部分资源进行破坏鉴定，不能排除四被告人非法采矿造成的矿产资源破坏价值未达到司法解释规定的入罪标准的合理怀疑。因此，最终法院未采纳该勘测核算报告，宣告涉案被告人不构成非法采矿罪。与之相似，在付某某非法采矿案[②]中，地质勘查院出具的煤炭资源破坏数额勘测核算报告认定本案非法采出及破坏煤炭资源1874.07吨，价值1246253元人民币。辩护人申请传唤证人程某某、霍某某到庭作证，并申请通知鉴定人员到庭说明对案发现场勘查时的情况，

---

① 参见山西省乡宁县人民法院（2018）晋1029刑初29号刑事判决书。
② 参见山西省阳泉市郊区人民法院（2017）晋0311刑初84号刑事判决书。

用以证实私采的洞口系老旧洞口,被告人付某某不应承担全部责任。经审理,法院对该辩护意见予以采纳,并在量刑时予以综合考虑。

综上所述,非法采煤案件中的煤炭价值认定不仅关系到罪与非罪的界分,亦影响法定刑的适用,因此辩护律师在案件办理中应予以重视,从事实与证据层面展开充分辩护。

生产、销售不符合安全标准的食品案件的辩护

健康安全是人民群众的底线安全，而"民以食为天"，因此食品安全又是民众健康安全的基本诉求。在民众食品安全的法律保护体系中，以生产、销售不符合安全标准的食品罪为代表的罪名及相关刑事规范扮演着重要角色，发挥了显著作用。然而，从实践的角度来看，某些生产、销售不符合安全标准的食品案件的司法处理，又确实存在值得商榷之处。笔者以生产、销售不符合安全标准的食品案件的辩护为视角，结合《最高人民法院、最高人民检察院关于办理危害食品安全刑事案件适用法律若干问题的解释》（法释〔2021〕24号）（以下简称《解释》）等有关规定，简要分析该类案件司法处理过程中可能遇到的几个重要问题。

一、案情简介

2019年8月28日，某市某区市场监督管理局对A公司销往某超市的豆芽菜进行抽检，经检验，在黄豆芽中检出恩诺沙星成分，含量为1190μg/kg。经过公安机关侦查、检察机关审查起诉，江某甲、江某乙、孙某某、王某某被以生产、销售不符合安全标准的食品罪起诉到法院。法院经审理认定：2012年起，江某甲、江某乙先后注册成立了B公司、A公司，后在某处从事豆芽菜生产、销售活动，所生产的豆芽菜销往该市某蔬菜市场及各超市。为增加黄豆芽保存时间以及改良外观，江某甲、江某乙从2017年9月至2019年8月陆续向孙某某购买"001粉"（主要

成分为恩诺沙星、甲硝唑），交给王某某等人在黄豆芽生产过程中配比后予以添加。经统计，2018 年 1 月至案发时销售使用"001 粉"的黄豆芽共计人民币 147 万余元。法院还认定：在本不应当检测出恩诺沙星成分的黄豆芽中检出恩诺沙星成分，含量为 1190μg/kg，已严重超出限量，足以危害人体健康；自 2017 年 9 月起，孙某某在明知江某甲等人系用于豆芽生产的情况下，将含有恩诺沙星的"001 粉"多次销售给江某甲。

二、可能的辩点

（一）认定行为人生产、销售的食品属于不符合食品安全标准的食品，须以存在关于该食品的成文的、明确的安全标准为前提，不能准用、依据彼食品的安全标准将此食品评价为不符合食品安全标准的食品

《刑法》第一百四十三条规定："生产、销售不符合食品安全标准的食品，足以造成严重食物中毒事故或者其他严重食源性疾病的，处三年以下有期徒刑或者拘役，并处罚金；对人体健康造成严重危害或者有其他严重情节的，处三年以上七年以下有期徒刑，并处罚金；后果特别严重的，处七年以上有期徒刑或者无期徒刑，并处罚金或者没收财产。"

《解释》第一条规定："生产、销售不符合食品安全标准的食品，具有下列情形之一的，应当认定为刑法第一百四十三条规定的'足以造成严重食物中毒事故或者其他严重食源性疾病'：（一）含有严重超出标准限量的致病性微生物、农药残留、兽药残留、生物毒素、重金属等污染物质以及其他严重危害人体健康的物质的；（二）属于病死、死因不明或者检验检疫不合格的畜、禽、兽、水产动物肉类及其制品的；（三）属于国家为防控疾病等特殊需要明令禁止生产、销售的；（四）特殊医学用途配方食品、专供婴幼儿的主辅食品营养成分严重不符合食品安全标准的；（五）其他足以造成严重食物中毒事故或者严重食源性疾病的情形。"

根据《刑法》及《解释》规定的文义判断，"生产、销售不符合食品安全标准的食品"与"足以造成严重食物中毒事故或者其他严重食源性疾病"是生产、销售不符合安全标准的食品罪客观构成要件中的两项相互独立的内容，因此，不能将关于生产、销售的食品是否属于"不符合食品安全标准的食品"的判断等同于关于生产、销售该食品是否"足以造成严重食物中毒事故或者其他严重食源性疾病"的判断，不能仅基于生产、销售特定食品"足以造成严重食物中毒事故或者其他严重食源性疾病"便认为生产、销售的食品属于"不符合食品安全标准的食品"。换句话说，在具体案件中，对于行为人生产、销售的食品是否属于"不符合食品安全标准的食品"和生产、销售该食品是否"足以造成严重食物中毒事故或者其他严重食源性疾病"，应当作分别的、独立的判断。

不难发现，关于生产、销售特定食品是否"足以造成严重食物中毒事故或者其他严重食源性疾病"，《解释》第一条规定了较为明确的判断标准，司法人员在处理个案过程中可以直接运用。但是关于"不符合食品安全标准的食品"的内涵及判定标准，《解释》中并未作出说明或规定。实践中，关于行为人生产、销售的食品是否属于"不符合食品安全标准的食品"的判断或相关观点，有时缺乏合理性。如在上述案例中，行为人生产、销售的黄豆芽被检测出内含恩诺沙星，含量为1190μg/kg，对此，有观点认为，依据原农业部第235号公告《动物性食品中兽药最高残留限量》（附录2），恩诺沙星在动物性食品肌肉中最高残留限量为100μg/kg，豆芽中恩诺沙星最高残留限量应当参照适用动物性食品肌肉中恩诺沙星的最高残留限量标准，因此行为人生产、销售的黄豆芽属于"不符合食品安全标准的食品"。

应当说，该观点之所以提出豆芽中恩诺沙星最高残留限量应当参照适用动物性食品肌肉中恩诺沙星的最高残留限量标准，前提可能是《食品安全国家标准 食品添加剂使用标准》（GB 2760—2014）和《豆芽卫生标准》（GB 22556—2008）对豆芽中能否添加恩诺沙星没有作出相应规定。然而，该参照适用动物性食品肌肉中恩诺沙星的最高残留限量标准，判定生产、销售的豆芽"不符合食品安全标准"的做法，似乎有违反罪刑法定原则之嫌。

根据罪刑法定原则"明确性"的要求，犯罪的构成要件应当明确，具体到生产、销售不符合安全标准的食品罪，诸如"不符合食品安全标准的食品"等构成要件要素的范围应当明确。就"不符合食品安全标准的食品"而言，其范围明确依赖于"食品安全标准"这一概念的指向明确，而想要保证"食品安全标准"指向明确，应当将其解释为关于食品的成文的、明确的安全标准，具体到个案中，则应当将其解释为关于行为人生产、销售的食品的成文的、明确的安全标准。也就是说，对于个案中行为人生产、销售的食品而言，如果不存在关于该食品的成文的、明确的安全标准，那么就不能作该食品是否"不符合食品安全标准"层面的判断，否则可能会导致该项判断的实质无标准性，进而可能会导致生产、销售不符合安全标准的食品罪"生产、销售不符合食品安全标准的食品"要件的虚无化以及该罪的"随意适用"。由此看来，参照适用关于彼食品的成文的、明确的安全标准来判断此食品是否属于"不符合食品安全标准的食品"，似乎有导致类推适用刑法的较大风险。

（二）在需要判断行为人生产、销售的食品中是否含有严重超出标准限量的特定严重危害人体健康的物质时，不能当然根据关于已查获食品中特定危害物质含量的鉴定意见或检验报告来推定未查获食品中特定危害物质的含量

司法实践中，在判断行为人生产、销售的食品中是否含有严重超出标准限量的特定严重危害人体健康的物质（如致病性微生物、农药残留、兽药残留、生物毒素等）时，关于食品中该特定危害物质含量的专业鉴定意见或检验报告通常是最为关键的参考依据。然而，在某些案件中，

行为人在一段时间内连续生产、销售某类食品,但司法机关仅查获到行为人生产、销售的部分该类食品,在此情况下,能否将关于被查获食品中特定危害物质含量的鉴定意见或检验报告作为判断未被查获食品中特定危害物质含量的资料或依据呢?换句话说,如果经鉴定或检验,被查获食品中特定危害物质的含量严重超出标准限量,那么能否据此推定未被查获的同类食品中也含有严重超出标准限量的该种特定危害物质呢?

笔者认为,在具体案件中,如果没有充分证据能够证明以下两点,那么前述问题的答案就是否定的:其一,被查获食品与未被查获食品的生产方法、程序是相同的;其二,在被销售之前,被查获食品所处的外部环境和未被查获食品所处的外部环境,不会致使两者特定危害物质的含量发生不同的变化。实践中,满足该两个条件的被查获食品和未被查获食品,往往表现为属于同一批次生产、销售的同类食品,或者在相近时间生产、销售的同类食品。

由此可见,不能当然将关于已查获食品中特定危害物质含量的鉴定意见或检验报告作为判断未查获食品中特定危害物质的含量的资料,更不能当然根据关于已查获食品中特定危害物质含量的鉴定意见或检验报告来推定未查获食品中特定危害物质的含量。

(三)如果是共同犯罪,法院对所有犯罪人判处的罚金总额不超过生产、销售金额的二倍,而非对各犯罪人均可判处生产、销售金额的二倍的罚金

在生产、销售不符合安全标准的食品共同犯罪中,往往各犯罪人生产、销售不符合安全标准的食品的犯罪数额是相同的。《解释》施行前,2013年《最高人民法院、最高人民检察院关于办理危害食品安全刑事案件适用法律若干问题的解释》(法释〔2013〕12号)(现已失效,以下简称2013年《解释》)第十七条规定:"犯生产、销售不符合安全标准的食品罪,生产、销售有毒、有害食品罪,一般应当依法判处生产、销

售金额二倍以上的罚金。"因此,以上述案件为例,值得思考的一个问题是,在《解释》施行前,法院在处理生产、销售不符合安全标准的食品共同犯罪案件时,能否对各个犯罪人均判处二倍于生产、销售金额的罚金?

笔者认为应当不能。因为该种做法极可能违背了适用罚金刑时应当遵循的比例原则。如果认可该种做法,可能会导致以下现象:甲独自一人实施生产、销售不符合安全标准的食品犯罪行为,生产、销售金额为人民币20万元,法院在适用罚金刑时,对甲判处罚金人民币40万元;甲、乙、丙三人共同实施生产、销售不符合安全标准的食品犯罪行为,生产、销售金额为人民币20万元,法院在适用财产刑时,对甲、乙、丙三人分别判处罚金人民币40万元,即对甲、乙、丙三人判处的罚金的总额为人民币120万元。这一现象显然是不合理的。

由此可见,在涉及生产、销售不符合安全标准的食品共同犯罪的场合,应当将2013年《解释》第十七条的规定理解为共同犯生产、销售不符合安全标准的食品罪,生产、销售有毒、有害食品罪,对各共同犯罪人判处的罚金的总额一般应当在生产、销售金额的二倍以上。而这一理解,恰与《解释》第二十一条第二款之规定——"共同犯罪的,对各共同犯罪人合计判处的罚金一般应当在生产、销售金额的二倍以上"相契合。

销售假冒注册商标的商品案件的几个辩点

《刑法修正案（十一）》对《刑法》第二百一十四条销售假冒注册商标的商品罪的条文进行了修改，修改后的条文为："销售明知是假冒注册商标的商品，违法所得数额较大或者有其他严重情节的，处三年以下有期徒刑，并处或者单处罚金；违法所得数额巨大或者有其他特别严重情节的，处三年以上十年以下有期徒刑，并处罚金。"从实践的角度看，销售假冒注册商标的商品罪本为刑法保护知识产权的重要罪名，销售假冒注册商标的商品刑事案件也是侵犯知识产权刑事案件中数量占比较高的类型，随着《刑法修正案（十一）》的施行，销售假冒注册商标的商品罪再度引发了学界和实务界的重点关注，关于该罪的探讨甚至争论再次进入了深水区。笔者立足于销售假冒注册商标的商品罪的相关规定，结合实践和法理，就《刑法修正案（十一）》施行后销售假冒注册商标的商品刑事案件可能涉及的重要辩点作出梳理和分析。

一、被假冒的注册商标的有效期已满且商标注册人未依法办理续展手续的，假冒该商标的商品不属于"假冒注册商标的商品"

《商标法》第四十条第一款规定："注册商标有效期满，需要继续使用的，商标注册人应当在期满前十二个月内按照规定办理续展手续；在此期间未能办理的，可以给予六个月的宽展期。每次续展注册的有效期为十年，自该商标上一届有效期满次日起计算。期满未办理续展手续的，注销其注册商标。"可见，有效期已满且商标注册人未在规定期限内办理续展手续的注册商标的专用权,不受《商标法》保护。也就是说,对于有效期已满且商标注册人未在规定期限内办理续展手续的注册商标而言,未经商标所有人许可,在同一种商品上使用与其相同的商标的行为不构成假冒注册商标;未经商标所有人许可,使用与其相同的商标的同一种商品不属于"假冒注册商标的商品"。由此可以得出结论:对使用与有效期已满且商标注册人未依法办理续展手续的注册商标相同的商标的同一种商品进行销售的行为,不构成销售假冒注册商标的商品罪。

二、注册商标核定使用的商品长时间没有实际生产、销售,假冒该注册商标的商品不应被认定为销售假冒注册商标的商品罪中的"假冒注册商标的商品"

《最高人民法院、最高人民检察院、公安部关于办理侵犯知识产权刑事案件适用法律若干问题的意见》(以下简称《意见》)中规定:"认定'同一种商品',应当在权利人注册商标核定使用的商品和行为人实际生产销售的商品之间进行比较。"然而,在实践中,有的市场主体注册了不止一个商标,但其中部分注册商标核定使用的商品长时间没有实际生产、销售,即其中部分注册商标长时间未被实际使用,从而出现"商标空置"现象。笔者认为,就核定使用的商品长时间没有实际生产、销售的注册商标来说,使用与其相同的商标的商品不应被评价为销售假冒注册商标的商品罪中的"假冒注册商标的商品"。理由在于:一方面,核定使用的商品长时间没有实际生产、销售的注册商标的专用权,即权利人长时间不予行使的注册商标专用权,不值得刑法保护。另一方面,《最高人民法院、最高人民检察院关于办理侵犯知识产权刑事案件适用法律若干问题的解释》第二十八条第一款规定:"本解释所称'非法经营数额',是指行为人在实施侵犯知识产权行为过程中,制造、储存、运输、销售侵权产品的价值。已销售侵权产品的价值,按照实际销售的价格计算。尚未销售侵权产品的价值，按照已经查清的侵权产品实际销售平均价格计算。实际销售平均价格无法查清的，按照侵权产品的标价计算。无法查清实际销售价格或者侵权产品没有标价的，按照被侵权产品的市场中间价格计算。"基于该规定，如果销售假冒核定使用的商品长时间没有实际生产、销售的注册商标的商品被认定为"销售假冒注册商标的商品"，那么在销售假冒该类注册商标的商品构成未遂，而假冒该类注册商标的商品没有标价且无法查清其实际销售价格的场合，非法经营数额便无法认定，因为被假冒注册商标的商品未实际生产、销售而根本不存在市场中间价格。因此，不应将假冒核定使用的商品长时间没有实际生产、销售的注册商标的商品评价为"假冒注册商标的商品"，不应将销售假冒该类注册商标的商品的行为评价为"销售假冒注册商标的商品"行为。至于"核定使用的商品长时间没有实际生产、销售"中的"长时间"应当如何把握，笔者认为，可以参考《商标法》第四十九条第二款中"注册商标成为其核定使用的商品的通用名称或者没有正当理由连续三年不使用的，任何单位或者个人可以向商标局申请撤销该注册商标"之规定，将"长时间"的时长确定为三年。由此，就核定使用的商品在商标核准注册之日起满三年仍未实际生产、销售的注册商标而言，使用与其相同的商标的商品不应被评价为销售假冒注册商标的商品罪中的"假冒注册商标的商品"。

三、在交易对手特定化之前，行为人为了销售而购进、储存假冒注册商标的商品的行为，最多可以评价为销售假冒注册商标的商品的预备行为

有观点认为，对于有假冒注册商标的商品且拟予以销售的行为人而言，如果假冒注册商标的商品尚未销售，那么在货值金额达到定罪标准的场合，应当认为行为人构成销售假冒注册商标的商品罪的未遂。该观

点似乎契合《意见》中"销售明知是假冒注册商标的商品,具有下列情形之一的,依照刑法第二百一十四条的规定,以销售假冒注册商标的商品罪(未遂)定罪处罚:(一)假冒注册商标的商品尚未销售,货值金额在十五万元以上的;(二)假冒注册商标的商品部分销售,已销售金额不满五万元,但与尚未销售的假冒注册商标的商品的货值金额合计在十五万元以上的"之规定,但实际上失之片面。因为在行为人为了销售而购进、储存假冒注册商标的商品,但销售相对方尚未确定的场合,销售假冒注册商标的商品罪的法益尚未面临现实而紧迫的危险,因而不能认为行为人已经着手实施了销售假冒注册商标的商品的行为,而最多可以将行为人为了销售而购进、储存假冒注册商标的商品的行为评价为销售假冒注册商标的商品的预备行为,在此情况下,如果行为人在寻找买家的过程中被查获其拟销售的假冒注册商标的商品,那么最多可认为行为人的行为构成犯罪预备。由此,笔者认为,应当将《意见》上述条款中的"假冒注册商标的商品尚未销售"理解为"行为人的交易对手已经确定,但假冒注册商标的商品尚未销售给交易对手",唯此才有可能避免该条款的泛化、不合理适用。

四、在购买者"知假买假"的场合,行为人已着手销售、但未实际售出的假冒注册商标的商品的货值金额,往往不能按照被假冒注册商标的商品的市场中间价格计算

《最高人民法院、最高人民检察院关于办理侵犯知识产权刑事案件适用法律若干问题的解释》第二十八条第一款规定:"本解释所称'非法经营数额',是指行为人在实施侵犯知识产权行为过程中,制造、储存、运输、销售侵权产品的价值。已销售侵权产品的价值,按照实际销售的价格计算。尚未销售侵权产品的价值,按照已经查清的侵权产品实际销售平均价格计算。实际销售平均价格无法查清的,按照侵权产品的

标价计算。无法查清实际销售价格或者侵权产品没有标价的，按照被侵权产品的市场中间价格计算。"根据该规定，对于行为人已经着手销售、但未实际售出的假冒注册商标的商品，如果没有标价且无法查清其实际销售价格，那么应当按照被假冒注册商标的商品的市场中间价格计算其货值金额。然而，很多时候，在销售假冒注册商标的商品案件中，存在购买者明知是假冒注册商标的商品而予以购买即"知假买假"的情形。在该类案件中，假冒注册商标的商品的实际销售价格往往明显低于被假冒注册商标的商品的市场中间价格，甚至与被假冒注册商标的商品的市场中间价格之间存在巨大差距。此时，如果基于行为人已经着手销售、但未实际售出的假冒注册商标的商品没有标价且无法查清其实际销售价格，而按照被假冒注册商标的商品的市场中间价格计算其货值金额，则可能会引发这样的问题——如果假冒注册商标的商品已被售出，那么按照其实际销售价格计算，行为人的行为没有达到定罪的数额标准；如果等量的假冒注册商标的商品未被售出，且其没有标价，亦无法查清其实际销售价格，则按照被假冒注册商标的商品的市场中间价格计算，行为人的行为远远超过了定罪的数额标准。应当说，该问题所反映的现象是明显不合理的。因此，笔者认为，在很多存在购买者"知假买假"的场合，行为人已着手销售、但未实际售出的假冒注册商标的商品的货值金额，往往不能按照被假冒注册商标的商品的市场中间价格来进行计算。

特殊类型行贿犯罪的认定

2021年9月,中央纪委国家监委与中央组织部、中央统战部、中央政法委、最高人民法院、最高人民检察院联合印发了《关于进一步推进受贿行贿一起查的意见》(以下简称《意见》),对进一步推进受贿行贿一起查作出部署。[①]《意见》的制定和出台,为纪检监察机关、审判机关和检察机关根据职能职责查处和严肃惩治行贿行为提供了充分的"心理支持"和方向指引。然而,由于实践中存在不少样态复杂的行贿案件,因此就某些具体的行贿案件而言,展开深度分析从而作出妥当定性,具有重要意义。本文拟就以下三种特殊类型行贿行为的认定略作探讨。

一、"给予加速处理费"型行贿行为

"给予加速处理费"通常是指为了加快获得某种利益而给予国家工作人员财物的行为。给予国家工作人员"加速处理费"是否属于行贿,关键要看行为人是否为谋取不正当利益,或者是否将"给予加速处理费"作为国家工作人员为其谋取不正当利益的对价。那么,何谓不正当利益?根据《最高人民法院、最高人民检察院关于办理行贿刑事案件具体应用法律若干问题的解释》(法释〔2012〕22号)第十二条第一款的规定,行贿犯罪中的"谋取不正当利益",是指行贿人谋取的利益违反法

---

① 参见《中央纪委国家监委会同有关单位联合印发〈关于进一步推进受贿行贿一起查的意见〉》,载中共中央纪律检查委员会、中华人民共和国国家监察委员会网,https://www.ccdi.gov.cn/toutiaon/202109/t20210908_146938.html,2024年8月5日访问。

律、法规、规章、政策规定，或者要求国家工作人员违反法律、法规、规章、政策、行业规范的规定，为自己提供帮助或者方便条件。此外，根据该条第二款的规定，违背公平、公正原则，在经济、组织人事管理等活动中，谋取竞争优势的，应当认定为"谋取不正当利益"。具体到"给予加速处理费"型行贿案件，行为人谋取的不正当利益一般表现为以下两类：一是国家工作人员违反规定为行为人加速处理特定事项，如行为人谋取的利益依照相关规定须经过一定期限才能获得，但其要求国家工作人员违反期限规定帮助其提前获得；二是国家工作人员违背公平原则，为行为人加速处理特定事项以帮助其获取竞争优势，如在行为人与竞争者就相同或相似事项申请行政许可，且行为人与竞争者所提出的申请均符合法定条件、标准的场合，行为人要求国家工作人员违背"按照申请的先后顺序进行审查"的公平原则，为其加速审批通过以帮助其获取市场竞争优势。

值得注意的是，实践中存在一种情形：行为人为了促使国家工作人员正常履行职责而给予其"加速处理费"。如行为人向国家机关提出了行政审批申请，但具体负责审查的国家工作人员怠于履行职责，超出法定审查期限仍未作出审查结果，在此情况下，行为人给予该国家工作人员"加速处理费"，请求其尽快作出审查结果。笔者认为，对于行为人为了促使国家工作人员正常履职而给予其"加速处理费"的行为，不宜评价为行贿。原因在于行为人虽有给予国家工作人员"加速处理费"的行为，但其是为了促使国家工作人员依法履行职责，其谋取的是"正当利益"，虽然行为人给予"加速处理费"的行为不被提倡，但该行为不属于"以财物换取公权力不当运用"的情形，因此如果对该行为以行贿论处，则有突破行贿的"法律边界"之嫌。

二、"借款"型行贿行为

实践中，存在一种颇具伪装性、隐蔽性的行贿行为：行为人通过构建与国家工作人员之间的"借款"关系，行行贿之实。该类行贿方式在现实中通常又至少包括两种样态：一是行为人通过向国家工作人员提供"长期或不定期借款"来行贿，二是行为人通过从国家工作人员处"借款"后向国家工作人员支付高额"利息"来行贿。

对于行为人向国家工作人员提供"长期或不定期借款"的行为是否属于行贿的判断，可以从以下几方面入手。其一，行为人与国家工作人员之间的关系。如果行为人与国家工作人员之间客观上只有请托与被请托的关系，而不存在其他诸如亲属关系或同学关系等社会关系，则行为人向国家工作人员提供"长期或不定期借款"的行为可能具有伪装性。其二，国家工作人员"借款"的事由以及行为人向国家工作人员提供"长期或不定期借款"时国家工作人员的经济状况。如果国家工作人员"借款"的事由缺乏合理性或者国家工作人员在"借款"时经济状况好，根本没有"借款"必要，则行为人向国家工作人员提供的"长期或不定期借款"可能有名无实。其三，行为人向国家工作人员提供"长期或不定期借款"时是否与国家工作人员签订"借款协议"，国家工作人员在"借款到期"后或有能力偿还"借款"时有否偿还"借款"。如果行为人向国家工作人员提供"长期或不定期借款"时未与国家工作人员签订"借款协议"，而国家工作人员在"借款到期"后或有能力偿还"借款"时也未偿还"借款"，则该"借款"的真正属性存疑。其四，行为人是否通过国家工作人员的职务行为获取了不正当利益。如果行为人通过国家工作人员的职务行为获取了不正当利益，那么行为人向国家工作人员提供"长期或不定期借款"的行为实际上可能是掩盖其给予国家工作人员财物以作为国家工作人员为其谋取利益之对价的"外衣"。

关于行为人通过从国家工作人员处"借款"后向国家工作人员支付高额"利息"的行为是否属于行贿行为，一般可以通过考察行为人与国家工作人员之间的关系、行为人"借款"的事由、行为人"借款"时的经济状况、"借款利息"的具体数额以及行为人是否通过国家工作人员的职务行为获取了不正当利益等方面加以把握。尤其是在行为人从国家工作人员处"借款"后向国家工作人员支付的"借款利息"明显过高且行为人通过国家工作人员的职务行为获取了不正当利益的场合，行为人往往存在以"借款后还款付息"之名，行行贿之实的情形。

三、"感情投资"型行贿行为

"感情投资"型行贿行为，通常是指行为人在日常生活中"多次"以"人情往来"的名义给予国家工作人员财物，对国家工作人员进行"感情投资"，同国家工作人员建立、保持"感情联络"，并在"合适时机"下通过国家工作人员的职务行为谋取不正当利益的情形。实践中，认定具体的行为是否构成"感情投资"型行贿，往往存在两个难点：一是行为人在日常生活中"多次"以"人情往来"名义给予国家工作人员财物的行为是否真正属于"人情往来"的范畴？二是行为人在日常生活中"多次"以"人情往来"名义给予国家工作人员财物的行为与行为人通过国家工作人员的职务行为获取不正当利益之间是否存在事实上的关联？笔者认为，可以通过考察以下几个方面来判断具体的行为是否应当被评价为"感情投资"型行贿。

其一，行为人与国家工作人员之间的"交往"情况。如果行为人与国家工作人员之间不存在亲属关系或同学关系等社会关系，此前也没有明显的"交往行为"，在此情况下行为人"多次"以"人情往来"名义给予国家工作人员财物的行为，其背后目的很可能指向国家工作人员的"手中之权"。

其二，行为人与国家工作人员之间的"人情往来"是否属于实质上的"单方面财物输送"。如果在行为人与国家工作人员"交往"过程中，总是行为人给予国家工作人员"人情费"，而国家工作人员从未给予行为人"人情费"，或者行为人给予国家工作人员的"人情费"总额明显高于国家工作人员给予行为人的"人情费"总额，那么行为人与国家工作人员之间的"人情往来"基本属于实质上的"单方面财物输送"，而不宜被界定为纯粹的、正常的"人情往来"。

其三，行为人给予国家工作人员"人情费"的方式和数额。如果行为人在与国家工作人员"交往"过程中，基本上都是通过隐蔽性较强的方式给予国家工作人员以明显高于"正常标准"的数额较大的"人情费"，那么行为人给予国家工作人员的"人情费"极可能不是真正意义上的人情费。

其四，国家工作人员的职务对行为人从事特定活动是否具有制约性，且行为人在与国家工作人员"交往"时是否认识到或者应当认识到该制约性。如果行为人在与国家工作人员"交往"过程中，基于自身身份情况、工作情况、家庭情况等因素已经认识到或者应当认识到国家工作人员的职务对其从事特定活动具有制约性，在此情况下仍"多次"以"人情往来"名义给予国家工作人员财物，那么行为人"多次"给予国家工作人员"人情费"的行为与行为人通过国家工作人员的职务行为获取不正当利益之间很可能存在事实上的关联。

非法占用农用地罪的犯罪构成与量刑规则

2021年12月，为发挥典型案件的警示作用和刑罚的威慑力，自然资源部公开通报100起涉刑土地违法案件。[①] 在这100起典型案件中，绝大多数涉及《刑法》第三百四十二条非法占用农用地罪。笔者将以这些典型案例为基础，结合该罪构成要件及司法规范性文件，对该罪的司法呈现作简要梳理与归纳，并浅谈几点思考。

一、量刑整体较轻，缓刑比例不高

非法占用农用地罪法定最高刑为五年有期徒刑，并非传统意义上的"轻罪"。但在本次通报案例中，最终判处二年有期徒刑以下刑罚的案件占八成以上，一年有期徒刑以下刑罚的案件占六成以上，整体较轻。

这些案件尽管整体量刑较轻，但缓刑适用比例并不高。在所有判处三年以下有期徒刑或者拘役的案件中，适用缓刑的案件数量仅占三成。当然，个案中可能还存在累犯、悔罪表现等影响缓刑的因素，以及判前羁押判后实际刑期较短无须适用缓刑等因素，所以实际缓刑选择适用比例可能更高。

二、不同案件量刑标准差异较大

在非法占用农用地罪案件中，占用农用地的数量是社会危害性的主

---

① 参见《自然资源部公开通报100起涉刑土地违法案件》，载自然资源部网，https://gi.mnr.gov.cn/202112/t20211223_2715588.html，2024年7月26日访问。

要考量因素，也是最主要的追诉标准。在本次通报案件中，自然资源部也将每个案件中占用农用地数量予以标明。但通过比较可以发现，不同省份、不同案件中量刑标准差异较大。例如在某些案件中，被告人占用耕地200亩以上，占用基本农田100亩以上，最终被判处七个月至一年有期徒刑；但在另一些案件中，被告人占用耕地或基本农田仅约30亩，便被判处二年至四年有期徒刑。综观全部通报案件，占用农用地数量与刑罚轻重之间并没有强相关性。

当然，非法占用农用地罪案件的量刑考量因素除占用农用地数量，还应包括占用方式、对土地的毁坏程度、当地农用地资源丰富程度、违法所得、经济损失、被告人表现等各种因素，不能一概而论。在本次通报中，自然资源部并没有详尽介绍所有案件情节，仅对每个案件的占用农用地数量、占用方式、量刑进行罗列，造成了观感上的量刑差异。但是，不同案件尤其是不同地域的差异也是客观存在的，因此在个案承办时，案件量刑比较是可以考虑使用的辩护策略之一。

三、非法占用方式较为集中且贴合司法解释规定

在本次通报的非法占用农用地罪案件中，非法占用方式较为集中，绝大多数案件属于"挖坑（包括塘、池等）、建造（房屋、厂房、园区等）、采石、采矿、取土、堆放废弃物"，而这些行为方式与现行司法解释规定高度贴合。

非法占用农用地罪相关司法解释主要有《最高人民法院关于审理破坏土地资源刑事案件具体应用法律若干问题的解释》（法释〔2000〕14号，以下简称《破坏土地解释》）、《最高人民法院关于审理破坏草原资源刑事案件应用法律若干问题的解释》（法释〔2012〕15号，以下简称《破坏草原解释》）、《最高人民法院关于审理破坏森林资源刑事案件适用法律若干问题的解释》（法释〔2023〕8号，以下简

称《破坏森林解释》）[1]。以上司法解释都明确将建窑、建房、挖沙（采砂）、采石、采矿、取土（采土）、堆放废弃物等视为非法占用农用地的行为。

因此，本次案件通报可以说是自然资源部对非法占用农用地行为类型的明确与强调，为公众提供了明确的指引。但是，从预防角度来讲，应当避免的是与规定相近的所有行为。

此外，值得注意的是，"种植作物"在某些特定场合下也可能属于非法占用农用地行为。例如《破坏草原解释》与《破坏森林解释》分别规定"种植粮食作物、经济作物、林木"和"进行非林业生产、建设"为破坏草原、林地的行为。本次通报案件中虽无相关案例，但这一规定较为容易被误解或忽略。

四、"土地""农用地""耕地""永久基本农田"概念的辨析

在本次通报的所有非法占用农用地罪案件中，在描述被占用土地类型时，存在"土地""农用地""耕地""永久基本农田"四种不同称谓。显然，这四种称谓表达了不同的含义，在非法占用农用地罪的认定中也有着不同的意义。

"土地"是最广义的概念，与我们日常生活中广义的"土地"概念相同，指代一切空间上存在的土地。

"农用地"指用作农业生产的土地，是"土地"的下位概念。《土地管理法》第四条第二款规定"国家编制土地利用总体规划，规定土地用途，将土地分为农用地、建设用地和未利用地"。根据非法占用农用地罪的罪状描述及《最高人民检察院、公安部关于公安机关管辖的刑事

---

[1] 该解释施行前，有关非法占用林地行为的司法解释为《最高人民法院关于审理破坏林地资源刑事案件具体应用法律若干问题的解释》（法释〔2005〕15号，现已失效），本次通报案件中部分案件便适用了此解释。

案件立案追诉标准的规定（一）》可知，这一概念即非法占用农用地罪中的行为对象概念。

"耕地"指种植农作物的土地，是"农用地"的下位概念，与之并列的还有"园地""林地""草地"等。非法占用农用地罪的前身即《刑法修正案（二）》之前的"非法占用耕地罪"，如今"耕地"依然是非法占用农用地罪最常见的对象之一，也是追诉标准之一，非法占用基本农田以外的耕地10亩以上便达到追诉标准。

"永久基本农田"是"耕地"的下位概念，指一类特殊的耕地。《基本农田保护条例》第二条第二款规定："本条例所称基本农田，是指按照一定时期人口和社会经济发展对农产品的需求，依据土地利用总体规划确定的不得占用的耕地。"也正因此，非法占用基本农田5亩以上即达到追诉标准。

五、司法鉴定在不同案件中的地位

从《刑法》第三百四十二条的罪状描述可以看出，非法占用农用地罪的构成要件中包含两个数量要求，一为非法占用农用地数量较大，二为农用地大量毁坏。上文所述的司法解释多数也仅仅是将后者解释为"严重毁坏或者严重污染"，并未作出具体的可操作性规定。在本次通报案件中，只有接近一成的案件提到曾进行土地毁坏程度鉴定。经笔者查询，在未载明鉴定的通报案件中，有些实际上存在鉴定意见相关证据，只是未在通报案件简介中写明，而有些不存在鉴定意见相关证据。

值得注意的是，不同农用地相关司法解释对于如何评价"造成农用地毁坏"采取了不同思路。例如，2000年《破坏土地解释》规定，除具有"建窑、建坟、建房、挖沙、采石、采矿、取土、堆放固体废弃物或者进行其他非农业建设"等行为，还要另行评价行为是否造成"种植条件严重毁坏或者严重污染"，二者均满足才可构成犯罪。2012年《破坏草原解释》与 2023 年《破坏森林解释》规定，对于建窑、建房、采石、采矿等行为，直接推定造成农用地毁坏；而对于堆放废弃物等行为，则仍需评价行为是否造成农用地被严重污染或者被严重破坏，二者均满足才可构成犯罪。

对《关于深入开展虚假诉讼整治工作的意见》的若干思考

2021年11月4日，最高人民法院发布《关于深入开展虚假诉讼整治工作的意见》（以下简称《意见》），进一步强调严厉打击虚假诉讼原则，从立案、审理、执行、刑事责任等方面细化虚假诉讼案件的甄别、查处方式。《意见》主要从司法实践的角度出发，要求各级人民法院在各个环节多措并举，确保当事人无法通过虚假诉讼谋取到不正当利益。同时，《意见》多处提及刑事责任与相关内容，笔者暂记所思，以供探讨交流。

一、对高利贷中超过法定利率保护上限的利息的保护

《意见》第十四条规定："……以'罚息''违约金''服务费''中介费''保证金''延期费'等名义从事高利贷的，对于超过法定利率保护上限的利息，不予保护。"显然，该条的言下之意是高利贷中未超过法定利率保护上限的利息应当依法予以保护。

乍看来，该规定似乎与通常认知中高利贷利息不受保护的原则相悖。2019年《全国法院民商事审判工作会议纪要》（以下简称《九民纪要》）第五十三条规定："未依法取得放贷资格的以民间借贷为业的法人，以及以民间借贷为业的非法人组织或者自然人从事的民间借贷行为，应当依法认定无效……"2019年《最高人民法院、最高人民检察院、公安部、司法部关于办理非法放贷刑事案件若干问题的意见》（以下简称《非法放贷解释》）第五条第二款规定："非法放贷行为人实际收取的

除本金之外的全部财物，均应计入违法所得。"这两个规定都否定了高利贷中所有利息的合法性，不论是否处于法定保护利率区间。

实际上，以上三个规定的主体并不完全相同。不难看出，以上三个规定分别使用了"高利贷""职业放贷""非法放贷"三种不同的措辞，其区别也蕴含在字面之中。"高利贷"具有"高利"特征，即实际利率超过法定利率保护上限；"职业放贷"具有"多次"特征，即以放贷为业；"非法放贷"具有"高利"加"多次"特征，以超过36%的实际年利率多次向他人发放贷款。严格来讲，"非法放贷"中的"高利"与"多次"的定义并不与"高利贷"中的"高利"、"职业放贷"中的"多次"完全相同，但笔者仅表达特征概念，故不再作精确区分。

因此，《意见》第十四条所规定的"高利贷"概念应仅指实际利率超过法定利率保护上限的民间借贷。对于构成非法放贷型非法经营罪但又不满足职业放贷条件的案件，行为人未收回的利息已经被认定为违法所得，自然也不能被民事司法所支持，因此不能以《意见》第十四条作为对抗《非法放贷解释》对于所有利息均属违法所得的规定。

二、虚假诉讼与诉讼型诈骗的关系

这一问题其实在本次《意见》中亦有所提及。《意见》第十七条规定："……实施虚假诉讼犯罪，非法占有他人财产或者逃避合法债务，又构成诈骗罪、职务侵占罪、拒不执行判决、裁定罪、贪污罪等犯罪的，依照处罚较重的罪名定罪并从重处罚……"该规定的原型为《刑法》第三百零七条之一第三款——"有第一款行为，非法占有他人财产或者逃避合法债务，又构成其他犯罪的，依照处罚较重的规定定罪从重处罚"，但对其中的"其他犯罪"进行了部分列举。该规定实际同时蕴含了虚假诉讼并不必然构成诈骗罪、虚假诉讼可能构成诈骗罪的含义。这两个含义可以分别在不同逻辑下得出不同的结论。

从一个角度讲，虚假诉讼并不必然构成诈骗罪。因为若诉讼型诈骗罪可以成立，由于虚假诉讼罪包含"以捏造的事实提起民事诉讼"的行为，本就可以评价为诈骗罪中的实行行为，故可以说所有构成虚假诉讼罪的行为都必然构成诈骗罪，无非完成形态可能有所区别。而如今虚假诉讼并不必然构成诈骗罪，便表明不是诉讼行为本身可能构成诈骗罪，而是诉讼过程中行为人的其他行为可能构成诈骗罪，例如虚构事实诱导对方当事人达成和解等。但这一逻辑存在的问题在于，即使"以捏造的事实提起民事诉讼"的行为全部可以被评价为欺骗行为，也不是所有的虚假诉讼均以财产为诉讼标的，不是所有的虚假诉讼都是法院的行为直接导致了被害人的损失，例如串通转移财产型虚假诉讼，所以不能认为所有构成虚假诉讼罪的行为都必然构成诈骗罪。

从另一个角度讲，虚假诉讼可能构成诈骗罪，代表诉讼型诈骗罪有成立的空间。《意见》第十七条是择一重的规定，且从条文措辞可以看出应属于想象竞合的规定，即一行为同时构成虚假诉讼罪与诈骗罪，就意味着《意见》认为构成虚假诉讼罪的行为可以构成诈骗罪。当然，这一逻辑也可以用"不是诉讼行为本身可能构成诈骗罪，而是诉讼过程中行为人的其他行为可能构成诈骗罪"来反驳，但笔者更倾向于这一情形应数罪并罚，即《意见》第十七条规定的本意应为虚假诉讼行为本身可能构成诈骗罪。

三、虚假诉讼同时构成其他犯罪时应从重处罚

依然是《意见》第十七条，其在择一重之余还规定了从重处罚——"依照处罚较重的罪名定罪并从重处罚"。同样，该规定的原型依然是《刑法》第三百零七条之一第三款，即《刑法》中本就有此规定。从重处罚本身是一个常见的规定，但其特殊之处在于，这是《刑法》中唯一一处择一重罪后再从重处罚的规定。

综观《刑法》，从重处罚一般出现在特殊犯罪主体、对象、情节，或者更高的预防必要性场合。在虚假诉讼与其他罪名竞合时，若最终以其他罪名定罪，尚可解释为通过妨害司法秩序的方式来实施了其他犯罪，侵害了多重法益，应当从重处罚；但在最终以虚假诉讼罪定罪的场合，行为人实施的虚假诉讼行为本就是基本犯行为，仅是因法条设置原因同时构成其他犯罪，此时对行为人从重处罚的根据何在？通常来讲，行为人实施虚假诉讼行为必然基于非法目的，而非法占有公私财物、逃避民事执行等本就是虚假诉讼行为的常见目的，本就应包含于虚假诉讼行为本身的危害性与主观恶性中，有何必要再从重处罚？

想象竞合择一重的原理在于，行为人基于一个目的实施了一个行为，但因法条设置的原因同时满足了多个罪的构成要件，若多罪均评价则会不当过重评价行为人，而行为人的行为又同时达到了多罪法益侵害的程度，故以最重罪名处罚最为合理，其他罪名与被侵害的法益不再评价。而虚假诉讼罪中择一重后再从重的规定，相当于在评价重罪的基础上同时考虑了轻罪，将本应不作评价的罪名作为了从重处罚的依据，并不符合想象竞合择一重的原理与罪责刑相适应原则。这也是为何在虚假诉讼罪之前从无择一重后再从重的规定。

四、"套路贷"虚假诉讼犯罪

《意见》第十八条强调要"严惩'套路贷'虚假诉讼犯罪"，并"将依法严厉打击'套路贷'虚假诉讼违法犯罪作为常态化开展扫黑除恶斗争的重要内容"。虚假诉讼罪并不属于"套路贷"型犯罪中的高频认定罪名，因此何谓"套路贷"虚假诉讼犯罪需要厘清。

对于行为人收取"砍头息"后以约定本金起诉主张还本，以及以约定的高利率起诉主张付息的，不应构成虚假诉讼罪。虽然行为人可能构成诈骗罪等犯罪，但其诉讼的行为显然不属于"以捏造的事实提起民事诉讼"。

对于制造虚假给付凭证从而虚增被害人债务再进行诉讼的，存在讨论空间。一方面，从借贷关系整体来看，行为人与被害人之间确实形成了真实的借贷关系，行为人也确以真实的借贷关系提起诉讼，仅是借贷数额与实际不同。另一方面，若借贷关系可以分开评价，则对于虚增部分，行为人也确属于明知该部分借贷关系不存在，但希望以虚假给付凭证为基础通过诉讼方式占有。

对于被害人已经清偿法律予以保护的本息后，行为人仍以约定的本金与利息未清偿而起诉的，不能一概认定为虚假诉讼罪。虽然《最高人民法院、最高人民检察院关于办理虚假诉讼刑事案件适用法律若干问题的解释》第一条第二款规定了"隐瞒债务已经全部清偿的事实，向人民法院提起民事诉讼，要求他人履行债务的，以'以捏造的事实提起民事诉讼'论"，但若行为人未隐瞒被害人偿还过债务的事实，仅是以未清偿约定的本息而起诉的，不应构成虚假诉讼罪。

四、经典战例与执业技能

从一起聚众斗殴案谈"二次到案"的自首认定

一、案情简介

2020年3月,某区人民检察院提起公诉,指控王某某等人犯聚众斗殴罪。一审法院经审查认定:2016年9月,王某某因某搅拌站的法定代表人方某某拖欠其款项,多次讨要欠款未果,双方发生纠纷。2016年9月9日,王某某及某黑社会性质组织成员纠集的社会闲散人员等三十余人持刀具、镐把驱车蹿至该搅拌站,与方某某纠集的人员发生械斗。械斗致一人轻伤一级,一人轻伤二级,一人轻微伤,被损坏物品价值共计3000余元。

经审理,法院认为王某某系本案首要分子之一,已构成聚众斗殴罪,判处其有期徒刑五年六个月。王某某对此不服,提起上诉。

二、案件分析

在一、二审过程中,对王某某是否构成自首的问题始终存在较大争议。在案证据显示,本案公安机关于2016年9月12日立案侦查,并于2016年9月21日将王某某抓获归案。后因检察院不批准逮捕,公安机关于2016年10月27日对王某某变更采取取保候审措施,并于2017年10月21日解除取保候审。随后公安机关并未停止针对案件的侦查与讯问,曾于2018年11月1日邮寄传唤证传唤王某某于11月5日到公安机关接受讯问。2019年1月22日,公安机关再次决定对王某某采取取保候审措施,并通知其于 1 月 23 日到派出所,对其宣布采取强制措施(如图 1 所示)。

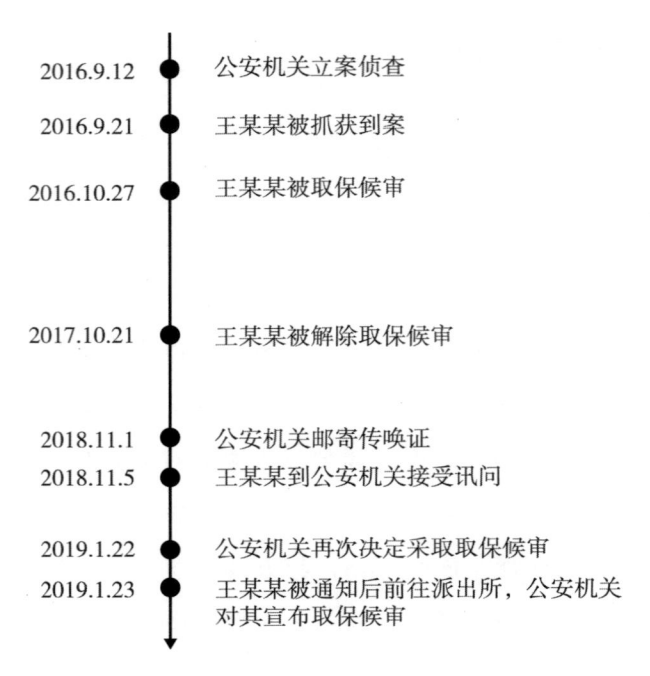

```
2016.9.12    公安机关立案侦查
2016.9.21    王某某被抓获到案
2016.10.27   王某某被取保候审

2017.10.21   王某某被解除取保候审

2018.11.1    公安机关邮寄传唤证
2018.11.5    王某某到公安机关接受讯问
2019.1.22    公安机关再次决定采取取保候审
2019.1.23    王某某被通知后前往派出所,公安机关
             对其宣布取保候审
```

图 1　案件流程

对此,一、二审辩护律师均提出王某某系自首的抗辩意见,遗憾的是法院未予以采纳:一审法院认为:"经查被告人王某某最初归案系被公安机关上门抓获,二次被羁押系在已经被取保候审的情况下经公安机关传唤到案,均不构成自首。"二审法院则表示:"2019 年 1 月 23 日王某某被通知到派出所,对其宣布采取取保候审强制措施,其被抓获后的二次到案不属于自动投案。"

本案中王某某属于典型的二次到案情形。暂不论公安机关采取取保候审等强制措施的适用正当性、合理性问题,此类被告人在第一次被抓获到案后,或未被采取强制措施,或强制措施已经解除的情况下,第二次主动到案,能否认定构成自首中的"自动投案"? 这一问题值得深入思考。

三、辩护思考

根据《最高人民法院关于处理自首和立功具体应用法律若干问题的解释》规定，自动投案是指犯罪事实或者犯罪嫌疑人未被司法机关发觉，或者虽被发觉，但犯罪嫌疑人尚未受到讯问、未被采取强制措施时，主动、直接向公安机关、人民检察院或者人民法院投案。笔者综合实务中可能发生的二次到案（其中首次到案系被抓获）情形，将该等案件分为四类（如图2所示）。

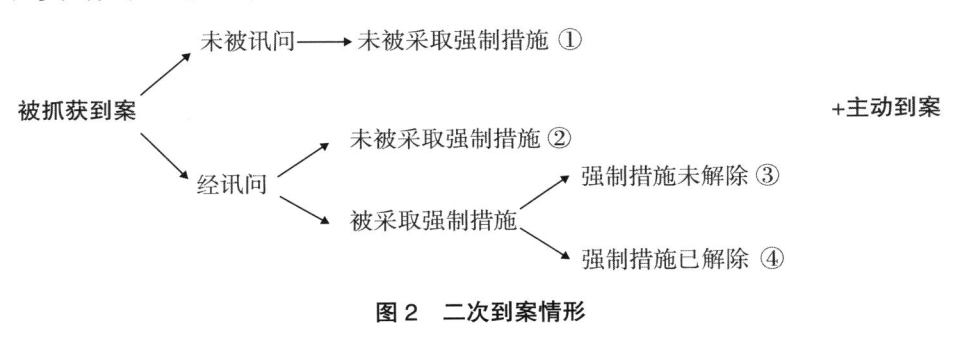

```
                  未被讯问 ——→ 未被采取强制措施 ①
              ↗
被抓获到案                                                      + 主动到案
              ↘            未被采取强制措施 ②
                  经讯问 ↗
                         ↘                  ↗ 强制措施未解除 ③
                           被采取强制措施
                                           ↘ 强制措施已解除 ④
```

图2 二次到案情形

（一）一个前提：经讯问但未被采取强制措施后投案仍可成立自动投案

自首的成立要求同时符合"自动投案"及"如实供述"。对于"自动投案"，在二次到案案件中应判断行为人是否符合前述司法解释中"犯罪嫌疑人尚未受到讯问、未被采取强制措施"的条件。对此，存在两种解读：解读一认为"尚未受到讯问"与"未被采取强制措施"为并列关系，即要求犯罪嫌疑人必须在尚未受到讯问且未被采取强制措施时主动投案才可能成立自首。解读二认为两者系选择关系，即犯罪嫌疑人只需在尚未受到讯问或者未被采取强制措施时前去投案即可成立自首。

笔者认为，选择关系的理解更为合理。虽然《标点符号用法》（GB/

T 15834—2011）第 4.5.3.1 条明确表示顿号"用于并列词语之间"，因此纯粹从司法解释的条文表述来看，似乎应将两者理解为并列关系，然而仍应从自首制度整体及背后立法目的进行考量。

其一，结合职务犯罪自首的规定。2009 年，最高人民法院、最高人民检察院联合发布《关于办理职务犯罪案件认定自首、立功等量刑情节若干问题的意见》，规定："犯罪事实或者犯罪分子未被办案机关掌握，或者虽被掌握，但犯罪分子尚未受到调查谈话、讯问，或者未被宣布采取调查措施或者强制措施时，向办案机关投案的，是自动投案。"可见，在职务犯罪案件中，司法解释明确表示"尚未受到调查谈话、讯问"与"未被宣布采取调查措施或者强制措施"为选择关系。换言之，若行为人的相关犯罪事实已被掌握，其在未被宣布采取强制措施时主动投案仍可成立自动投案。因此，在解读刑法总则所规定的自首条件时，为避免不协调地窄化其他犯罪中自首的成立范围，选择关系的理解更为适当。

其二，考虑鼓励自首的立法导向。自首制度的设立逻辑有二：一是考虑到行为人危险性的降低。二是考虑到司法资源的节约。并且自首制度设立之初衷在于鼓励自首，倡导行为人在"可逃时不逃"。在行为人虽经讯问但未被采取强制措施的情况下，其在客观上可逃时仍主动到案，亦可体现其危险性程度较低，且避免了公安抓捕等司法资源浪费，符合自首制度的立法目的。

（二）四种情形

1. 情形一可能成立自首

在情形一中，若公安机关在抓获行为人后未依法进行讯问（例如只进行了询问），亦未对其采取任何强制措施，后行为人主动投案，则理应符合"自动投案"要求。其一，该行为符合自首条文规定。如前所述，无论采取并列说抑或选择说的立场，此时未经讯问且未被采取强制措施的行为人主动到案均符合"自动投案"的要求。其二，不当侦查的后果不应由行为人承担。对于归案后的犯罪嫌疑人，公安机关理应依法、及时进行讯问。虽行为人首次到案系被动到案，但公安机关未依法、及时讯问，侦查行为存在不当，故所产生的不利后果不应由行为人承担。而行为人随后主动到案接受法律裁决，亦能体现其归案的自愿性与主动性，符合自首的要求。

2. 情形二可能成立自首

如前所述，本文根据选择关系说的立场，认为行为人在已经讯问、但未被采取强制措施的情况下主动投案，仍属于自动投案，理由不再赘述。

例如"王某某假冒注册商标案"[①]中，2020年12月3日，某派出所民警接到线报后，立即出警搜查了犯罪嫌疑人王某某的住处并口头传唤了犯罪嫌疑人王某某到派出所接受讯问。因本案价格鉴定尚未完成，犯罪数额尚未确定，民警要求王某某书写《保证书》保证随传随到后，在没有对王某某采取任何强制措施的情况下即予以释放。被释放后，王某某回到家中等候公安机关的进一步处理。2020年12月25日，王某某在家接到公安机关的电话传唤后，主动到公安机关投案并如实供述案件事实。同日，公安机关以假冒注册商标罪对王某某采取刑事拘留的强制措施。本案中，王某某第一次归案虽系被动归案且已受到讯问，但公安机关并未对王某某采取任何强制措施即予以释放。可见，第一次归案并非王某某最终的归案方式。王某某被释放后，在接到公安机关电话传唤时，其依然有选择投案或者潜逃的行动自由，其自愿、主动、直接向公安机关投案，属于自动投案。

---

① 参见赵忠东：《犯罪嫌疑人被讯问后又主动投案的应认定为自动投案》，载《人民法院报》2021年8月12日，http://rmfyb.chinacourt.org/paper/html/2021-08/12/content_208400.htm，2024年8月2日访问。

3. 情形三不成立该罪的自首，但可能成立准自首或对新罪、余罪的自首

在情形三中，由于行为人因某一犯罪事实被第一次抓获到案后已经接受讯问且正在被采取强制措施，此时及时接受传讯系被采取强制措施者的义务，故难以针对该犯罪成立自首。例如对于被采取取保候审措施的行为人，根据《刑事诉讼法》第七十一条第一款第三项规定，其具有"在传讯的时候及时到案"的法定义务，故其后续主动到公安机关接受传讯的行为不属于自动投案。

然而，此种情形下仍可能成立准自首或对新罪、余罪的自首。

一方面，正在被采取强制措施的行为人可成立准自首。根据《刑法》第六十七条第二款的规定，被采取强制措施的犯罪嫌疑人、被告人和正在服刑的罪犯，如实供述司法机关还未掌握的本人其他罪行的，以自首论，因此若行为人在后续传讯过程中主动交代了司法机关尚未掌握的余罪，仍可能成立自首。

另一方面，脱离强制措施的行为人对新罪、余罪可成立自首。（1）若行为人在取保候审期间犯新罪而逃跑，被公安机关依法通缉后又自动投案并如实供述罪行的，由于前罪被采取刑事强制措施，即使逃跑后再主动投案，对前罪也不应认定为自首，但其所犯后罪尚未受到讯问，也没有被采取强制措施，对后罪可以认定为自首。（2）行为人因涉嫌犯罪被取保候审，其间又被公安机关发现还有余罪，在被公安机关传唤后拒不到案并逃跑，后主动投案并如实供述余罪，此时由于行为人已经脱离强制措施状态，无法适用准自首的规定，但因其又主动投案并如实供述了余罪，就余罪应当认定为自首。例如"孙某某故意伤害、非法拘禁案"①中，法院认为被告人孙某某脱保后在被公安机关追捕期间自动

---

① 参见陆建强：《脱保后主动投案交代余罪应认定自首》，载《人民司法·案例》2011年第18期。

从一起故意伤害致死案件谈累犯情节的运用

笔者曾办理过一起故意伤害致死二审案件。一审法院判处普某某死刑缓期二年执行,后普某某上诉,经辩护,二审法院改判无期徒刑。该案系一起较为典型的故意伤害致死案件,因定罪事实争议不大,故二审辩护工作主要围绕量刑展开。其间的点滴辩护思考,望与各位分享与探讨。

一、基本案情与争议焦点

J市人民检察院向J市中级人民法院提起公诉,指控普某某、何某某犯故意伤害罪。经审查,一审法院认定:2019年8月30日凌晨4时许,何某某在Y市某地被酒后的王某某及被害人郭某某无故殴打后,气愤难平,遂电话联系普某某,叫其带工具前来帮忙。后何某某持木棍与王某某、郭某某、江某某等人打斗,被王某某夺下木棍并殴打。普某某赶到现场后用买来的菜刀乱砍,致郭某某左颈部、江某某双手手臂等多处被砍伤。其中郭某某经送医抢救无效死亡。经鉴定,被害人郭某某系生前被他人用锐器(如菜刀类)砍创颈部致左侧静脉、锁骨下动脉及上腔静脉破裂大失血死亡,被害人江某某所受损伤为轻伤二级。

经审理,一审法院认为普某某构成故意伤害罪,因其系累犯、自首,且考虑到被害人郭某某和他人酒后无故殴打何某某,对引发本案存有过错,普某某家属代交部分民事赔偿款,故一审法院对普某某判处死刑,缓期二年执行。对此,普某某以刑罚过重为由提起上诉。

到市公安局某分局投案，并如实供述了伙同他人故意伤害的犯罪事实，故对其故意伤害犯罪可视为自首。

4. 情形四可能成立自首

前述聚众斗殴案中的王某某便属于第四种情形，本文认为其符合"自动投案"要求：其一，不应仅仅根据行为人首次到案情况判断自首成立与否。如前述情形一、二所述，虽行为人首次到案均系被抓获，但仍有成立自首的空间，因此完全根据行为人首次系被动到案而直接否认其成立自首的判断过于武断，应当予以摒弃。其二，王某某被解除强制措施后为自由状态，其后续到案系自由意志的选择。2017年10月21日，王某某被解除取保候审措施，其在客观上重归自由状态，接到通知后王某某主动前往公安机关接受讯问及强制措施的宣告完全出于其自由意志，系"能逃而不逃"的自主选择，体现了其到案的主动性及自动性，符合自首制度的本意。

在接手该案之初，笔者的第一感觉便是本案的量刑畸重。究其审判逻辑，或与普某某的累犯情节有关，即普某某于2018年9月28日曾因犯故意伤害罪被法院判处有期徒刑一年，并于2019年6月21日刑满释放。

然而，本案是否罪大恶极至死刑？其累犯情节对宣告刑起到何种作用？此类问题引发了笔者思考。因累犯情节存在裁量基准较为随意、裁量过程无章可循等问题，故笔者亦希望借此案例对该问题进行深入的思考。

二、量刑起点：以有期徒刑为原则

由于本案定罪事实较为清晰，故辩护重点主要围绕量刑层面。对于量刑，理论界普遍支持需区分责任刑与预防刑。在司法实务中，随着量刑规范化改革的推进，逐渐固定了"量刑起点→基准刑→宣告刑"的量刑步骤，亦体现出责任刑与预防刑的分野。具言之，责任刑指与责任对应或相当的刑罚，主要取决于与犯罪紧密关联的情节，而预防刑则基于与犯罪人密切关联的情节进行裁量。累犯便是重要的预防刑调节情节之一。由此可见，在考虑累犯情节的适用问题之前，有必要厘清此类案件的前置量刑起点与基准刑问题。

伴随着量刑规范化及量刑程序改革进程的逐步推进，关于常见犯罪的量刑指导意见几经修改，故意伤害案件量刑起点规定亦有所变化。由表1可知，自2014年1月《最高人民法院关于常见犯罪的量刑指导意见》（现已失效）施行起，司法解释及规范性文件层面便不再规定故意伤害致死案件的量刑起点要求。然而，多地司法文件中仍循此规定。

表 1　故意伤害案件量刑起点规定

文件	内容
人民法院量刑指导意见（试行）（法发〔2010〕36号）	构成故意伤害罪的，可以根据下列不同情形在相应的幅度内确定量刑起点： （1）故意伤害致一人轻伤的，可以在六个月至一年六个月有期徒刑幅度内确定量刑起点。 （2）故意伤害致一人重伤的，可以在三年至四年有期徒刑幅度内确定量刑起点。 （3）以特别残忍手段故意伤害致一人重伤，造成六级严重残疾的，可以在十年至十二年有期徒刑幅度内确定量刑起点。依法应当判处无期徒刑以上刑罚的除外。 （4）故意伤害致一人死亡的，可以在十年至十五年有期徒刑幅度内确定量刑起点。依法应当判处无期徒刑以上刑罚的除外。
最高人民法院关于常见犯罪的量刑指导意见（法发〔2013〕14号）	构成故意伤害罪的，可以根据下列不同情形在相应的幅度内确定量刑起点： （1）故意伤害致一人轻伤的，可以在二年以下有期徒刑、拘役幅度内确定量刑起点。 （2）故意伤害致一人重伤的，可以在三年至五年有期徒刑幅度内确定量刑起点。 （3）以特别残忍手段故意伤害致一人重伤，造成六级严重残疾的，可以在十年至十三年有期徒刑幅度内确定量刑起点。依法应当判处无期徒刑以上刑罚的除外。
最高人民法院关于常见犯罪的量刑指导意见（法发〔2017〕7号）	同上。
最高人民法院、最高人民检察院关于常见犯罪的量刑指导意见（试行）（法发〔2021〕21号）	同上。

这一倾向与常态犯罪理论相契合。常态犯罪理论认为犯罪构成是对现实中绝大多数犯罪的类型化，故与量刑起点对应的犯罪只能是该犯罪的常态情形，例如故意杀人罪中杀害一人是常态，故意伤害致死案件中致一人死亡是常态。而将法定刑中间刑偏下乃至接近最低刑的位置（即十年以上有期徒刑）作为故意伤害致一人死亡案件的量刑起点，是合理的。

在确定量刑起点后，便需结合影响犯罪构成的相关事实以确定责任刑。本案中普某某存在持刀伤人情节，故在确定了十年至十五年有期徒刑幅度内的量刑起点后，其责任刑应依法上调。然而值得注意的是，即便对其责任刑予以上调，仍应处于有期徒刑或无期徒刑区间内，不应直接上调至死刑。

三、预防刑："累犯的"从重处罚"效果

在确定责任刑后，便进入预防刑的调节环节，其中累犯情节如何运用成为问题。

（一）能否跨刑种从重？

根据《刑法》第六十五条的规定，累犯应当从重处罚。然而该等从重处罚能否跨刑种从重？能否从有期徒刑从重至无期徒刑？或者能否从有期徒刑从重至死刑？

第一，累犯的从重处罚可以跨越刑种。其一，从法律规定来看：根据《刑法》第六十二条的规定，从重处罚指在法定刑的限度以内判处刑罚。可见，立法上仅强调从重处罚不可突破同一档法定刑的限制，并未限缩于同一刑种之内。其二，从从重处罚与从轻处罚的关系来看：从重处罚与从轻处罚相互对应，故在普遍接受从轻处罚可跨越刑种予以从轻的当下，亦不应对从重处罚施加额外的刑种限制。

第二，从重至死刑时仍需考虑死刑政策的适用。在肯定可跨刑种

从重后,能否从重至死刑的问题值得进一步思考。由于在调节预防刑并综合考量全案后便应产生宣告刑,因此死刑政策理应成为考量的重要因素。《最高人民法院关于贯彻宽严相济刑事政策的若干意见》第二十九条规定:"……要依法严格控制死刑的适用,统一死刑案件的裁判标准,确保死刑只适用于极少数罪行极其严重的犯罪分子……"《全国法院维护农村稳定刑事审判工作座谈会纪要》亦强调:"对于故意伤害致人死亡,手段特别残忍,情节特别恶劣的,才可以判处死刑。"对此,最高人民法院刑三庭《在审理故意杀人、伤害及黑社会性质组织犯罪案件中切实贯彻宽严相济刑事政策》一文指出,"实践中,故意杀人、伤害案件从性质上通常可分为两类:一类是严重危害社会治安、严重影响人民群众安全感的案件……一类是因婚姻家庭、邻里纠纷等民间矛盾激化引发的案件……对于后者处理时应注意体现从严的精神,在判处重刑尤其是适用死刑时应特别慎重,除犯罪情节特别恶劣、犯罪后果特别严重、人身危险性极大的被告人外,一般不应当判处死刑"。[①]

(二)从重幅度如何把握?

《最高人民法院、最高人民检察院关于常见犯罪的量刑指导意见(试行)》明确规定对于累犯应当增加基准刑的10%—40%,但这一规定系针对有期徒刑的案件,在故意伤害致死案件上,更应原则性地把握累犯处罚的原理,即综合考虑前后罪的性质、刑罚执行完毕或者赦免以后至再犯罪时间的长短以及前后罪罪行轻重等情况。其中,裁判者尤为重视前后罪的性质问题。

观之普某某案,由于其此前已因故意伤害罪被判处刑罚,在出狱后两个月余再次实施故意伤害行为,故考虑其前后罪的同质性及再犯的时间间隔,其累犯情节确应把握较高的从重幅度。然而如前所述,此案仍

[①] 最高人民法院刑三庭:《在审理故意杀人、伤害及黑社会性质组织犯罪案件中切实贯彻宽严相济刑事政策》,载《人民法院报》2010年4月14日,第006版。

应基于基本犯罪构成事实确定量刑起点及基准刑,并综合考虑判处死刑的必要性,因此对其处以死刑缓期执行的一审判决结果仍明显失当。

(三)责任刑的"封顶"作用

对于责任刑与预防刑的关系,理论界有学者认为责任刑起到限制刑罚的"封顶"作用。例如张明楷教授在《责任刑与预防刑》一书中指出,只能在责任刑的范围内考虑一般预防的需要,只能在报应刑的限度内考虑特殊预防的目的。[1] 具言之,由于人只能对其自由选择的行为及结果负责,而预防刑取决于人身危险性的大小,但是该人身危险性并不是行为人理性选择的结果,因此基于责任主义,确定责任刑后应在责任刑之下、法定最低刑之上裁量预防刑。

因此,如前所述,普某某案中,在确定了有期徒刑或无期徒刑的责任刑后,预防刑只能在责任刑的限度内向下调节,不可突破责任刑的限度,故即便存在累犯情节也不应对普某某适用死刑。虽该等观点目前在司法适用中运用较少,但其体现的"个人应对个人的选择承担责任"思考逻辑值得借鉴与思考。

量刑是技术,也是一门艺术。即便在数学模型法、电脑量刑法等定量量刑方法不断涌现的当下,刑事案件(尤其此类严重人身犯罪案件)的量刑仍具有较大的自由裁量空间。对于此类案件,理应遵循量刑规则,体现裁判者的中立及智慧。

---

[1] 参见张明楷:《责任刑与预防刑》,北京大学出版社2015年版。

从一起案件看危险作业案的辩护

2020年12月26日，第十三届全国人民代表大会常务委员会第二十四次会议通过《刑法修正案（十一）》，危险作业行为正式进入危害生产安全犯罪的评价视野。笔者律师团队承办的某起危险作业案宣判，当事人余某被判处有期徒刑八个月并宣告适用缓刑。

一、案情简介

2019年起，某建材公司使用戊烷作为燃料生产砂浆。2021年1月28日，应急管理局在对该建材公司进行检查时发现，该企业存在戊烷罐储存场所没有可燃气体报警装置、危化品汽化场所有非防爆电气设备、戊烷罐区缺少消除人体静电装置等共六项违法违规行为，故执法人员对该建材公司开具现场处理措施决定书，责令其停止使用戊烷储罐和相关设施，未经审查同意，不得投入使用。3月2日，该企业负责人余某在未进行整改的情况下下令企业重新开工生产，并继续使用原有的戊烷储罐和相关设备，且后续购买了27吨多戊烷用于生产作业。3月17日，应急管理局再次检查时发现该公司未进行任何整改，却仍在使用戊烷储罐和相关设施生产作业。后应急管理局出具《专家意见》，表示戊烷罐储存场所未设置可燃气体报警装置属于《工贸行业重大生产安全事故隐患判定标准》（现已失效）中规定的重大生产安全事故隐患。

检察机关认为余某作为企业实际控制人，在生产、作业中违反有关安全管理的规定，因存在重大事故隐患被依法责令停止使用有关设备、设施的整改措施而拒不执行,具有发生重大伤亡事故或者其他严重后果的现实危险,认为余某构成危险作业罪。

二、辩护思考

(一)新法待解释,"现实危险"该作何解?

近年来,重特大事故频发,人们逐渐意识到等事故发生再治理只是亡羊补牢,并热切地期望刑法提前介入一些尚未发生严重后果但已具有导致事故发生危险的重大安全隐患案件。此次刑法的修改对这一关切予以直接回应,将危险作业罪纳入了危害生产安全的"犯罪圈"。值得注意的是,刑法罪状描述中第一次出现了"现实危险"这一概念。由于目前相关司法解释文件尚未出台,因此如何解释"现实危险"成为认定该等犯罪的争点问题,亦将直接影响罪与非罪的判定。

国务院 2002 年颁布的《危险化学品安全管理条例》第十七条规定"安全评价中发现生产、储存装置存在现实危险的,应当立即停止使用,予以更换或者修复,并采取相应的安全措施",后该条例修订时删去了这一表述。此后,《安全生产法》于 2014 年修正时在第六十七条中引入了"现实危险"的概念,即"生产经营单位拒不执行,有发生生产安全事故的现实危险的,在保证安全的前提下,经本部门主要负责人批准,负有安全生产监督管理职责的部门可以采取通知有关单位停止供电、停止供应民用爆炸物品等措施,强制生产经营单位履行决定"。然而对于"现实危险"的理解仍然存在问题:其一,无论是"现实"还是"危险"的概念均具有较强的价值判断色彩,依赖于执法机关的主观判断。其二,出于刑法谦抑性的考虑,势必不能将行政领域内"现实危险"的内涵直接移植进刑法范畴,更不必说行政领域对其始终未有明确的判定标准。

尤其在刑法出于预防目的提前介入该等案件时,对于"现实危险"

的理解与把握必须足够克制与冷静，仅将特别危险、极易导致结果发生的重大隐患作为犯罪处理，防止对企业正常生产经营产生不当影响。黎宏教授撰文表示："行为有无引起重大安全事故的'现实危险'的判断，必须结合行为实施当时的各种客观实际情况（如环境、行为对象、行为所引起的外界变动等因素），从一般人的生活经验法则来判断。"[①]

（二）成分需查清，"戊烷"性质究竟如何？

综合在案证据，应急管理局以《专家意见》等文件表明涉案戊烷属于正戊烷，"属于危险化学品"，涉案戊烷储罐量"构成重大危险源"，本案违规情况"属于重大生产安全事故隐患"。然而如前所述，"危险化学品""重大危险源""重大生产安全事故隐患"的概念不可直接等同于危险作业罪中"现实危险"的概念，至多仅能作为"现实危险"的参考因子。化学物质种类纷繁复杂，而本案公安机关始终未委托鉴定机构对涉案物质进行成分与含量鉴定，对此辩护团队进行数次研讨并深入研究，期以从行政机关的认定结果进行突破。

《危险化学品目录（2015版）》中明确将序号429的2,2-二甲基丙烷（别名新戊烷）、序号969的环戊烷、序号1114的2-甲基丁烷（别名异戊烷）、序号2796的正戊烷（别名戊烷）等物质定性为危险化学品。然而正如食品安全领域中"抛开剂量谈毒性都是耍流氓"的调侃，在判断危险化学品的危险性时也应当同时结合定性与定量两个因素。

在定量方面，《危险化学品重大危险源辨识》（GB 18218—2018）提出"危险化学品重大危险源"要借助"临界量"的概念进行判断，即危险化学品重大危险源为长期地或临时地生产、储存、使用和经营危险化学品，且危险化学品的数量等于或超过临界量的单元。至于临界量的判断则与化学品的性质与种类直接相关。以本案为例，由于戊烷的化学

[①] 黎宏：《安全生产的刑法保障——对〈刑法修正案（十一）〉相关规定的解读》，载《中国刑事法杂志》2021年第2期。

结构多样，首先需通过《化学品分类和标签规范 第 7 部分：易燃液体》（GB 30000.7—2013），结合化学物质的闪点与初沸点判断其所属的具体类别，其次需通过《危险化学品重大危险源辨识》（GB 18218—2018）查表进行具体临界量的判断。

（三）行为应区分，行政与刑事如何抉择？

在此类犯罪的认定中，何种违反安全生产管理的行为应该进入刑法评价视野，何种违规行为仍可停留在行政违法评价层面的问题始终存在争议。出于刑法谦抑性的考量，对于一般违反安全生产管理规范的行为论理不应作为犯罪处理。检察工作一线人员撰文表示："在对危险作业治理中，行政法仍应处于安全生产作业治理的第一道防线，对于一般违章危险生产、作业的行为，运用行政法规范就可。只有客观上造成重大伤亡事故或者其他严重后果的现实危险可能性非常高时，具有明显的紧迫性，事故隐患的危险无限接近事故的实害结果发生时，而行政法的处罚手段或行政措施不足以抑制时，才能动用刑法手段，防止刑法打击面过大。"[①]

本案中，应急管理局罗列了涉案单位的六大违规行为，但上述行为是否达到了刑法规制的必要仍有待商榷。例如针对涉案单位所存在的"戊烷储罐未进行安全评价"问题，经查询，《浙江省工贸企业危险化学品使用安全管理指南（试行）》第 3.3 条规定："使用危险化学品从事生产，使用和储存量比较大的企业，最好委托具备国家规定资质条件的机构，对企业的安全生产条件进行安全评价……"可见，从地方规范层面来看，进行安全评价系"使用和储存量比较大"的企业"最好"为之，其强制性明显降低，因此此种行为的违法性评价亦应有所降低。

---

① 杨淑雅、岳启杰：《危险作业罪中的"危险"解析》，载《检察日报》2021 年 3 月 17 日，第 003 版。

认罪认罚案件中附条件量刑建议的构造与适用

2020年12月，最高人民检察院就十三届全国人大常委会对人民检察院适用认罪认罚从宽制度情况报告的审议意见提出28条贯彻落实意见，其中包括"各地可根据案件实际情况和能够预期的量刑情节变化，探索在具结书和量刑建议书中提出多项或附条件的量刑建议，供法庭在审判环节根据情节变化选择采纳"的内容。[①] 该项意见的提出，是对认罪认罚从宽制度适用实践中，量刑情节在具结书签署后发生变化构成检察机关量刑建议调整较多的主要原因之一的技术性回应，同时也正式确立了附条件量刑建议在认罪认罚从宽制度中的规范地位。鉴于附条件量刑建议或将成为认罪认罚案件中的重要量刑建议形式，而关于附条件量刑建议的具体规则尚处空缺状态，因此对附条件量刑建议的实践运用展开多维度及体系性的探讨，具有现实意义。

一、附条件量刑建议的内涵和机能

基于附条件量刑建议规范渊源的相关描述和循名责实的认知方法，附条件量刑建议可以基本定义为在认罪认罚案件中，检察机关在认罪认罚具结书、量刑建议书中将其提起公诉后可能出现的量刑情节之变化作为附加条件，并承诺若该（类）情节之变化出现，则对被追诉人提出相

[①] 参见《最高人民检察院就十三届全国人大常委会对人民检察院适用认罪认罚从宽制度情况报告的审议意见提出28条贯彻落实意见》，载最高人民检察院网，https://www.spp.gov.cn/spp/xwfbh/wsfbt/202012/t20201210_488555.shtml#2，2024年8月5日访问。

应量刑建议的一种量刑建议形态。

由于在被追诉人签署认罪认罚具结书后，客观上可能出现变化的量刑情节表现为其犯罪后的某些量刑情节，如退赃、赔偿损失、被害人谅解、和解等情节的从无到有，因此在被追诉人签署认罪认罚具结书时尚未出现但在后续诉讼过程中可能出现该（类）量刑情节的场合，附条件量刑建议往往具备以下机能。

（一）激励被追诉人认罪认罚

实践中，存在不少有意向且有信心退赃、赔偿损失的被追诉人，他们为退赃、赔偿损失做出了一定努力，但未能在被起诉前完成退赃、赔偿损失工作。对于此类被追诉人，如果检察机关有意启动认罪认罚从宽程序但在拟提出的量刑建议中不予考虑被追诉人可能在后续诉讼过程中取得的退赃、赔偿损失情节，则被追诉人很可能会因为觉得检察机关拟提出的量刑建议偏重或者认为自己将来可能取得的退赃、赔偿损失情节对量刑的影响不可预期而最终拒绝签署认罪认罚具结书。相反，如果检察机关将此类被追诉人可能在后续诉讼过程中取得的退赃、赔偿损失情节作为量刑建议的调节因素，与被追诉人就调节条件和调节程度协商一致，并允诺提出附条件量刑建议，则会对被追诉人签署认罪认罚具结书产生明显的激励作用。

（二）促进受侵法益获得一定修复

在认罪认罚案件中，如果检察机关提出了以被追诉人具有退赃、赔偿损失、取得谅解等情节为条件的附条件量刑建议，那么对于被追诉人而言，在签署认罪认罚具结书之后的诉讼过程中，无疑存在有条件的期待利益。为了变现该期待利益，正常情况下被追诉人会尽力促成条件成就，即完成退赃、赔偿损失、取得谅解等可在一定程度上修复犯罪所侵害法益的活动。如果检察机关未在量刑建议中考虑认罪认罚具结书签署后可能出现的退赃、赔偿损失、取得谅解等影响因素而对被追诉人提出一般量刑建议，那么即使被追诉人签署了认罪认罚具结书，其在后续诉讼过程中由于对退赃、赔偿损失、取得谅解等情节之出现能否助其获得进一步的量刑从宽、能够助其获得多大程度的量刑从宽缺乏明确预判和期待，往往也会怠于作出退赃、赔偿损失、争取谅解等动作。由此可见，在特定认罪认罚案件中，提出附条件量刑建议更加有助于受侵法益获得一定的修复。

二、附条件量刑建议的构造

承上所述，在某些认罪认罚案件中，由检察机关提出附条件量刑建议具有切实必要。但在提出附条件量刑建议之前，应先厘清其应然构造，以免因误用而导致其功能失灵。具体而言，应对以下方面予以重点考察。

（一）存立前提：基础的量刑建议

附条件量刑建议通常可以表达为"若有 A 条件，则提出 B 量刑建议"。但在实操中，仅具备条件结构和量刑建议结构，附条件量刑建议难以实质成立。在两者之外，还须存在基础的量刑建议，附条件量刑建议才能产生拘束力。所谓基础的量刑建议，是指检察机关在不考虑附条件量刑建议中的条件因素的情况下，对被追诉人拟提出的量刑建议。之所以将存在基础的量刑建议作为附条件量刑建议的实质成立要件，是因为附条件量刑建议的本质在于量刑建议的附条件调整，而非量刑建议的附条件创设。如果没有基础的量刑建议在前，那么对于被追诉人而言，若附条件量刑建议中的条件在其签署认罪认罚具结书后未能成就，则会出现检察机关实际上未对其提出量刑建议的局面，这显然背离了认罪认罚从宽制度的价值诉求和基本要求，也势必给认罪认罚从宽制度和附条件量刑建议的适用带来阻力。

由此可见，适用附条件量刑建议的认罪认罚案件中，认罪认罚具结书中关于量刑建议的表达范式一般应是"对某被追诉人提出 A 量刑建议,若有 B 条件,则对其提出 C 量刑建议"。

(二)效果结构:修正的量刑建议

附条件量刑建议是对认罪认罚具结书签署后可能出现的量刑建议调整的一种提前安排,其以特定的量刑情节为量刑建议调整的影响因素,以修正的量刑建议为量刑建议调整的预期结果。因而可言,在附条件量刑建议中,修正的量刑建议属于结果结构或者说效果结构。由于在大部分场合,检察机关拟提出的修正的量刑建议是被追诉人是否同意附条件量刑建议甚至是否愿意认罪认罚的决定性影响因素,因此检察机关在确定和提出修正的量刑建议时,应当充分关注其规范性与合理性。笔者认为,修正的量刑建议至少应当具备以下属性。

1. 明确性

《最高人民法院、最高人民检察院、公安部、国家安全部、司法部关于适用认罪认罚从宽制度的指导意见》中规定:"办理认罪认罚案件,人民检察院一般应当提出确定刑量刑建议。对新类型、不常见犯罪案件,量刑情节复杂的重罪案件等,也可以提出幅度刑量刑建议……"因此,在认罪认罚案件中,检察机关提出的量刑建议以确定刑量刑建议为原则,以幅度刑量刑建议为例外。这一规则显然适用于一般认罪认罚案件和提出附条件量刑建议的认罪认罚案件,也理应同时适用于基础的量刑建议和修正的量刑建议。易言之,在适用附条件量刑建议的认罪认罚案件中,检察机关提出修正的量刑建议应当具有明确性。笔者认为,该明确性应当主要包括三个维度的要求。

其一,能提出精准量刑建议的,提出精准量刑建议;因特殊原因不宜提出精准量刑建议的,提出相对确定的幅度刑量刑建议。

其二,对于是否适用缓刑和从业禁止,应当予以明确。

其三,应当保证修正的量刑建议的明确性程度不低于基础的量刑建议。

2. 更宽缓性

在适用附条件量刑建议的认罪认罚案件中，检察机关提出的修正的量刑建议较之其提出的基础的量刑建议，应当更为宽缓。这是因为只有修正的量刑建议更为宽缓，附条件量刑建议才可能有效激励被追诉人认罪认罚和尽力修复被其犯罪行为侵害的法益，从而实现附条件量刑建议制度的确立初衷。

（三）调节结构：以量刑情节为要素的条件

附条件量刑建议中的条件，是检察机关赖以提出修正的量刑建议的唯一依据。笔者认为，附条件量刑建议中的条件至少应当满足以下要求。

1. 条件要素的范围特定性

附条件量刑建议中的条件，应当以特定的量刑情节为要素。该类特定条件要素应具备以下特征：其一，系在被追诉人犯罪后形成；其二，与应当对被追诉人施加的报应刑无关；其三，往往需要经过被追诉人一段时间的努力才能落实。由此来看，作为附条件量刑建议中的条件要素，应当限于退赃、赔偿损失、取得谅解、和解等法益修复性量刑情节的类型。

2. 条件形式的肯定性

附条件量刑建议中的条件，应当是肯定性条件。在条件要素表现为退赃、赔偿损失、取得谅解、和解等法益修复性量刑情节的前提下，如果条件事实是否定性事实，如"被追诉人不退赃""被追诉人不赔偿损失"等，则必然会导致修正的量刑建议比基础的量刑建议更为严厉，这显然有违修正的量刑建议应当更为宽缓的基本原则，也不利于附条件量刑建议的实践推行。

3. 条件内容的明确性

附条件量刑建议中的条件，应当内容具体、明确。因为条件的内容越具体、越明确，检察机关和被追诉人关于条件成就与否的认识差异便会越小，认罪认罚的稳定性便会越高。

以故意毁坏财物案件为例，在检察机关提出附条件量刑建议的场合，如果写在认罪认罚具结书中的赔偿损失数额越精准，那么被追诉人对于条件成就的预期就越明确，其在签署具结书后因与检察机关之间产生条件成就与否的认识分歧而撤销认罪认罚的可能性就越小。因此，条件内容的明确性可谓是附条件量刑建议功能实现的重要保障。

三、附条件量刑建议的适用

（一）附条件量刑建议的提出

检察机关在附条件量刑建议的提出问题上，至少应当做到两点：其一，保持对适用附条件量刑建议的必要克制；其二，准确把握附条件量刑建议的效力期限并在适当场合提出附条件量刑建议。

检察机关在附条件量刑建议的提出上保持必要克制，是指在认罪认罚案件中，检察机关不应动辄适用附条件量刑建议，对于退赃、赔偿损失、取得谅解、和解等量刑情节可以在案件移送审判前落实、确定的，检察机关可以在法定框架内给予一定的时间宽容，必要时，检察机关还可以合法地促成该类量刑情节的落实、确定。而之所以认为检察机关应当克制适用附条件量刑建议，是因为在精确度相当的场合，已将确定的退赃、赔偿损失、取得谅解、和解等量刑情节考虑在内的普通量刑建议，比以不确定的前述量刑情节为调节影响因素的附条件量刑建议，能够为被追诉人带来更加明确的预期，从而更能激励被追诉人认罪认罚。

至于附条件量刑建议的效力期间，一般应以认罪认罚具结书签署之日至法院对案件作出一审裁判之日为宜，以鼓励被追诉人认罪认罚和努力修复被其犯罪行为侵害的法益。

（二）附条件量刑建议的调整

认罪认罚具结书是检察机关和被追诉人之间的"一纸契约"，对双方均具有拘束力。对于检察机关而言，其不得任意撤销或变更认罪认罚具结书中的量刑建议。基于目前的法律规范，对于认罪认罚案件，一般情况下，只有在人民法院经审理认为量刑建议明显不当时，人民检察院才可以调整量刑建议。

由此可见，在认罪认罚案件中，检察机关的量刑建议调整权受到严格限制。而对于检察机关提出附条件量刑建议的认罪认罚案件来说，被追诉人基于量刑预期，在签署认罪认罚具结书后，可能会努力完成退赃、赔偿损失等工作，因而如果检察机关基于不可归结于被追诉人的原因而调整附条件量刑建议中的修正的量刑建议，则可能伤害被追诉人的信赖利益、合法权益，减损检察机关的司法公信力。因此，相较于提出普通量刑建议的认罪认罚案件，提出附条件量刑建议的认罪认罚案件中，检察机关的量刑建议调整权应当受到更多的实操约束和限制。

（三）附条件量刑建议的采纳

根据《刑事诉讼法》第二百零一条第一款的相关规定，对于认罪认罚案件，人民法院依法作出判决时，一般应当采纳人民检察院指控的罪名和量刑建议，这是要求审判机关尊重控辩双方量刑协商合意的立法表达。在检察机关提出附条件量刑建议的认罪认罚案件中，由于可能会涉及被追诉人在签署认罪认罚具结书后完成退赃、赔偿损失、取得谅解、和解等法益修复活动的情况，因此审判机关对于附条件量刑建议应当更加尊重，以免被追诉人的信赖利益、合法权益以及司法机关的公信力临危。当然，如果确实存在附条件量刑建议明显违背罪刑均衡原则或检察机关定性错误导致附条件量刑建议不当等情形的，审判机关可以要求检察机关调整量刑建议或者直接作出裁判，但应当充分考量被追诉人因退赃、赔偿损失等行为而产生的自身"不利益"并做好利益平衡。

一"的特点。①

在经历了试点验证后，2018年认罪认罚从宽制度正式成为我国刑事诉讼法中的一项明文制度。2018年《刑事诉讼法》第十五条规定："犯罪嫌疑人、被告人自愿如实供述自己的罪行，承认指控的犯罪事实，愿意接受处罚的，可以依法从宽处理。"从该条在2018年《刑事诉讼法》中所处的位置判断，认罪认罚从宽制度被规定为我国刑事诉讼中的一项框架性、全局性的基本制度。而自2018年《刑事诉讼法》施行以来，认罪认罚从宽制度在全国范围内的司法实践中一直保持着较高的适用率。

（二）"捕诉一体"与认罪认罚从宽制度对于审前辩护的呼唤

实际上，审前辩护不是一个新兴概念。随着被追诉人开始有权委托辩护人的诉讼时点的立法前移，早些年审前辩护已经成为我国刑事辩护实务中的一种提法。但在早些年的刑事辩护实践中，多数律师基本上还是以案件审判阶段甚至庭审环节作为开展辩护工作的主要场域，在审前较少辩护或者几乎不辩护。这一方面是因为早些年律师在审前的法定辩护权能较为有限，客观上往往难以作出高质量或有效果的辩护；另一方面也是因为早些年律师可能还没有摆脱"律师辩护应当是在法庭"这一观念的影响。

然而，认罪认罚从宽制度的铺开与"捕诉一体"机制的践行，对律师的审前辩护提出了现实呼唤。对于适用认罪认罚从宽制度的案件来说，关于定罪量刑的"争议"基本已经在审前得到了解决，被追诉人在审前签署的认罪认罚具结书一定程度上约束着控、辩、审三方在审判阶段的诉讼行为，例如《刑事诉讼法》第二百零一条第一款中规定"对于认罪认罚案件，人民法院依法作出判决时，一般应当采纳人民检察院指控的罪名和量刑建议"。鉴于此，认罪认罚案件进入审判程序后，往往

---

① 参见龙宗智：《检察机关内部机构及功能设置研究》，载《法学家》2018年第1期。

刑事程序法规范修正视阈下刑事辩护的形态转向

在我国，刑事程序法规范的沿革与刑事辩护的发展始终呈现出相互作用、相互影响的互动关系。某种意义上，我国刑事程序法规范的演进史暗含了刑事辩护制度与实践的流变史。对于刑事辩护实务工作者而言，在刑事法规范修正视阈下总结刑事辩护的过往得失，寻求刑事辩护的合理转向，既符合认知理性，又具有重大的现实意义。

一、"捕诉一体"、认罪认罚从宽制度的成文化与审前辩护的提倡

（一）"捕诉一体"与认罪认罚从宽制度成文化简述

改革开放以来，我国检察办案工作中的捕诉关系经历了"捕诉不分"到"捕诉分离"再到"捕诉一体"的历史流变。随着2019年《人民检察院刑事诉讼规则》的颁布、施行，新时期"捕诉一体"的检察办案模式正式以成文规范的形式确立下来。《人民检察院刑事诉讼规则》第八条第一款明确规定："对同一刑事案件的审查逮捕、审查起诉、出庭支持公诉和立案监督、侦查监督、审判监督等工作，由同一检察官或者检察官办案组负责，但是审查逮捕、审查起诉由不同人民检察院管辖，或者依照法律、有关规定应当另行指派检察官或者检察官办案组办理的除外。"根据这一规定，对同一刑事案件的审查逮捕与审查起诉原则上由同一检察官或者检察官办案组负责。实际上，"捕诉一体"检察办案模式除了具有"主体合一"的特点，还具有"部门合一"和"权力合

已经很难存在明显的辩护空间。另外，"捕诉一体"强化了审查逮捕工作对于刑事案件诉讼走向的影响，因而个案中审前辩护尤其捕前辩护的价值更为凸显。实际上，无论是认罪认罚从宽制度的设定还是"捕诉一体"模式的确立，本质上都在强化检察机关在刑事诉讼中的主导责任。由此也必然要求审前辩护在刑事辩护系统中的分量增加和作用抬升。

（三）审前辩护的操作逻辑和重点区块

1. 程序性辩护与实体性辩护并重

与审中辩护的目标一致，审前辩护也是为被追诉人合法争取实体上的诉讼利益。因此，实体性辩护即围绕实体问题的辩护通常是审前辩护不可或缺的内容。与此同时，鉴于刑事强制措施适用、侦查取证行为非法、管辖不当等程序性问题的应对或解决之于维护被追诉人实体性权益的价值，以及案件在审前"可变异性"一般较强的特点，程序性辩护通常也应成为审前辩护的重要构成。

在审前程序性辩护体系中，关于强制措施适用的辩护应当是重中之重，特别是在"捕诉一体"检察办案模式下，建议不捕辩护的成功与否可能会隐性但深刻地影响诉讼的行进方向。此外，审前如果发现案件中存在非法证据，应当依照审前非法证据排除的相关程序性规定如《人民检察院刑事诉讼规则》中的针对性条款，提出相应的非法证据排除意见，以助力案件的实体性辩护。至于实体性辩护，除了传统的无罪辩护、轻罪辩护、减少罪数辩护、罪轻辩护等辩护样态外，鉴于认罪认罚从宽制度的全面推行及高适用率，量刑辩护、相对不起诉辩护也应当成为备选辩护方式并在特定案件中适当采用。

2. 协商式辩护为主，对抗性辩护为辅

在审前辩护中，同侦查机关、检察机关就案件认定及处理进行研讨、协商应当成为辩护工作的"主旋律"。一味地寻求与司法机关之间的"对抗""交锋"或者以"对抗""交锋"的姿态开展辩护，不仅没有现实必要,还可能造成辩护效果不佳及当事人利益受损的局面。就审前协商式辩护的指向或内容来看,可以是关于强制措施的适用、证据对于案件事实的证明程度、案件的实体定性、案件的法律处理思路等问题的探讨、协商。在开展协商式辩护过程中,辩护律师需要具备"换位思考"的意识和能力,以保证分析案件视角的多维和全面,进而提升辩护意见的被接受度;同时,辩护律师应当努力做好司法机关的"辅助人",例如系统梳理案件事实、证据并制成梳理性图表提交司法机关查阅,又如进行类案检索并制成检索报告提交司法机关参考。总之,在审前协商式辩护下,辩护律师应当在合法、合理维护委托人合法权益的基础上,与司法机关一同将案件研究清楚并找到妥当的法律处理方案。

当然,在审前辩护中,有时辩护律师也应当开展对抗性辩护。例如对于侦查机关起诉意见书中的错误认定,辩护律师应当在向审查起诉机关表达辩护意见时予以全面指出,又如对于侦查机关非法取证或侵害被追诉人诉讼权利等行为,辩护律师应当向检察机关明确反映并要求检察机关作出相应处理。需要注意的是,对抗性辩护的目的不是"对抗",而是通过"抗辩""抗争"的形式来促成司法机关正确处理案件,从而维护委托人的合法权益。

3. 在认罪认罚案件中做好量刑辩护

应当承认的是,我国刑事律师量刑辩护的整体能力较弱。这与传统刑事辩护"奉定性辩护为圭臬"的理念不无关系。在早年刑事辩护实践中,即使律师辩护涉及量刑辩护,往往也呈现出"泛而粗"的特点。长此以往,刑事律师的量刑辩护意识和能力存在明显不足。然而,在认罪认罚从宽制度广泛适用的当下,提升量刑辩护综合能力已成为刑事律师的必修功课。那么,在认罪认罚案件中,辩护律师怎样才能做好量刑辩护呢?笔者认为,至少应当做好以下两个方面。

第一,提出辩护律师方的精细化的量刑意见。辩护律师应当充分研究有关量刑规范化的有效文件以及类案的量刑口径，在全面分析和评价所办案件中量刑情节的基础上，形成精准或相对精准的来自辩护律师方的量刑意见。当然，辩护律师在向审查起诉机关提出该量刑意见时应当向审查起诉机关呈现该量刑意见的推导依据和过程。值得注意的是，辩护律师在办案过程中，有时也应当根据案件具体情况合法地促成诸如退赃、赔偿等有利于己方当事人的量刑情节的固定。

第二，及时向审查起诉机关提出辩护律师方的量刑意见。对于认罪认罚案件，辩护律师在案件审查起诉阶段应当尽快形成己方的量刑意见并及时向检察机关提出该量刑意见，不要等到检察机关已经形成量刑建议之后再向其表达己方的量刑意见，否则可能会大大弱化己方量刑意见对检察机关方量刑建议的影响。当然，辩护律师在及时向审查起诉机关提出己方量刑意见后，可能还需要与审查起诉机关就该量刑意见应否被采纳进行反复磋商。

必须明确的是，由于认罪认罚案件并不排斥相对不起诉制度的适用，因此，辩护律师在办理认罪认罚案件时如果认为案件存在可以适用相对不起诉的理由和依据，则应开展建议不起诉的辩护。

二、非法证据排除、管辖、检察监督等规则的确立、完善与程序性辩护的宣示

（一）非法证据排除、管辖、检察监督等规则的确立、完善简述

2012年《刑事诉讼法》正式以法律形式确立了我国刑事非法证据排除规则。2017年最高人民法院、最高人民检察院、公安部、国家安全部、司法部联合发布《关于办理刑事案件严格排除非法证据若干问题的规定》，为非法证据排除司法实践提供了更为明确的指引。2017年最高人民法院发布的《人民法院办理刑事案件排除非法证据规程（试行）》进一步细化了非法证据排除中重要事项的相关规程。2019年最高人民检

察院《人民检察院刑事诉讼规则》完善了非法证据排除规则的相关配套机制。2021年《最高人民法院关于适用〈中华人民共和国刑事诉讼法〉的解释》进一步完善了非法证据排除规则。自被以法律条款形式正式确立为我国的一项刑事诉讼制度后,非法证据排除规则在规范流变中得以逐步完善。

此外,2019年《人民检察院刑事诉讼规则》第十三章全面规定了人民检察院进行刑事立案监督、侦查活动监督、审判活动监督、羁押必要性审查、刑事判决、裁定监督、死刑复核监督以及羁押期限和办案期限监督的规则,一套完整的人民检察院刑事诉讼检察监督体系"跃然纸上"。另外,2021年《最高人民法院关于适用〈中华人民共和国刑事诉讼法〉的解释》对刑事诉讼中的管辖等相关规则也作出了细致和优化规定。

(二)非法证据排除、管辖、检察监督等规则的确立、完善对于程序性辩护的启发

受到"重实体,轻程序"这一我国传统刑事司法理念及实践的影响,传统的刑事辩护也打上了"重实体辩护,轻程序辩护"的深刻烙印。但随着非法证据排除、管辖、检察监督规则的确立、完善,程序性辩护应当成为律师辩护的常见重要形态。

在刑事诉讼中程序性制裁规范不断丰富和成熟的环境下,一方面,律师进行程序性辩护可以获得更多的规范依据和支撑,而不再是空泛的"说理论道";另一方面,由于程序的独立价值备受重视,因而科学的程序性辩护也许能够"撬动"案件实体性问题,进而取得良好的实体性效果。

(三)程序性辩护的主要板块

1.关于人身强制措施、财产强制性措施的辩护

在"少捕慎诉慎押"司法政策背景下,关于人身强制措施的辩护应

当成为律师程序性辩护的基础性、重点性工作内容。当下，律师关于人身强制措施的辩护主要包括贯穿于刑事诉讼全过程的取保候审申请，在审查批准逮捕环节建议检察机关对犯罪嫌疑人不批准逮捕以及在犯罪嫌疑人、被告人被逮捕后申请检察机关进行羁押必要性审查等形态。

此外，特定案件中关于财产强制性措施的程序性辩护也应被适时提出，以维护被追诉人的合法财产权益。关于财产强制性措施辩护的展开将在后文中细谈，在此不予赘述。

2. 针对非法证据的辩护

证据是刑事诉讼的"基石"与核心。律师的辩护若能"瓦解"控方的重要甚至关键证据，可能会达到"釜底抽薪"的效果。非法证据不仅可能会造成冤假错案，其取得过程亦可能侵犯了特定诉讼主体的合法权益。因此，辩护律师在发现案件中存在非法证据时应当依据有关程序性规定提出非法证据排除申请，运用非法证据排除规则助力案件辩护，维护己方当事人的合法诉讼利益。

3. 针对管辖不当的辩护

刑事案件中，管辖的正确与否，关系到诉讼活动能否按照法定程序进行，关系到司法机关的证据收集行为是否有效，甚至可能关系到案件能否得到公正处理。个案中的管辖不当，可能会对被追诉人的合法实体权益造成伤害。因此，辩护律师在确信案件管辖存在不当的场合，应当基于管辖规则提出管辖异议。

4. 针对诉讼侵权行为的辩护

在有的案件中，犯罪嫌疑人、被告人的正当诉讼权利或辩护律师的正当辩护权受到司法机关的侵害，司法机关的前述侵权行为不仅有违权利保障的诉讼理念，还可能导致案件朝着不利于被追诉人的方向发展。辩护律师在遇到此类情形时，应当依据有关程序性规范据理力争，努力维护被追诉人的正当诉讼权利或自身的正当辩护权，避免辩护沦为"套路性辩护"。

（四）程序性辩护的注意要点

1. 应当抓准、抓实程序性违法问题

在进行程序性辩护时，应当以明确的程序性规定为依据展开，对于程序性问题的确认应当做到有明确事实依据和规范依据，千万要避免将程序性辩护演绎成理论研究。

以非法证据排除规则为例，律师在辩护过程中不要认为只要涉及程序性违法的证据就属于非法证据，不要动辄提非法证据排除申请，而应在吃透非法证据排除规则本身以及案件中证据具体情况的前提下，判断是否存在提出非法证据排除的事实依据、规范依据，进而决定是否提出非法证据排除申请。

2. 应当以追求实体性结果为导向

应当明确程序性辩护的最终目标是什么。律师进行程序性辩护绝不是通过指出、揭示案件中存在的程序性问题而让有关司法机关"难堪"，更不是为了展示律师的高超水平，而是为己方当事人获得实体上的诉讼利益。因此，律师在决定要不要进行程序性辩护、如何进行程序性辩护时，要以是否具有为己方当事人谋取到实体性诉讼利益可能性为衡量因素，避免程序性辩护异化成"表演性辩护"。

3. 应当以合法、合理方式展开

一方面，律师在进行程序性辩护过程中，应当以合法、合理方式提出程序性辩护意见，不要采用"发公开信"等方式对司法机关施加不当影响；另一方面，律师在进行程序性辩护时，应当方式理性、就事论事，有理有据地将程序性问题提出来，不要搞"情绪渲染"，更不能进行人身攻击。

三、财产处置规范的系统化与财产辩护的强调

（一）财产处置规范的系统化略览及其对于财产辩护的激活

在我国刑事诉讼规范体系中，关于财产处置的规定逐渐呈现系统化。现有的涉财产处置规定，散见于 2018 年《刑事诉讼法》、2021 年《最高人民法院关于适用〈中华人民共和国刑事诉讼法〉的解释》、2019 年《人民检察院刑事诉讼规则》、2020 年《公安机关办理刑事案件程序规定》、2015 年《人民检察院刑事诉讼涉案财物管理规定》、2015 年《公安机关涉案财物管理若干规定》等文件中，但相互之间具有内在的逻辑和价值关联。尤其是 2021 年《最高人民法院关于适用〈中华人民共和国刑事诉讼法〉的解释》新增"涉案财物处理"一章，对人民法院处理刑事案件涉案财物进行了专门的、详细的规定。自此，我国刑事诉讼规范体系中财产处置相关规则臻于成熟。

过往刑事辩护实践中，以自由和生命为"标的"的辩护占据了主流，以财产为"标的"的辩护被边缘化。但是随着刑事诉讼规范体系中财产处置规范的发展，涉案财产处置越来越有规则可循，通过财产辩护为被追诉人争取到合法财产利益越来越有规范空间，加之很多刑事案件中涉案财产的价值非常之大，因此在今后刑事辩护实践中，财产辩护势必逐步"从边缘走向辩护舞台的中心"。

（二）财产辩护的重点形态

1. 关于财产强制性措施的辩护

辩护律师在司法机关对在案财产作出终局处理前，应当根据案件情况开展关于财产强制性措施方面的辩护。

其一，如果经过甄别认为相关财产依法不应被采取或继续采取查封、扣押或冻结等强制性措施但司法机关对其采取了强制性措施，例如相关财产与案件无关、相关财产被采取强制性措施的期限超过了法定期

限等，辩护律师应当申请有关机关解除对有关财产的强制性措施，并可以在有关机关不予解除相关强制性措施的情况下向检察机关申请检察监督。

其二，对于司法机关有权采取强制性措施的涉案财产，如果司法机关违反法定程序对财产采取强制性措施，辩护律师可以申请检察监督；如果司法机关违反法定程序对有关财产采取强制性措施进而造成被追诉人财产损失的，辩护律师可以在被追诉人授权下就损失赔偿问题提出针对性辩护意见。

2. 关于涉案财产终局处置的辩护

以被采取强制性措施的涉案财产在审判阶段的终局处置为例，由于2021年《最高人民法院关于适用〈中华人民共和国刑事诉讼法〉的解释》第四百四十九条第二款规定"查封、扣押、冻结的财物属于被告人合法所有的，应当在赔偿被害人损失、执行财产刑后及时返还被告人"，因此，辩护律师如果经分析认为在案被查封、扣押、冻结的有关财产属于被告人合法所有的财产但公诉机关有不同意见甚至相反意见的，那么辩护律师应当围绕该财产作性质辩护、权属辩护，论证该财产属于被告人合法所有的财产。当然，辩护律师可能还需根据具体情况围绕案件中是否存在被害人损失、被害人损失的大小、是否应对被告人适用财产刑、应当对被告人适用财产刑的量等问题作相应的配套辩护。

3. 关于追缴、责令退赔及财产刑的辩护

关于追缴、责令退赔以及财产刑的辩护，应当属于广义的财产辩护。在有些案件中，关于追缴、责令退赔或者财产刑的辩护一旦取得成功，可能会给被追诉人带来重大的经济上的利益，从而实现一定意义上的有效辩护。

关于追缴、责令退赔的辩护，应围绕特定案件是否应当追缴、责令退赔、己方当事人应否承担退赔责任或是否还需承担退赔责任、己方当事人应当或还需承担退赔责任的大小等方面展开。关于财产刑的辩护，辩护律师可以在全面考察案件具体情节、己方当事人经济能力、类案处理情况、相关司法政策等方面的基础上，就应否对己方当事人适用财产刑、应当适用的财产刑类别、应当判处的财产刑数额等问题提出综合的辩护意见。

坚持以庭审为中心，推进庭审实质化改革

刑事二审案件的审理方式关乎二审程序功能的发挥和刑事诉讼目的的实现。2023年8月，最高人民法院、最高人民检察院、公安部、司法部联合印发了《关于开展促进提高刑事案件二审开庭率专项工作的通知》（以下简称《通知》），决定自2023年9月1日起，开展为期一年的促进提高刑事案件二审开庭率专项工作。[1]二审开庭审理既是程序正义的内在要求，也是以审判为中心诉讼制度改革的题中应有之义。刑事案件二审只有以开庭审理为原则，对不需要开庭审理的情形说明理由，同时进一步明确细化"可能影响定罪量刑"这一应当开庭审理的具体情形，才能为实体正义保驾护航。

一、审判中心主义与庭审实质化关系之概述

笔者认为，想要理解审判中心主义与庭审实质化的关系，首先要区分审判中心主义、以审判为中心以及庭审实质化。

"审判中心主义"是中国学者在进行刑事诉讼制度的比较研究时提炼出的理论术语，其中包含两层含义：一是在整个诉讼过程中，审判阶段是中心，只有在审判阶段才能最终决定被告人的刑事责任问题，侦查、起诉、预审等程序中司法机关对于犯罪嫌疑人罪责的认定仅具有程

---

[1] 参见《最高人民法院 最高人民检察院 公安部 司法部联合开展促进提高刑事案件二审开庭率专项工作》，载最高人民检察院网，https://www.spp.gov.cn/xwfbh/wsfbt/202309/t20230912_627939.shtml，2024年8月5日访问。

序内的意义，对外不产生有罪的法律效果；二是在全部审判程序中，第一审法庭审判是中心，其他审判程序都是以第一审程序为基础和前提的，既不能代替第一审程序，也不能完全重复第一审的工作。"以审判为中心"是在当代中国刑事司法改革实践的语境下，由改革决策层、执行部门提出的统括性术语，它旨在避免刑事冤假错案、增强司法公信力等，是推进严格司法的工具性举措之一。"以审判为中心"的基本要求是控、辩、审三种职能应当围绕审判进行、服从审判要求并接受审判活动的审查和检验。"庭审实质化"则是以审判为中心这一要求在庭审中的具体体现和实现路径，要实现以审判为中心必然要求庭审实质化。充分发挥审判特别是庭审的作用，是确保案件处理质量和司法公正的重要环节。

《刑事诉讼法》第十二条规定，未经人民法院依法判决，对任何人都不得确定有罪。以审判为中心的实质就是在刑事诉讼的全过程以司法审判标准为中心，严格执行证据规则和证明标准，贯彻落实庭审实质化。其目的是促使办案人员树立办案必须经得起法律检验的理念，确保侦查、审查起诉的案件事实证据经得起法律检验，保证庭审在查明事实、认定证据、保护诉权、公正裁判中发挥决定性作用。

二、刑事案件二审开庭之于庭审实质化的意义

（一）纠错功能——实现司法公正的应有之义

严格依照法定程序进行审判，是审判公正性的应有之义。程序公正相较实体公正而言更有章法可循，因而可通过程序上的公正来保障实体结果的真实，在体现程序价值的同时间接地实现了司法正义。刑事二审程序奉行全面审查原则，不仅仅局限于上诉、抗诉的申请范围，这一原则便体现了"实事求是、有错必纠"的诉讼理念。从实体层面而言，二审开庭审理类似增加了一道防错屏障，及时发现错案并予以纠正，更能

保证司法工作的公正。合议庭通过公开、共同的审理和评议，有利于排除书面审理个人非理性因素的影响，同时控辩双方在庭审的辩论质证过程中相互制衡，更能充分地发挥律师的辩护职能，凝聚集体智慧，进而弥补法官单方面对法律理解的局限性，使裁判结果尽可能地体现法律的公平公正。从程序层面而言，开庭审理提供了一个多方诉讼主体共同参与到庭审中的机会，有利于推进庭审去空洞化，也使得《刑事诉讼法》规定的各项原则和程序正义更充分地落实。

（二）救济功能——加强人权保障的必然要求

二审程序是两审终审制度的最后一道关口，既肩负了确定被告人最终刑事责任的司法任务，也承载了被告人追求公正的心理期冀，是吸收当事人不满情绪和心理压力的重要窗口。上诉权是被告人的一项法定诉讼权利，二审开庭审理一方面重视了当事人在诉讼程序方面的合法诉求，让其感受到自己被司法程序所尊重；另一方面也使得审判过程以当事人和社会公众"看得见的方式"进行，增强了司法裁判的可接受性与权威性，有助于被告人服判息诉，实现案结事了。庭审实质化是保障人权的必然要求，相较于一审而言，二审具有终局性，绝大多数维持原判的二审案件可能让当事人产生二审审理流于形式的刻板印象，不开庭审理更是放大了这种负面效果。书面审理下，被告人参与程度浅，仅在法官讯问其时才能表达上诉理由，且大多数当事人法律知识有限，没有辩护律师的帮助难以完整、正确地表达其想反映的信息，对法官心证的影响也达不到预期。因此，二审开庭审理为被告人提供了二次法律救济的机会。合议庭是民主集中制在审判中的体现，无论最终结果是维持原判还是依法改判，听取被告人申辩的过程都有利于防止个人独断，使被告人获得公正的审判，同时也增加了司法腐败的成本。

（三）统一和平衡法律适用功能——遵循诉讼规律的必由之路

《刑事诉讼法》设置二审程序的目的不仅在于探究事实真相，对一审裁判结果予以纠偏，其还具有发挥统一法律适用功能的作用，这主要是由二审程序的审判组织体系所决定的。二审人民法院审判上诉、抗诉案件必须组成合议庭进行，不能实行审判员独任审判，合议庭的成员也只能是审判员，人民陪审员不能参加上诉、抗诉案件的审判，而审判员多由资深法官担任，除了经办具体案件，还需要结合审判经验、指导审判工作、总结审判经验，在统一法律适用方面理应履行相应的职责，发挥讨论决定审判工作重大事项的宏观指导功能。

另外，诚如上文所述，二审开庭审理具有独立的程序价值，"庭上庭下并重"的审判理念也符合司法裁判权运作的基本规律，是遵循公检法三机关"分工负责、互相配合、互相制约"基本原则的体现。二审开庭审理就是为了在审判阶段充分发挥庭审在查明事实、认定证据、保护诉权、公正裁判各环节所起的重要作用，程序正义可以适当中和结果的"不绝对公平性"，一个合法、合情、合理的诉讼程序所得出的结论同样是符合法律规定且正义的。因此，要重视二审庭审的程序因素，切实保障当事人、辩护人的合法权利，进一步促进司法公开公正，这样才有利于保障审判的中立性，破解当前制约刑事司法公正的突出问题。

三、提升刑事案件二审开庭率的实践路径

《通知》要求，各地要认真开展调查研究，深入剖析影响二审开庭率的各方面原因，采取有效举措，消减影响二审开庭的不利因素，确保二审开庭率稳步提升。截至 2023 年 8 月 31 日，河南、陕西、湖南法院刑事案件二审开庭率同比提高超过 75%，福建、重庆、黑龙江法院同比提高超过 50%，北京、江苏、浙江、甘肃、新疆生产建设兵团法院同比提

高超过 10%。① 为进一步落实《刑事诉讼法》规定，改善刑事案件二审开庭率总体偏低状况，推动建立提高刑事案件二审开庭率常态化机制，笔者认为至少可以在以下几个方面有所作为。

（一）转变"轻程序、重实体"的观念，切实增强对刑事案件二审开庭重要性的认识

人民法院对于法律没有明确规定应当开庭审理的相对复杂案件，若通过二审开庭能够更好地实现犯罪预防之功效，更有利于把刑事审判的功效最大化，也应当开庭审理。

（二）优化庭审方式，充分发挥信息技术的支撑保障作用

若二审案件全部开庭审理，一方面会增加司法诉累，另一方面可能导致当事人过分依赖二审程序的救济功能和纠错功能。因此应当在坚持全面审查原则的基础上，优化庭审方式，探索建立刑事案件二审开庭模式的"繁简分流"机制，根据不同类型案件，实行繁简不同的庭审程序，优化举证质证方式，突出庭审重点，做到小案办快办好、大案办精办细，提效不减质，以求达到司法公正与效率的平衡；同时充分发挥信息技术的支撑保障作用，在征得控辩双方同意的基础上，加大视频提审、在线开庭的适用力度，切实提高庭审质效。

（三）建立健全司法协调配合机制，强化刑事案件二审开庭实际功效

"以审判为中心"的内涵有三：一是审前程序的侦诉两种职能要形成合力。公诉机关在审前阶段可以适时引导公安机关侦查取证，确保移送审查起诉的事实证据达到确实充分的程度，同时对于达不到起诉标准的案件在审前进行过滤，防止事实不清、证据不足或者违反法定程序

---

① 参见《最高人民法院　最高人民检察院　公安部　司法部联合开展促进提高刑事案件二审开庭率专项工作》，载最高人民检察院网，https://www.spp.gov.cn/xwfbh/wsfbt/202309/t20230912_627939.shtml，2024 年 8 月 5 日访问。

的案件进入审判程序,发挥审前过滤功能。二是要充分发挥刑事辩护职能的功能和作用,坚持有效辩护。二审开庭的重要意义在于法庭审判可以进行实质性调查,法庭辩论较为充分。人民法院应当为检察人员、辩护律师阅卷、参与庭审提供便利条件,充分保障律师依法出庭行使辩护权。控、辩、审三方对案件事实沟通交流得越充分,庭审的质量和效率越高。三是要求各项工作都要围绕审判中事实认定、法律适用的标准和要求而展开,法官直接听取控辩双方意见,依证据裁判原则作出裁判。因此,要充分尊重法官在庭审中的主导作用,尊重法官在查明案件事实、审查判断证据过程中的权威性。

后　记

"两岸猿声啼不住，轻舟已过万重山。"本书编著完成之时，顿有如释重负之感。深知本书编著工作不易，但也明白好事多磨。感谢每一位参与本书编著工作的伙伴，因为你们的勤劳与细致，本书才得以顺利完稿。

刑事辩护是一门学问，也是一种艺术。而无论是个体刑辩技艺的精进，还是整体刑辩事业的繁荣，都需要业内交流的支撑。希望本书可以成为有效媒介，助力刑辩学问与艺术的良性交流。